—

民族、性别与社会发展研究

主　编◎林移刚　杨国才
副主编◎周爱萍　周爱华

中国社会科学出版社

图书在版编目(CIP)数据

民族、性别与社会发展研究 / 林移刚，杨国才主编 . —北京：中国社会科学出版社，2021.5

ISBN 978-7-5203-8354-7

Ⅰ.①民 …　Ⅱ.①林…②杨…　Ⅲ.①少数民族—女性—研究—中国—现代　Ⅳ.①D442.7

中国版本图书馆 CIP 数据核字(2021)第 072954 号

出 版 人	赵剑英
责任编辑	任　明　周怡冰
责任校对	冯英爽
责任印制	郝美娜

出　　　版	中国社会科学出版社
社　　　址	北京鼓楼西大街甲 158 号
邮　　　编	100720
网　　　址	http：//www.csspw.cn
发 行 部	010-84083685
门 市 部	010-84029450
经　　　销	新华书店及其他书店

印刷装订	北京君升印刷有限公司
版　　　次	2021 年 5 月第 1 版
印　　　次	2021 年 5 月第 1 次印刷

开　　　本	710×1000　1/16
印　　　张	19.5
插　　　页	2
字　　　数	322 千字
定　　　价	110.00 元

目　　录

下篇：经济发展与社会性别

导　　言

少数民族女性是少数民族地区乃至全社会发展的重要力量，少数民族女性的境况与整个社会的发展紧密相连。习近平指出："把中国发展进步的历程同促进男女平等发展的历程更加紧密地融合在一起，使我国妇女事业发展具有更丰富的时代内涵，使我国亿万妇女肩负起更重要的责任担当。"这也包括我国少数民族女性的使命。

未来十年，经济全球化将深入发展，国际竞争会日趋激烈。国际社会在推动人类发展进程中，更加关注妇女发展和性别平等。从现在起是我国全面建设小康社会的关键时期。经济社会快速发展，既为少数民族女性的发展提供了难得的机遇，也提出了新的挑战。在少数民族地区，实现男女平等亦是任重而道远。

为扩大性别社会学的影响力，推动少数民族女性、少数民族地区性别研究与学科发展，促进社会科学事业进步，由云南民族大学妇女/性别研究与培训基地主办，四川外国语大学社会与法学院协办的"回溯与前瞻：民族、性别与社会发展"学术研讨会于 2019 年 7 月 15 日至 17 日在云南大理大学召开。与会代表从民族文化入手，运用女性/性别视角和方法，挖掘本土性别社会学研究的理论传统和实践资源，来丰富与拓展中国性别社会学理论与实践的相互推动；同时，为进一步推动专家学者挖掘本土性别社会学研究的理论与实践，构建有中国特色的性别社会学理论体系、话语体系和学科体系做了探索。

上篇：民族文化与社会性别

社会性别观念是文化的重要组成部分。文化的逐步发展与进步，必然带来社会性别观念的变化与发展，这其中离不开民族文化环境的塑造与推动。

中国社会学学会社会性别专委会主任、北京大学佟新教授做了《少数民族性别观念：现状与形塑》的主旨发言，认为不能预设少数民族人口，包括少数民族女性是"落后"的，而应该看到随着少数民族受教育程度的提高所呈现出的对其性别观念的正向影响。这一影响不仅指向少数民族女性还需要关注少数民族男性。人们真正接受某种观念是因为经验出现了正向反馈，在研究性别观念时，人们的言行都值得关注。

林移刚教授认为乡村文化记忆是在乡村空间和农民生活场域中建构起来的农民个体、群体的生活史，也是乡土社会和农耕时代的集体记忆与共同属性，维系和强化着乡土社会的身份认同。在中国广大农村地区，男性婚姻弱势群体的出现和不断扩大，打破了乡村原有文化生态，解构了乡村文化记忆建构和传承的场域、载体、形态、内容以及原有的乡村文化记忆系统。因此，必须重构乡村文化记忆的时间、仪式等载体要素，存留乡村文化记忆的固定形态，加强媒体对弱势群体的正向关注和主流引导，尊重男性弱势群体的文化记忆以使其获得原始认同，在乡村文化振兴的过程中鼓励和支持男性婚姻弱势群体参与文化建设，提升其文化资本、文化话语权和融入乡村的文化能力。

对于少数民族文化中与时代发展不相适应的部分，需要辩证对待。蒋颖荣教授对西盟佤族婚恋伦理进行了分析，认为其集中体现了传统道德品质和民族精神，对传承家庭美德、构建社会主义和谐社会具有重要的当代价值。

有的学者将传统建筑视为地域文化及乡村振兴中"留得住乡愁"的重要载体，认为应通过开展传统建筑普查、深入挖掘传统建筑文化、科学编制保护利用规划、实施保护修复项目等方式，探索出"坚持政府引导、发动群众参与、注重性别作用、发挥实用价值、统筹探索改革"的传统建筑保护模式，来保护民族传统建筑。有的通过对白族传统民居建筑仪式、住房禁忌、民居功能、民居继承四个方面中性别差异的分析，发现白族传统社会充分吸收儒家传统文化，表现出"男尊女卑"的性别观念。认为随着时代的进步，白族民居建筑中的性别意识也在变化，民居建筑设计也只有不断改变才能适应男女平等的性别观念的需求。有的学者对丧葬文化中的性别差异及伦理观念进行分析。大家一致认为民族文化与社会性别有千丝万缕的关系，需要人们继续进行探讨。

少数民族性别观念：现状与形塑

刘爱玉　佟　新[*]

一　问题的提出

性别角色观念（gender-role attitudes）也称为性别意识形态（gender ideologies）或性别信仰（gender beliefs），简称为性别观念，是指人们有关男人和女人应当有怎样适当的规范、社会分工、行为模式和两性关系模式的信念和看法。性别观念如何形构、变迁及其对行为的影响，一直为众多学者所关注，并产生了大量研究成果。

是什么因素形塑并导致人们性别观念的变化？已有研究主要从三个视角进行解释。一是利益取向的解释框架，认为性别观念改变的根本在于支持性别平等的收益大于成本。女性比男性有更为自由、平等的性别观念，是因为其从两性平等的观念变革中有更大的获益，[①] 多数男性依然是传统性别分工的受益者，其对性别平等观念的支持不如女性强烈。二是个体能动的理论取向，认为个体的实践活动促进性别观念的变化。[②] 三是现代化理论，认为随着社会的现代化，人们的性别观念会随之改变。传统性别观念是对性别有刻板印象的，人们习惯地认为两性存在稳定的、固化的和对立的性别气质和社会分工，即男女有别，性别气质上男性坚强，女性温柔；公私分离，性别角色分工上男性为公共领域，女性为私人领域；男主

＊ 作者简介：刘爱玉、佟新，北京大学社会学系教授。

① Gibbons, J. L. , Hamby, B. A. & Dennis, W. D. *Researching Gender-role Ideologies Internationally and Cross-culturally. Psychology of Women Quarterly*, 1977（21）：151-170.

② Gibbons, Hamby, & Dennis, 1977; Thornton, Arl and Duane F. Alwin, and Donald Camburn. *Causes and Consequences of Sex-role Attitudes and Attitudes Change. American Sociological Review*, 1983, 48（2）：211-227. Catherine Bolzendahl and Daniel J. Myers. *Feminist Attitudes and Support for Gender Equality：Opinions Changes in Women and Men*, 1974-1998. *Social Forces*, 2004, 83（2）：759-779.

女辅，两性关系上男人为主女性为辅。① 传统性别观念自启蒙运动后日益受到挑战，现代性别观念强调两性平等，认为打破性别刻板印象的关键是打破与性别分工相关的公私领域的边界，共同承担社会与家庭的责任。现代社会的发展推动着人们观念的改变，但从传统到现代的观念变革并非朝夕之事，它是过程性的，是一个变化的连续体。

国内学界也开展了一系列基础性的研究，大多数研究发现个人经济条件、家庭环境、社会经历、政治观点、种族地域、职业、城乡背景、教育、地位实践等微观因素和地区经济发展、国家政策等宏观因素对性别观念有影响。② 城乡性别观念的比较研究发现，城镇女性的性别观念更为现代，农村男性的性别观念更为保守；教育程度和职业地位的提高会影响性别观念趋于现代；但随经济发展和收入提高对性别观念的影响并不明显。③

目前对少数民族的性别观念研究得还很少。虽然少数民族作为一个总体概念是无法反映民族间存在的差异的。但在人们的话语和观念上，常把"少数民族"预设为不同于汉族的。"少老边穷"的概念似乎预设了少数民族人口是落后的。这种潜在的预设值得批判性地反思。我们认为，改革开放和快速的城镇化，少数民族人口的受教育水平、流动性、城镇化率都在大幅提升，这对其性别观念的影响应当是正向和积极的。少数民族妇女从相对隔离和封闭的居住环境向外流动，这可能会影响到她们观念的变化。④婚姻流动亦可能改变少数民族妇女的婚姻不平等状况。⑤ 但是对少数民族女性的性别意识以及因其流动的实践活动而改变观念的研究还不多。

---

① Thornton，Arland and Linda Young-DeMarco. *Four Decades of Trends in Attitudes toward Family Issues in the United States：The 1960s through the 1990s. Journal of Marriage and Family*，2001（63）：1009-1037.

② 蒋永萍：《"家国同构"与妇女性别角色的双重建构》，《山东女子学院学报》2012 年第 2 期；刘爱玉、佟新：《性别观念现状及其影响因素》，《中国社会科学》2014 年第 2 期；顾辉：《国家、市场与传统社会性别观念回潮》，《学术界》2013 年第 6 期；许琪：《中国人性别观念的变迁趋势、来源和异质性》，《妇女研究论丛》2016 年第 3 期；刘爱玉：《男人养家观念的变迁：1990—2010》，《妇女研究论丛》2019 年第 3 期。

③ 杨菊华、李红娟、朱格：《近 20 年中国人性别观念的变动趋势与特点分析》，《妇女研究论丛》2014 年第 6 期。

④ 段成荣：《中国女性流动人口状况研究》，《妇女研究论丛》2009 年第 4 期。

⑤ 高杨、刘永功：《双重逃离：边境少数民族已婚妇女流动研究》，《妇女研究论丛》2018 年第 5 期。

本文利用全国妇联第三期妇女地位调查资料，对少数民族群体两性之性别角色观念的特点及其影响要素进行分析。之所以侧重性别角色观念，一方面是因为受限于问卷调查资料内容，另一方面是因为性别角色分工观念是性别观念的核心。第三期调查有效样本 26166 人，有少数民族样本 2438 人，占总量的 9.3%。研究根据 2438 份样本进行，其中男性 1212 人，占 49.7%，女性 1226 人，占 50.3%。

二　研究视角和核心分析概念测量

（一）研究视角

本文对少数民族性别角色分工观念及其影响要素的分析，主要采用刘爱玉、佟新 2014 年提出的性别角色观念形塑的地位实践论分析框架。该分析框架认为，社会结构/关系影响着人们的性别信念，维系和改变着性别制度。最为重要的社会结构/关系有三类：第一类是指建立在性别、年龄、宗族、家庭背景等基础上的通常无法被个人轻易改变的社会关系，可以称为先赋性关系，拥有不同先赋性关系的个体因之而拥有不同的先赋地位。第二类是个体通过努力（成就）与更为广大的社会而建立的社会关系，拥有不同社会关系的个体因之而拥有不同的自致地位。第三类是具有不同先赋地位与自致地位的两性在互动实践中形塑的家庭关系，因互动过程中两类地位的变动而拥有不同的家庭地位。即性别角色观念的形塑源自三类重要社会结构/关系下的三类地位（先赋地位、自致地位和家庭地位）实践。同时，鉴于在中国现代化的进程中，少数民族人口的务工经商活动增加，我们增加了新的变量，讨论务工经商活动对性别角色分工观念的作用。

两性性别角色观念因先赋地位不同而表现出的差异，散见于一些经验研究中，并聚焦了诸如年龄、父母社会经济地位等方面的影响。现代化的理论认为，年轻人有更为平等的性别角色分工观念，表现出更强的独立性与自主性。[1] 父母社会经济地位高者，如受教育程度高和母亲全职工作，子女的性别角色态度最为开放，母亲较高的文化程度特别会影响女儿更趋

---

[1]　Thornton & Young-DeMarco，2001.

向平等的性别角色观念。① 一些研究还注意到成长环境或者居住于城镇地区对于促使人们趋向于更为性别平等态度的影响，② 本文认为中国由户籍制度型塑的城乡身份及其成长环境可能在社会化过程中对儿童提供了不同的性别角色分工教育和实践。

个体的教育程度能够促进其对性别平等的要求和对现实不平等的感知能力，促进更趋平等性别观念的形成，③ 相比于男性，女性性别平等角色观念的形成更受益于教育的提升。④ 职业方面导致的性别观念分殊，尤为突出的是女性是否参与社会劳动。诸多研究发现有工作的女性有着更为平等的性别角色态度，更支持平等就业机会，也更易从两性平等中获益，⑤ 而男性的就业地位与性别角色态度之间的关系虽然也存在，但不如女性那样明显。⑥ 组织参与、政治身份和流动机会等也都是非常重要的社会地位，对性别角色观念的形塑有着独特的作用。我们预设，自致地位越高，性别角色观念将越趋向于现代，两性因自致地位的差异而呈现性别角色观念的差异。

已有研究在探讨家庭地位实践时，较多讨论了两性对于家庭经济的贡献及其对于性别角色观念的影响。研究发现，女性相比于配偶为家庭经济所做的贡献越大，则越是会形塑女性非传统的工作角色，并使其有更为平等的性别角色观念。⑦ 同样，男性如果挣得比妻子少，为家庭的贡献少，则会弱化其传统的养家糊口的角色，男性也可能会欣赏妻子为家庭所做的贡献，并因此持有更为平等的性别角色态度。⑧ Thornton 等运用数十年跟踪调查的面板数据，研究发现妻子受教育程度的提高会促进丈夫性别观念

---

① Thornton, Arl and Duane F. Alwin, and Donald Camburn.*Causes and Consequences of Sex-role Attitudes and Attitude Changes. American Sociological Review*, 1983, 48 (2): 211-227.

② Bolzendahl & Myers, 2004.

③ Nancy J. Davis and Robert V. Robinson. *Men's and Women's Consciousness of Gender Inequality: Austria, West Germany, Great Britain, and the United States. American Sociological Review*, 1991, 56 (1): 72- 84.

④ Bolzendahl & Myers, 2004.

⑤ Thornton, Alwin & Camburn, 1983; Bolzendahl & Myers, 2004.

⑥ Townsend, Nicholas W. 2002. *The Package Deal: Marriage, Work and Fatherhood in Men's Lives*. Philadelphia: Temple University Press.

⑦ Bolzendahl & Myers, 2004.

⑧ Wilkie, Jane Riblett. *Changes in U. S. Men's Attitudes toward the Family Provider Role, 1972-1989. Gender and Society*, 1993 (7): 261-279; Bolzendahl & Myers, 2004.

的现代化，丈夫收入的提高会加剧妻子性别认知的传统化。[①] 这些研究说明，女性自致性地位的获得既提高了其社会地位，也改变了女性在家庭内的劳动分工和家庭角色，产生了新的日常生活实践，并透过这些实践活动作用于两性的性别观念，形成了更趋现代的性别角色观念，相反，男性若因自致地位低下而引发家庭地位下降，会因此促生更趋平等的性别角色观念。家庭地位实践对两性的性别角色观念有显著影响，往往处于地位弱势的一方，会更趋向于形成传统的性别角色观念，而处于强势的一方，则更趋向于形成现代的性别角色观念。本文认为从家庭经济贡献角度的上述讨论非常有意义，但尚显不足，两性婚前家庭经济地位、夫妻职业地位差、家庭权力也是非常重要的需要考察的因素。我们预设：妻子（女性）在家庭中地位越高，将越有现代的性别观念。同时，我们假设外出务工经商的实践活动会带来人们性别角色观念的改变。

（二）核心分析概念测量

1. 性别角色观念的测量

第三期中国妇女地位调查问卷设计了多个题项测量人们对性别分工、男性优先性、性别气质等态度，本文核心探讨的性别角色观念，主要是关于性别角色分工方面的观念，测量的相应问题是："男人应该以社会为主，女人应该以家庭为主""挣钱养家主要是男人的事情""丈夫的发展比妻子的发展更重要"，三个问题较好地反映了人们对性别角色分工的态度，因为对其分析得到的信度系数高达 0.8。我们将由此测量人们观念的状况以及向现代观念转变的程度。

问卷对上述三个问题提供了五项选择：非常同意、比较同意、说不清、不太同意、很不同意。我们赋予上述各选项的评分依次为 5 分、4 分、3 分、2 分和 1 分，排序是从传统的两性不平等观向现代的两性平等观的顺序。三项选择题的原始得分合计最高为 15 分，最低为 8 分。经极差标准化方法处理后，我们设定 0 为最现代的性别角色观念的分值，是最性别平等取向的；100 为极端传统的性别观念的分值，是最男权取向的。从 100 到 0 是一个从传统观念向现代观念性别平等观念变动的连续体。

---

① Arland, Duane & Donald, 1983.

2. 先赋地位、自致地位与家庭地位实践

先赋地位核心考察性别、年龄群、家庭社会经济地位（分别以父亲和母亲的教育测量）、户籍状况。户籍状况区分为三种情况：农村出生目前依然为农村户口者、城镇出生目前为城镇户口者、基于自己的教育程度或其他方面的成就而成功地从农村户口转变为城市户口者。

自致地位从六个方面进行考察，分别是职业、教育、社会组织/民间组织参与、政治身份、流动机会（最远到过省内、外省、港澳台/外国）、务工经商的经历（在户口所在地县城以外城镇连续务工经商6个月及以上经历，区分为有与没有两种情况）。

家庭地位实践从四个方面考察：①婚前家庭经济地位，区分为"夫家更好、两家差不多、妻子家更好、未婚或不清楚"四类；②夫妻职业地位差，依据夫妻国际标准职业社会经济地位指数区分为四种情况：丈夫职业地位高于妻子、丈夫职业地位与妻子一样、丈夫职业地位低于妻子、目前无配偶；③家庭经济贡献，区分为：丈夫经济贡献大、妻子经济贡献大、差不多、目前无配偶四类；④家庭权力，指夫妻比较谁的家庭权力更大，区分为：丈夫更有权、差不多、妻子更有权、目前无配偶四类。

三　性别观念影响要素分析

（一）性别角色观念基本状况及两性间的差异

少数民族男女性别角色分工观念情况如下：57.2%的女性同意"男人应该以社会为主，女人应该以家庭为主"（简称男人社会），比男性低3.2%（统计检验显著）；56.8%的女性同意"挣钱养家主要是男人的事情"（简称男人养家），比男性低4.2%（统计检验显著）；55.3%的女性和54.4%的男性认同"丈夫的发展比妻子的发展更重要"（简称男人发展），统计检验两者差别不显著（见表1）。

表1　　　　少数民族两性性别角色观念基本特征　　　　单位:%

	性别	非常同意	比较同意	不太同意	很不同意	说不清	检验
男人应该以社会为主，女人应该以家庭为主	男	21.7	38.7	29.8	7.6	2.2	显著
	女	18.9	38.3	30.1	9.8	2.9	
	平均	20.3	38.5	30.0	8.7	2.6	

续表

	性别	非常同意	比较同意	不太同意	很不同意	说不清	检验
挣钱养家主要是男人的事情	男	27.2	33.8	29.6	7.7	1.7	显著
	女	23.3	33.5	32.5	8.7	1.9	
	平均	25.3	33.7	31.1	8.2	1.8	
丈夫的发展比妻子的发展更重要	男	20.8	33.6	32.7	8.3	4.6	不显著性
	女	22.8	32.5	32.8	7.4	4.6	
	平均	21.8	33.1	32.8	7.9	4.6	

注：由三个题项构建的性别角色分工观念得分，男性为58.9，女性为57.3，两性的性别角色分工观念没有显著差异，性别角色观念略偏传统。

（二）模型分析

本文分别以性别角色观念得分、男人社会、男人养家为因变量，进行了多元线性回归分析与 Logistic 回归分析。模型1、模型2、模型3的因变量为性别角色观念得分，分析对象分别为男性样本、女性样本与全部样本。模型4的因变量为处理成二分变量的"男人应该以社会为主，女人应该以家庭为主"，非常同意与比较同意者设为同意，不太同意、很不同意与说不清者设为不同意。模型5的因变量为处理成二分变量的"挣钱养家主要是男人的事情"，变量的重新分类方式与模型4相同。（见表2）

表2 少数民族男女性别角色观念的多变量分析结果：非标准化回归系数

		模型1	模型2	模型3	模型4	模型5
		男性	女性	全部	全部	全部
	性别：男性	—	—	3.400***	0.273***	0.287**
先赋地位	年龄	−0.107	0.064	−.027	0.005	−0.004
	户籍状况：城镇出生城镇户口	−5.891*	−4.481	−5.133*	−0.461**	−0.199
	农村出生城镇户口	−6.272*	−5.946	−5.946**	−0.520**	−0.080
	父亲教育程度	−0.375	0.010	−0.169	−0.022	−0.006
	母亲教育程度	0.166	0.058	0.129	0.016	0.003
家庭地位	婚前家庭经济地位：两家差不多	0.056	0.343	0.385	0.052	0.042
	妻子家更好	1.991	0.454	1.296	0.059	0.148
	未婚或不清楚者	−3.077	−3.576	−2.790	−0.230	−0.195

续表

		模型 1	模型 2	模型 3	模型 4	模型 5
		男性	女性	全部	全部	全部
家庭地位	夫妻职业地位差：丈夫与妻子一样	1.717	0.576	0.428	0.195	0.079
	丈夫低于妻子	4.236	1.474	1.846	0.316*	0.064
	目前无配偶	0.137	0.224	−0.868	−0.152	0.146
	家庭经济贡献：妻子大	−2.994	−7.341*	−5.434*	−0.349	−0.528**
	差不多	−2.532	−6.400***	−4.527***	−0.175	−0.287*
	未婚/离婚不适用	3.490	−6.831	−1.895	−0.395	−0.447
	家庭权力：差不多	−8.756***	−2.357	−5.704***	−0.380***	−0.381***
	妻子更有权	−7.066*	−3.307	−5.238**	−0.411**	−0.320*
	目前无配偶	−7.541	0.784	−3.172	0.294	0.041
自致地位	职业：专业人员	1.007	−10.506	−3.399	0.065	−0.283
	办事人员	5.030	−4.397	1.966	0.383	0.034
	工人	4.753	−3.230	2.809	0.197	0.160
	农业劳动者	5.090	0.448	4.809	0.243	0.292
	教育	−0.643*	−0.883***	−0.827***	−0.049***	−0.071***
	社会组织/民间组织参与：至少参与一项	−2.562	0.248	−1.122	−0.185	0.016
	政治身份：群众	−7.312**	−8.721**	−7.541***	−0.435**	−0.488**
	流动机会：外省	−0.247	−0.306	−0.187	−0.037	0.050
	港澳台/外国	3.057	5.166	3.796	0.286	0.368
	务工经商经历	−10.303***	−6.854*	−8.966***	−0.415**	−0.494**
常数项		74.067***	69.849***	66.496***	0.703	1.201**
R 平方/伪 R 平方		11.5	0.139	0.120	0.064	0.066
−2log		—	—	—	1545.33	1542.00
样本		1212	1226	2438	2438	2438

说明：（1）参照类：户籍状况：农村出生农村户籍；婚前家庭经济地位：夫家更好；夫妻职业地位差：丈夫职业地位高于妻子；家庭经济贡献：丈夫大；家庭权力：丈夫更有权；职业：管理人员；社会组织与民间组织参与：没有参与任何社会组织/民间组织者；政治身份：党团员；流动机会：省内；务工经商经历：从未外出。（2）$p^* < 0.05$，$p^{**} < 0.01$，$p^{***} < 0.001$。关于显著性水平的选择，本文以 0.05 作为接受研究假设的基准，以避免过于宽松的显著性水平可能导致的推断的甲种误差。

（三）影响要素分析

从模型 3、模型 4、模型 5 以性别角色观念得分、男人社会、男人养家为因变量的全样本分析看，少数民族两性的性别观念有显著差别。在统计学意义上对性别角色分工观念有显著影响的是性别、户籍状况、家庭经济贡献、家庭权力、教育和政治身份。对于"男人应该以社会为主、女人应该以家庭为主"的看法，具有统计学意义的解释变量是性别、户籍状况、夫妻家庭经济贡献、家庭权力、教育与政治身份。对于"挣钱养家主要是男人的事情"的看法，影响显著的是性别、家庭经济贡献、家庭权力、教育和政治身份。模型 1 与模型 2 分性别对性别角色分工观念进行多元线性回归分析也发现，在统计学意义上有显著影响的要素对男性是家庭权力、教育与政治身份，对于女性而言是家庭经济贡献、教育与政治身份。先赋地位诸要素中，主要是性别与户籍状况对于性别角色观念有显著影响，在控制其他因素的情况下，男性性别角色分工观念得分比女性高 3.4 分，男性同意"男人应该以社会为主，女人应该以家庭为主"者比女性高 31.4%，同意"挣钱养家主要是男人之事"者比女性高 33.2%，女性比男性在观念上更趋现代。经历过农村户籍向城镇户籍转变者，相比于农村户籍者更趋现代。

自致地位诸要素中，教育、政治身份、外出务工经商经历的影响比较凸显。与既往经验研究发现一致，教育程度提升会显著促进性别观念的现代转向。教育程度每提高一年，性别角色观念得分减少 0.827 分，同意"男人应该以社会为主，女人应该以家庭为主"的发生比下降 4.8%，同意"挣钱养家主要是男人之事"发生比下降 6.9%，其影响对于女性更为突出，女性教育程度每提高一年，性别角色观念得分减少 0.883 分，男性的相应减少是 0.643 分。党员身份者的性别角色观念更趋现代，从分性别的模型多元线性回归系数可以看出，女性党员相比于男性党员有着更为偏向现代的性别观念。有过在户口所在地县城之外城镇连续务工经商超过 6 个月经历者，其性别角色分工观念得分比从未外出者低 8.966 分，同意"男人应该以社会为主，女人应该以家庭为主"者的发生比下降 34%，同意"挣钱养家主要是男人之事"发生比下降 39%，外出务工经商经历对于男性性别观念的转变而言尤为重要，尤其男性有过外出务工经商 6 个月以上经历的话，其性别角色观念得分会比未外出者少 10.303 分，而虽然女性的相应分数为 6.854 分。如与非少数民族男女样本的回归分析结果进行比较，还是可以看出政治身份和外出务工经商经历对于少数民族男女两性的性别角色观念有更为重要的影响，尤其是外出务工经商经历的影响。

在家庭地位的四项因素中，在少数民族两性中体现显著影响的是夫妻家庭经济贡献与家庭权力。如果妻子相比于丈夫对家庭经济有更大的贡献，则会极大地提升此类人群的性别角色分工观念的现代取向。与家庭中经济贡献丈夫大者相比，如果妻子经济贡献大则性别角色观念得分会低 5.434 分，同意"男人应该以社会为主，女人应该以家庭为主"的发生比下降 29.5%，同意"挣钱养家主要是男人之事"发生比下降 40%。如果妻子对于家庭经济贡献能够与丈夫持平，也同样能够对夫妻的性别角色分工观念有显著正面影响，虽然其影响不如前者那么大。总之，妻子家庭经济贡献大也会引发丈夫性别观念转变，但其影响会小于对于妻子的影响。在少数民族女性样本中，丈夫对家庭经济贡献大者占 51.1%，妻子贡献大者占 7.4%，夫妻差不多者占 23.4%，因此，女性的经济贡献对于性别观念的意义是很大的。另一个非常重要的因素是家庭权力，自述家庭中相比于丈夫更有权或者与丈夫差不多，都会显著提升女性的性别角色观念的现代转向，其作用的方向和程度与家庭经济贡献的情况类似，值得指出的是，那些自述为家庭中妻子权力更大者，其性别角色观念尤其趋向于现代，在少数民族女性样本中，自述丈夫更有权者为 34.3%，自述差不多者为 34.8%，自述妻子更有权者占 13.5%，在男性样本中，丈夫更有权者占 36.3%，差不多者占 33.4%，妻子更有权者占 11.4%，这种分布也从侧面说明女性在家庭中的权力在增加，并改善了其关于两性家庭内外性别分工的看法。

四　结论与讨论

本文的分析发现：

（1）社会转型过程中少数民族两性的性别角色观念正在发生变化，但转变的速度比较缓慢，目前两性的性别角色观念处于传统与现代两极之中间状态，"男尊女卑、男主女从、男强女弱、男外女内"的性别角色观念在部分人群中还有相当的市场。

（2）性别角色观念的形塑源自三类重要社会结构/关系下的三类地位（先赋地位、自致地位和家庭地位）实践。

（3）两性的性别角色观念因先赋地位的不同而表现出差异。相比于男性，女性的性别角色观念总体上更趋现代，且越是年轻的女性，性别角色观念越是趋向于现代，而男性的性别角色观念在不同年龄群体间却表现出高度的一致性以及随出生年代不同而依然如故的稳定性。无论男性还是女性，有过农村户籍转为城镇户籍者的性别角色观念更趋现代。

（4）表征自致地位的教育、政治身份、6个月及以上外出务工经商经历等对两性的性别角色观念都有显著影响。教育地位高、党团员身份的人群，其性别角色观念更趋现代，且其对于女性的影响大于男性。外出务工经商6个月以上的经历者其性别观念更为现代，这一改变对男性的影响更为显著。

（5）家庭经济贡献比丈夫大、家庭权力上至少与丈夫一样甚至比丈夫高者，则性别角色观念越是趋向现代。这一发现也同样适用于男性，只是其对于女性的影响会更强。

上述发现与刘爱玉、佟新2014年关于中国人性别观念及其形塑的结论有诸多相似之处，比如关于先赋地位中年龄、户籍身份的影响，关于自致地位中教育与政治身份的影响。关于家庭地位中家庭经济贡献与权力的影响，其影响的方向及程度都很相似。但外出务工经商的经历对两性性别观念的影响都是显著的，且对男性的影响更为明显。所不同的是，自致地位中的职业、社会组织参与对性别角色观念没有统计学意义上的显著影响，以及在家庭地位诸要素中，婚前家庭社会经济地位、夫妻职业地位差、教育地位差对于性别角色分工观念也没有显著影响，我们认为可能在家庭地位实践诸要素中，最重要的是家庭经济贡献以及家庭权力的作用可能与少数民族独特的社会经济组织安排与文化传承有关，故此，我们认为应该有更多的学者对此进行关注和研究。

农村弱势男性婚姻边缘化与乡村文化记忆传承

林移刚*

一 农村弱势男性婚姻边缘化问题的凸显

自 20 世纪 80 年代以来，中国出生人口性别比开始偏高。一方面，是计划生育政策全面实施和随之而来的新生儿 B 超技术的广泛非法采用造成的；另一方面，也和中国传统社会高度依赖男性劳动能力并使得男女地位差距悬殊有关，也与中国传统文化中"传宗接代""重男轻女""多子多福"等观念综合影响相关。21 世纪以来，中国出生人口性别比呈现不断攀升的发展趋势。2000 年第五次全国人口普查时我国人口性别比为116.86，到 2005 年时达到 118.58。2010 年第六次人口普查结果虽然总体性别比有所下降，男女人口仍然相差 3366 万人。人们根据这个比例预测得出，到 2020 年时，中国将有 3000 多万男性面临"无妻可娶"的窘况。而在农村地区，性别比以及人口性别比不降反升，远远高于城市，已经处于基本失衡的态势。而且，农村男光棍的造成不仅仅是性别比这个唯一原因。在城镇化推进过程中，随着原有潜在婚配对象进城并逐步提高婚配预期，农村男性的婚姻挤压和婚姻危机远比城市青年严峻。同时，男光棍的分布存在区域性的差异，在贵州、云南、四川等省份的农村地区，因多子多福、重男轻女等观念的影响，男光棍的数量更多。

在婚姻市场中男女两性的需求和供给的比例失调的时候，人们传统的择偶偏好就会受到影响，人们的婚配行为和婚配选择也就会发生比较大的调整和变化，而在婚姻市场中处于弱势地位的群体便会遭遇婚姻挤压（也称婚姻排斥、婚姻剥夺）。男性婚姻挤压的严峻形势使得其中的一部分男性在达到社会公认的理想适婚年龄的时候未能实现婚配的愿望，或者

---

* 作者简介：林移刚，四川外国语大学社会与法学院教授。

最后在 30 岁以上才完成婚配，或者最后被迫选择终身不婚。农村弱势男性婚姻边缘化这一概念的提出便是对当前我国婚姻市场中弱势群体"配偶可获得性"这一问题的关注。择偶中的婚姻梯度原则和聘娶婚制度使得在男多女少的社会，一些具有弱势特征的男性将被排挤出婚姻市场。从区域分布来看，我国弱势男性婚姻挤压比较严重的地区大多集中在偏远、贫困和农村地区，其中中西部农村地区更为严峻。这些地区的两性比例失调的情形本来就远远高于城市和其他地区，而现代化进程和人口流动的加速又使得大量的适龄女性的婚配半径超出原有生活区域而更多选择外嫁，这种婚配资源严重外流更加剧了原有的男女比例失衡。在中西部地区的许多村寨中，大龄未婚男性甚至终身不婚的男性比例升高，成为一个个"光棍村"。这些在生理、经济、社会地位中的弱势群体在婚姻市场中也面临着被边缘化的风险。因此，男性婚姻弱势群体的背后隐藏着的是中国乡村巨大而复杂的社会生态。

二　学术界对男性婚姻弱势群体的既有关注

农村男性群体婚姻危机的严重性已经引起了广泛的社会关注。据预测，到 2020 年实现全面小康社会建设目标之时，中国将有数千万男性"无妻可娶"，如此庞大的一个"光棍"群体的存在，对家庭和社会的和谐、稳定都会产生极为严重的影响。严峻的婚姻挤压形势将部分适婚年轻人在达到婚龄时组建家庭的通道被无情堵塞。这进一步引发了整个社会中家庭结构的畸形化和家庭功能的弱化。[1] 同时，婚姻挤压所造成的苦果一般都是社会底层的男性群体来吞食的。所以，在不同群体、不同区域中男性婚姻挤压的严重程度是不一致的。这样，男性婚姻边缘化问题可能会强化我国社会中已有的区域差距、城乡差别和群体差异，加剧阶层分化与固化，造成地区和城乡间人口、经济和社会发展进一步失衡，进一步加深社会矛盾。

学术界对于农村男性婚姻弱势群体的研究主要集中于对出生人口性别比和婚姻挤压的现状的分析以及农村大龄未婚男性成婚困难的原因等方面。[2] 对

---

① 陈友华、米勒·乌尔里希：《中国婚姻挤压研究与前景展望》，《人口研究》2002 年第 3 期。

② 杨斌：《农村男性弱势群体的婚姻边缘化问题研究：以贵州为例》，中国社会科学出版社 2010 年版，第 26—70 页。

农村男光棍形成原因的分析已有很多角度新颖、分析深刻的成果。余练从婚姻连带构成的角度分析了农村光棍群体的特征，并深入分析了光棍成窝现象。① 袁明宝分析了农村光棍群体的贫困类型及生成机制，将农村男光棍分为经济性贫困、社会性贫困和文化性贫困三种类型。② 宋丽娜研究了农村离婚男性难以再婚"重返光棍"的典型社会现象，并讨论了农村婚姻市场的变革。③ 对农村大量男性成婚困难的社会后果研究成果较多。有学者研究发现，婚姻挤压下的男性婚姻弱势群体和男性未婚群体在身体健康和心理福利方面都明显弱于已婚男性。④ 李卫东和胡莹认为，只有当男青年其成婚期望高且感受到婚姻挤压时，才会带来较为严重的心理失范。⑤ 有些学者研究发现，大龄未婚男性群体对婚姻需求和性渴望是买卖婚姻、欺骗婚姻、妇女拐卖、性交易等各类违法犯罪活动增加的重要原因。⑥ 这些群体还会侵害相关女性的生活福利与发展，⑦ 而生活与心理的双重压力可能刺激该群体内部打架斗殴、抢劫、性侵害、赌博等违法行为的增加。⑧ 管成云等探讨了中国农村光棍娶越南新娘之后所呈现出来的婚姻风险问题。⑨ 刘燕舞认为，农村男光棍的社会风险包括越轨、一般的违法、犯罪和自杀，等等。⑩ 美国的赫德森和英国学者博尔（2004）针对中国和印度的性别失

① 余练：《婚姻连带：理解农村光棍现象的一个新视角——对鄂中和鄂东三村光棍成窝现象的解释》，《人口与经济》2017年第1期。

② 袁明宝：《边缘与消极：农村光棍群体的贫困类型及生成机制分析——以湖北Z县G村为例》，《南方人口》2017年第3期。

③ 宋丽娜：《"重返光棍"与农村婚姻市场的再变革》，《中国青年研究》2015年第11期。

④ 许军、梁学敏：《延边州农村大龄未婚青年情况调查报告》，《人口学刊》2007年第4期。

⑤ 李卫东、胡莹：《未婚男性农民工心理失范的调查研究》，《西安交通大学学报》（社会科学版）2012年第1期。

⑥ 杨博、李树茁：《婚姻挤压背景下流动男性HIV/AIDS传播的社会风险——基于风险性行为的比较分析》，《西安交通大学学报》（社会科学版）2016年第2期。

⑦ 靳小怡、谢娅婷、韩雪：《婚姻挤压下农村流动人口的生育性别偏好——基于相对剥夺感视角的分析》，《人口学刊》2013年第3期。

⑧ 果臻、李树茁、Marcus W. Feldman：《中国男性婚姻挤压模式研究》，《中国人口科学》2016年第3期。

⑨ 管成云、冯强：《商品化婚姻与中国农村光棍游猎式相亲的婚姻风险——基于"越南新娘"报道（2010—2016）的内容分析》，《现代传播》（中国传媒大学学报）2017年第11期。

⑩ 刘燕舞：《婚姻中的贱农主义与城市拜物教——从农村光棍的社会风险谈起》，《社会建设》2015年第6期。

衡，预测过剩男性和男性光棍群体的出现会导致高犯罪率的发生，并对国际和国内公共安全造成威胁。①

由上可以看出，学术界对农村男性婚姻弱势关注更多的是出生人口性别比偏高的现状探讨和对个人心理健康以及公共安全的影响，而对男性光棍形成的原因探索除了人口结构的宏观因素外还缺乏从生态环境、社会经济、地域文化层面的思考，较少关注光棍形成的历史变迁机制和社会文化因素，难以从历史和整体的角度来把握光棍形成的复杂机理。对已经存在的较为严重的农村男性弱势群体的婚姻边缘化问题重视不够，缺乏专题研究成果。同时，既有研究基本上集中于群体本身，对男性婚姻弱势群体与其周边文化生态之间的关联缺乏相应关注。本文从乡村文化记忆传承视角分析农村男性婚姻弱势现象，希望能引起相关重视。

三　乡村文化记忆与男性婚姻弱势群体的理论关联

(一) 文化记忆及其功能

文化与记忆是人类久远的一个理论话题。从 20 世纪 90 年代德国人类学家扬·阿斯曼提出文化记忆概念并建构了有关文化记忆的理论体系以来，文学、社会学、心理学、历史学等学科领域都有对文化记忆概念的使用和研究。扬·阿斯曼将人类的集体记忆分为交往记忆和文化记忆两部分。交往记忆是在日常生活中个体间、个体与群体之间交流中完成并短暂持续的个别化记忆。文化记忆则是"由特定的社会机构借助文字、图画、纪念碑、博物馆、节日、仪式等形式创建的记忆。这种记忆涉及的是对一个社会或者一个时代至关重要的有关过去的信息，这段过去构成了该社会或者时代的集体记忆，相关的人通过不同的文化形式如背诵、庆祝、瞻仰重温这些记忆"②。作为一个集体概念，文化记忆是"以神话传说和发生

---

① 刘中一：《大龄未婚男性与农村社会稳定——出生性别比升高的社会后果预测性分析之一》，《青少年犯罪问题》2005 年第 5 期。

② ［德］扬·阿斯曼：《文化记忆：早期高级文化中的文字、回忆和政治身份》，金寿福、黄晓晨译，北京大学出版社 2015 年版，第 370 页。

在绝对过去的事件为内容，以被创建的、高度成型的、庆典仪式性的节日或社会交往为形式，并以文字、图像、舞蹈等媒介进行传统的、象征性的编码及展演的总和"①。

在扬·阿斯曼看来，文化记忆包括"被记住的过去"（past-as-it remembered）和"记忆的历史"（mnemohistory）两个部分。"被记住的过去"是"对过去的证实"（reference to the past），就是"通过创造一个共享的过去，再次确证拥有集体身份的社会成员，在时间和空间方面向他们提供一种整体意识和历史意识"。"记忆的历史"就是"记忆文化"（memory culture），"是指一个社会借助文化记忆术，通过保存代代相传的集体知识来确证文化的连续性，并且尽可能将它呈现给后代的人们，以重构他们的文化身份"。在"被记住的过去"和"记忆的历史"共同作用下，文化记忆就成了对久远过去的一种集体理解和集体建构。②

根据扬·阿斯曼的阐述，文化记忆至少有两个方面的重要功能。其一，文化记忆是"人类记忆的外在维度"，通过创造一个共享的过去，再次确证拥有集体身份的社会成员，在时间和空间方面向他们提供一种集体意识的历史意识。在共同创造和共享相同文化记忆的人群中，人们在熟悉的文化场域和文化活动中意识到共同的属性和他们所属群体的独特性，他们在阅读和理解特定的内容时能确认并强化自己的身份。在共同的回忆过程中，相关的人确认"这是我们"或者"这不是我们"。其二，文化记忆经历了时间、空间和权力等媒介的筛选以后，成为一个或者多个时代互动框架下的指导性行为准则和经验性的知识，在一代代人不断回忆的过程中，文化记忆中存留的不同寻常的过去逐渐变成"神话"，文化记忆也就起到了对接当下与过去的功能，借助过去照亮现在，并成为"所有成员都能接受并珍视的标志、价值和准则"。

（二）乡村文化记忆及其时代建构

场域的差异对于文化记忆的建构影响颇大。乡村文化记忆是生活在乡

---

① ［德］简·奥斯曼：《集体记忆与文化身份》，载陶东风、周宪主编《文化研究》第 11 辑，社会科学文献出版社 2011 年版，第 4 页。此处简·奥斯曼即扬·阿斯曼。

② 赵静蓉：《文化记忆与身份认同》，生活·读书·新知三联书店 2015 年版，第 12—14 页。

村中的人们（一般是指农民，下同）在其生活场域中建构起来的农民个体、群体的生活史，[1] 是乡村时间和乡村空间中农民群体的过去。根据扬·阿斯曼的文化记忆理论，乡村文化记忆强调的是历史的接受、传承和文化的连续性，以及在现实语境中对世界的解释。乡村文化记忆不是要给出对于过去乡村事件的精确或者真实的证明，而是要在当下现实中一个被给定的文化语境中，对过去发表有意义的声明。因此，乡村文化记忆对于农民群体和乡村生活、时代场域来说，同样具有双重角色与意义。其一，乡村文化记忆可以固化农民的群体和个体身份，并获得关于自己的整体性和独特性的意识。在全球化与本土化冲击和碰撞的时候，在乡村媒介化生存愈来愈明显的时代，乡村文化记忆对于农民身份认同的建构和乡村传统、特色的保留愈加重要，在农民身份建构中起着非常重要的作用。其二，乡村文化记忆可以固化和标注乡村时间与空间。经过政治权利和时空筛选的文化记忆标注着"乡村之所以为乡村""农民之所以为农民"，乡村文化记忆的留存让乡村的传统能够在时间轴上自然而完美地延伸和持续，在空间轴上能够拓宽和区分着乡村与城市等更多空间的优势与差异，从而让乡村时空中的居住者保留归属感和自豪感。

文化记忆建构了个人、集体、历史乃至民族身份。全球化以来，文化记忆与文化身份认同已成为当代世界都市现代化过程中的普遍性话题。现代化进程的加快使地域的文化融入全球化文化之中，社会变迁所导致的文化记忆的解构与重构是文化发展传播过程中的必然选择。而随着现代化与城镇化进程的推进，无论是对于城市人还是乡村居民，乡村文化记忆的模糊甚至缺失，无论是在物理空间还是精神家园等方面都有着非常明显的感知。一方面，城镇化和现代化的快节奏和市场化让人们无所适从。春节前后在知识分子群体中热衷的"返乡体"反映的正是当代都市人（主要是从农村走出的城市人）对于乡村记忆的怀念和情感抱憾。[2] 另一方面，自改革开放以来持续至今的乡村逃离（农民工进城、土地荒芜、耕作倦怠等）甚至愈演愈烈，并造就了乡村物理空间的空心化和精神世界的荒芜，

---

[1]　［德］扬·阿斯曼：《文化记忆：早期高级文化中的文字、回忆和政治身份》，北京大学出版社 2015 年版，第 68—72 页。

[2]　杨胜刚：《"返乡体"底层视角下的农村叙述》，《武汉大学学报》（人文科学版）2016年第 4 期。

空巢老人、留守儿童、留守妇女等都是其副产品。乡村空间的延展、城市要素的无序渗透、乡村主体的空心化使得乡村的过去与未来已无法正常对接，乡村文化记忆日渐模糊。第二代农民工聚居选择的城镇化认同更加使农村日渐成为人口低容量、弱吸引力的生存空间和文化荒漠。因此，在新时代背景下，拯救与活化散落于日常和节日中的富有集体记忆、维系地方文化认同感的乡村文化并重新建构新型乡村文化记忆，不仅对于乡村生活、文化的延续，对于乡村居住者迫在眉睫，对于有着寻根和归属需求的城市人、城市文化甚至中华文明也同样意义重大。

（三）男性婚姻弱势群体对乡村文化记忆传承的影响

在乡村文化记忆的建构过程中，人始终是不变的主体。主体完整、独立地参与文化记忆的建构与传承。乡村传统文化的没落是从个体记忆的淡化开始的，并逐步从个体记忆的消失扩展到集体记忆的消亡。[①] 男性婚姻弱势群体导致的个体婚姻、家庭文化的晕轮效应会扩散到更多的男性群体乃至整个农村社区，使得民众对乡村婚姻、家庭等乡村文化要素的认识发生了根本性改变，乡村文化的传承逐步转向以商业和行政等力量为主导的组织管理形式。

在传统乡村社会中，大多数男性在婚姻中都是起着主导作用的。而在全球化浪潮下，在城镇化的推动下，越来越多的男性一夜之间成为婚姻弱势群体，这在部分群体中颠覆了传统的乡村性别地位和角色关系，也迷乱了乡村角色之间的互动模式，使得许多延续了多年的乡村传统（包括形式的和本质的）都无所适从、难以为继，进而出现了诸多紊乱和倾覆。男性成为乡村婚姻市场上的弱势群体，使乡村文化记忆的场域、载体、形态以及内容等方面都发生了重要变迁，进而解构了原有的乡村文化记忆系统。

首先，男性成为婚姻弱势群体使乡村文化记忆建构和传承的场域发生巨变。作为"熟人社会"的中国乡村，文化记忆中充斥的是淳朴和恬静的场景。但是，当乡村生活的主体——男性地位式微以后，乡村文化记忆建构的场域开始告别了传统的美好。在部分男性因为身体、智力或者经济

---

① 祝虹：《历史记忆、宗族边界与族群分层——明清徽州宗族认同研究》，《云南民族大学学报》（哲学社会科学版）2016 年第 6 期。

等原因而在婚姻市场中陷入弱势以后，许多本来没有危机的男性也受牵连。乡村婚姻市场中特别是女性婚姻期待日趋功利化。女方家庭在谈婚过程汇总开始索要巨额彩礼，提出各种看似合理的过分要求。在不断被攀高的婚姻标准下，婚姻从喜庆的"姻缘"变成肮脏而悲切的交易甚至勒索，功利婚姻结成的"亲家"不再亲密，传统乡村差序格局被打破，新的功利性格局没有了人情温暖；被传统所不耻的同地、异地甚至跨国买卖婚姻在各地重现，男性婚姻半径无规则、非理性地延长，婚姻的伦理甚至法律边界逐渐模糊直至消失；性的追求和满足、性犯罪的隐性或显性盛行让乡村陷入新一轮恐慌，婚姻与性成为连接男女的两极，爱情成为乡土社会中的奢侈品。这一切都将乡村这片净土逐步污染，在这个场域中建构起来的也只是日益模糊的乡村文化记忆。

其次，乡村文化记忆构建的载体（包括仪式和节日等）因男性婚姻弱势群体的存在发生重大变迁。仪式是文化记忆最基本的载体和组织形式。在无文字的社会里，时间被分成日常时间和节日时间两个部分。日常时间留下的更多是交往记忆，而节日时间必不可少的仪式、庆典体现的是社会交往和凝练的文化记忆。"节日将我们在日常生活中晦暗的存在重新照亮，神亲自将因忽略和遗忘而变得自然平淡的秩序重新擦亮。"[1] 杜克海姆指出，节日里的仪式具有"强大的感召力和生命力"，因为仪式的存在，每个参与者都因为参与和崇敬而被吸引、被感动，并发自内心地产生对节日仪式、文化的敬重和认同，并由此不仅确认了个人的存在感和存在的意义，而且获得了深刻而具体的集体认同感。[2] 性别比失调及女性大量进城使女性成为稀缺资源，并进而让大量农村男性在婚姻挤压中成为弱势群体。这不仅让男性在传统婚姻市场中的主导地位被剥夺，在婚姻市场中的弱势地位及其表现所产生的晕轮效应还辐射到乡村生活的方方面面，在大多数乡村文化记忆建构的节日和仪式领域也受此影响。在我国传统乡村，男性主导着社会生产和贸易、祖先神灵祭祀、乡村社会的管理、土地

---

① ［德］扬·阿斯曼：《文化记忆：早期高级文化中的文字、回忆和政治身份》，北京大学出版社 2015 年版，第 53 页。

② 富华：《嘉兴端午习俗的文化特质及其传承机制》，载许晴《寻觅中国端午文化魂脉》，浙江大学出版社 2011 年版，第 286 页。

财产承继等各种事务，① 而以孝道、伦理以及乡村生活为轴线的乡村节日同样是一个个男性权力和精力演绎的舞台，乡村文化记忆也以此为载体被逐页翻开、存储和延续。但是，当男性的主导地位在婚姻市场失去以后，男性在乡村社会的多个场域都变得被动起来。又加之乡村经济生活方式中女性作用日益凸显，男性流入城市使得他们在乡村社会管理参与度降低，祖先、神灵祭祀的神圣性和延续性大不如从前，乡村节日的伦理色彩和仪式感越来越弱。由此，乡村文化记忆的多种载体的功能和延续性都大打折扣。而所有这一切都和男性在婚姻市场上的弱势密切相关。

再次，男性成为婚姻弱势群体使乡村文化记忆的内容被恶意重构。在传统文化语境中，乡村文化记忆中充斥的虽然都是下里巴人的乡间野语，但也不乏各类被归入非物质文化遗产等政治正统和被精英文化采纳和收编的雅致之作。但是，当男性成为婚姻弱势群体后，在乡村文化记忆的内容中，传统民歌、民谣中的美好逐步隐去。光棍们将淫词艳曲和各种网络黄段子，甚至赤裸裸的色情题材作为娱乐方式与内容。赌博、斗殴、时爆粗口作为男性婚姻弱势群体生活行为的日常。"小三""二奶""通奸"甚至各类色情文化作为光棍们越来越自然的衍生物。金钱、享乐、物欲成为婚姻的主要准则。婚姻和爱情成为越走越远的两条平行线，虚无的华丽与奢靡成为女性婚姻选择的首要方向。经济优势的男性在利用雄厚的金钱基础挥霍贪欲的同时践踏爱情和婚姻规则。而越来越多的在婚姻中处于弱势的男性却由于生理需求得不到满足，在很难再有其他激励性动因的同时陷入孤苦、无助的困境而创造出许多非理性的乡村罪恶之花。如此，传统的乡村文化记忆已是面目全非。

最后，女性强势在颠覆乡村性别角色基础上打破了乡村文化记忆的既定模式和传统。研究者认为，城乡人口流动导致了婚姻资源的不对称性流动，② 这与农村出生人口性别比的严重失调构成了对农村男性的双重挤压使得农村"娶妻难"的困境日益严峻。③ 城镇化所造就的农村女性经济独立和身份自由使社会向上流动的通道和方式向女性敞开并逐步

---

① 邹琼：《仪式变迁：地方化与全球化》，《贵州民族研究》2012 年第 1 期。

② 男性流出和回流都非常多，而女性流出越来越多，回流越来越少。

③ 余练：《婚姻连带：理解农村光棍现象的一个新视角——对鄂中和鄂东三村光棍成窝现象的解释》，《人口与经济》2017 年第 1 期。

增加。农村女性在婚姻和生活中有了更多自信。农村空心化后男多女少的现实使女性在婚姻市场中逐步处于强势地位。买卖婚姻或高彩礼婚姻的存在进一步剥夺了男性的主导地位。未能婚配的男性为完成婚姻大事一再与人生理想和自我认知妥协，甚至失去底线。婚姻观念的改变、离婚的无责和无序也使完成婚姻选择的男性在配偶获得后同样处于惶恐状态而不能获取咸鱼翻身的些许快感。男性逐步失去在婚姻市场中的主导权以后，在乡村文化记忆建构和传承中的主导地位也逐步削弱，但是，女性又并未能成为新的主体。由此，造成了旧的传统被打破，新的模式未能建立的阵痛。

四　乡村文化记忆与男性婚姻弱势群体身份认同的重构

　　"文化记忆具有特定的载体、固定的形态和丰富的象征意义。"[1] 乡村文化记忆最重要的内容包括了乡村社会中人口、人群和区域乃至民族、国家等的创始神话和奠基史，他们对于乡村社会中的相关机构或居住群体的延续起到定型性和规范性的作用。男性婚姻弱势群体的存在使乡村文化记忆因场域、载体及形态的破坏而被结构化，包括男性婚姻弱势群体在内的乡村居住者群体和乡村时空认同都变得岌岌可危。要从根本上消解男性婚姻弱势群体问题对乡村文化记忆的解构，实现身份的转变和重建，就要尊重男性弱势群体的文化记忆以使其获得原始认同，实现乡村文化记忆载体和形态的重构，要鼓励和支持男性弱势群体参与文化建设以提升其文化话语权，要提升其文化资本以增强其融入乡村社会的文化能力。

（一）乡村文化记忆载体的重构

　　国家是人类传统社会文化记忆所依托的最重要的载体。扬·阿斯曼分析，古代以色列的文化记忆促成了圣书的诞生，宗教构成了落实文化记忆的最重要场所，并且结出了丰硕的果实；古希腊人的文化记忆则促成了思维的规范化。在两个古文明国度，"节日和仪式的定期重复，保证了巩固

---

　　① ［德］扬·阿斯曼：《文化记忆：早期高级文化中的文字、回忆和政治身份》，北京大学出版社 2015 年版，第 68—72 页。

认同的知识的传达和传承，并由此保证了文化意义上的认同的再生产"①。仪式性的重复在空间和时间上保证了群体的聚合性。在乡村社会传统节日里，各类仪式为与天地、祖先、图腾、神灵等相关的民间信仰和宗教信仰的表达与共享提供了神圣场域。在仪式中，表演者和参与者能感受共同的精神慰藉。② 而在现在的农村，当大量男性因为婚姻弱势而退出主导地位以后，他们在节日和仪式庆典中从主持者、表演者转变为参与者、旁观者甚至完全缺位，而在没有女性和其他成员及时补位的情况下，仪式也就只能简化甚至省却。因此，在全面实现乡村振兴的背景下，我们除了关注节日的"完整性、创新、媒介和国家传播"等方面以外，③ 还需要从主体参与角度重建乡村传统节日的仪式感，让传统节日成为农村公共生活的重要组成部分，使所有乡村居住者有热情、有感情地参与到节庆时间的创新性活动中。在继承和创新的基础上重建节日要素、内容体系，重新确定节日和仪式中的性别分工、节日伦理和节日传承动力机制。

（二） 乡村文化记忆场域的重建

在布尔迪厄看来，"在高度分化的社会里，社会世界是由具有相对自主性的社会小世界构成的，这些社会小世界就是具有自身逻辑和必然性的客观关系的空间，而这些小世界自身特有的逻辑和必然性也不可化约成支配其他场域运作的那些逻辑和必然性"④。场域都以一个市场为纽带，将各种象征性商品的生产者和消费者联结起来。在乡村文化记忆建构的场域中，既包括物态化的空间和时间，也包括精神领域的文化空间和信仰空间。换言之，在农村中记忆所能涵盖的场所和要素，都可以成为乡村文化记忆的场所，如对象、活动和信仰，等等。正如法国学者皮埃尔·诺拉（Pierre Nora）所言，"任何显著的实体，不论其本质是物质的还是非物质

---

① ［德］扬·阿斯曼：《文化记忆：早期高级文化中的文字、回忆和政治身份》，北京大学出版社 2015 年版，第 212—231、280—289 页。

② 郭讲用：《传统节日仪式传播与信仰重塑》，《当代传播》2012 年第 4 期。

③ 林慧：《论传统节日仪式在当代的重建》，《湖南大学学报》（社会科学版）2017 年第 4 期。

④ ［法］皮埃尔·布尔迪厄、［美］华康德：《反思社会学导论》，李猛、李康译，商务印书馆 2015 年版，第 122—123 页。

的——只要它成为某一社会记忆遗产的象征性元素，就可以被称为记忆场域"①。男性是乡村场域中物质、精神文化的生产者和消费者，但是，当男性因为婚姻而成为弱势群体后，乡村文化的时空断层或者碎裂，文化记忆场域恶化，乡村场域中曾经被固化的乡土中国的传统文本失去了一个与之意义关联的文化空间，缺乏场域主体对乡村文本（尤其是关于伦理、信仰等精神要素）的正确阐释、模仿和评论等旨在维护文本意义的手段以后，乡村社会中奠基性的文本在不断变化的外部环境中便无法发挥其应有的作用。

乡村文化记忆场域的重建需要加大对乡村物质空间的（包括祠堂、牌坊、墓碑、房屋等）保护、整理和传承，让所有年龄、性别的主体能在变化着的生活空间中寻找到熟悉的过往，在不变的熟悉场所和场景中持续保持通畅的身份识别和乡土认同。同时，在城镇化进程对乡土文化的强势侵蚀和消耗中，需要找寻城乡文化之间的美好支点，给传统文化寻求默契而兼容的存续空间的同时，双向激活城乡文化，重新构建一种"留得住乡愁、记得住乡音"的新的乡村文化场域，加大对各种乡村主体的人文关怀、优秀传统文化保护传承。时间方面，在传统时间、外来时间与当代市场时间中找到完美的契合点。空间方面，实现物理空间与文化空间的兼容与兼顾。

（三）媒体对弱势群体的正向关注和主流引导

在扬·阿斯曼看来，交往记忆与文化记忆往往会有差异，甚至发生冲突。每一个时代的交往记忆中，都只有很少一部分能够成为文化记忆。交往记忆能否成为文化记忆并对社会传承和发展起到主导作用？媒体的垂青和渲染会造成某种交往记忆的变化并影响公众的关注和选择。但是，如果有些交往记忆主要存在于边缘群体或者被边缘化的群体中，那么就很难进入主流文化记忆的范畴。解决这个难题的最好办法就是在媒体介入以后，借助于各种文化手段和机制，广泛开展交往记忆所涉及问题的讨论，在引起社会充分关注和全面参与后使其成为文化记忆的组成部分。乡村文化记忆建构中的男性主体地位缺失也同样需要强化媒体对男性婚姻弱势群体的

① Pierre Nora, *From lieux de memoire to realms of memory*, in: Pierre Nora and Lawrence D. Kritzman, eds. *Realms of Memory*: *Rethinking the French Past.* Vol. 1: *Conflicts and Divisions*, New York 1996.

关注，让他们的生活和交往重新回到乡村主流社会，成为公共话语，进入政策关注领域。同样，乡村文化记忆载体重建也需要媒体的介入和参与。在凯瑞看来，当一个社会中信仰和宗教的力量被弱化以后，"大众传媒应该成为一种跨越空间和维系时间的介质，建构起仪式化的时空场域"①。

但是，在媒体关注弱势群体和进行乡村节庆仪式与信仰重塑的过程中，需要强调媒体的正向关注和主流引导。因为媒介仪式总是具有世俗性的，很容易导致表演者与参与者的分离，并使节日仪式原有的神圣感被弱化甚至消失。同时，大众传媒的媚俗倾向也会使其传播导向偏离。近年来各种媒体对农村"人市"、越南新娘、农村买卖婚姻等的过度、失实报道甚至"媒介暴力"，不仅未能对男性婚姻弱势群体的现实困难有所帮助，还将他们的尴尬处境夸大和妖魔化，加剧了他们在婚姻市场中的劣势地位。因此，媒体对这个群体的关注要尽量少一些理性主义和主观色彩过强的评判，按照主体平等、信仰平等的原则予以报道和传播。主流媒体要加强对媒介事件的干预和引导，要从乡村文化记忆建构角度关注男性婚姻弱势群体的境况。借助媒体力量鼓励和重建针对他们的社会支持体系，支持男性婚姻弱势群体参与乡村建设，增强其融入乡村社会建设能力，在经济改观的基础上提升其文化话语权，并彻底改变其弱势的现状。

（四）对乡村文化记忆的政治干预和专人维护

乡村文化记忆既不是现实与历史的重演，也不是自动生成的既成文本或者固定仪式，而是每一个时代目标极为明确的记忆政策不断努力和多方干预而长期促成的。因此，"文化记忆带有明确的政治和意识形态色彩。一个社会以怎样的过去作为其存续的基础，又从中获取怎样的身份认同要素，实际上反映了这个社会的性质和它所追求的目标"。同时，文化记忆在建构过程中和建构完成以后都需要专人维护，需要有"训练有素的人以公众喜闻乐见的形式将有关过去的记忆现实化"②。我国近年来的新农村建设、美丽乡村建设以及乡村振兴等战略都带来了乡村社会的巨大变迁，也对乡村文化记忆的促成有直接的影响。在男性婚姻弱势群体影响了

---

① 郭讲用：《传统节日仪式传播与信仰重塑》，《当代传播》2012 年第 4 期。

② ［德］扬·阿斯曼：《文化记忆：早期高级文化中的文字、回忆和政治身份》，金寿福、黄晓晨译，北京大学出版社 2015 年版，第 212—231、371 页。

乡村文化记忆建构和传承的背景下，我们能够也应该以维护者和干预者的身份介入其中，尊重男性弱势群体的文化记忆，使其获得乡村社会的原始认同，进而探索大龄未婚男青年的存在对社区经济、社会安全、公共健康等因素的影响程度和发生机理，重新建构针对男性婚姻弱势群体的社会支持系统，从根本上让其走出时代弱势的尴尬处境，同时，建构新的文化记忆以引导其新身份的形成。各级政府部分要努力探索乡村文化振兴的具体路径，培育健康、先进的婚嫁之风、乡俗民约和乡村文明，净化乡村文化记忆生成的土壤。

五　结论

乡村文化记忆是"记得住乡愁""留得住乡情"的重要载体。在建设文化强国的大背景下，我们关注了乡村文化景观等物质要素的同时，还需要从人文关怀角度关注不同主体对于乡村文化记忆建构的影响。也只有从文化记忆角度入手，为农村男性弱势群体建立一个包括生态、人口、经济、文化、个人等因素在内的解释婚姻边缘化问题的综合模型，明确未婚对于个人生活、心理健康和相关家庭的各种影响，探索大量未婚男青年的出现对社区经济发展、社会安全、公共健康产生消极作用的发生机制和影响程度，这样才能真正解决这个群体的深层次困惑，才能真正建立一个有利于乡村文化记忆建构和传承的物理、人文环境。

党的十九大报告提出了"坚定文化自信、推动社会主义文化繁荣兴盛"的要求，提出了和实施乡村振兴的伟大战略。乡村振兴的总要求是"产业兴旺、生态宜居、乡风文明、治理有效、生活富裕"。其中的要义就包括了文化振兴的内容。文化传承和新的乡村文化记忆的建构是乡村文化振兴的必然要求。[①] 男性在农村社会婚姻市场的弱势地位影响的不仅仅是小部分男性群体本身，更影响了整个乡村文化传承和乡村社会的运行，因此，我们必须从乡村振兴的高度并结合乡村振兴的各项工作高度关注全力解决这个问题。

---

① 李慧、徐谭：《传承文化记忆　推动乡村振兴》，《光明日报》2017 年 11 月 21 日。

儒家思想对南诏妇女社会生活的影响

王安越[*]

在唐朝的支持下，南诏首领蒙皮逻阁经过战争合六诏为一，统一洱海地区，并于唐开元二十六年（738）接受唐朝"云南王"的封号，历时两百多年的南诏政权，曾是云南政治、经济、文化的中心。为南诏妇女社会生活提供了广阔的发展空间。南诏时期女性所属民族成分以"白蛮"和"乌蛮"为主。[①]"白蛮"女性与"乌蛮"女性交错杂居，"白蛮"多居于平地坝区，是近代白族的先民；"乌蛮"多居于山区和半山区，是近代彝族的先民。

一 儒家思想在南诏社会的传播

在汉代儒学就已传入南诏地区，方国瑜先生论证："在公元开始的那几年里，云南已传播儒学了"[②]。《大理府志稿》载："吾邑之有学校，肇自汉元和二年。"南诏第一代王细奴逻"劝民间读汉儒书，行孝悌忠信礼义廉耻之事"[③]。从云南历史发展看，儒家思想在云南发展经历了唐以前的传入与兴起；南诏大理国的沿袭和进一步发展；元明清时期的深化和普及。南诏国时期正值儒家思想在云南的发展阶段，在南诏社会的传播有其特定的条件。

（一）儒家思想在南诏社会传播的主要条件

唐王朝治理西南边疆的指导思想。儒家思想能够在南诏社会传播与流传，同唐王朝治理西南边疆的指导思想分不开。因此唐朝积极将汉文化传

---

* 作者简介：王安越，云南民族大学社会学院硕士研究生。

① （唐）樊绰：《蛮书》卷五，《六睑第五》。

② 方国瑜：《汉晋至唐宋时期在云南的汉文学》，载《方国瑜文集》一辑，云南人民出版社1994年版，第354页。

③ 尤中：《僰古通记浅述校注》，云南人民出版社1998年版，第29页。

入南诏地区，如唐西川节度使高骈在《回云南牒》中对儒学在南诏的记载："云南顷者求合六诏，并为一藩……赐书习读，降使交欢，礼待情深，招延义厚，传固公之礼乐，习孔子之诗书，片言既知，大恩合报"①。又如唐西川节度使牛丛《报坦绰书》说："我大唐德宗皇帝……悯其倾诚向化，率属来王，遂总诸蛮，今归君长，乃名诏国，永顺唐仪；赐孔子之诗书，颁周公之礼乐，数年之后，蔼有华风，变腥膻蛮貊之邦，为馨香礼乐子域。岂期后嗣效忠诚，累肆猖狂，频为妖孽"②。唐王朝通过赐给南诏儒家典籍，推行儒家礼仪，使之接受有助于统治的儒家思想，从而顺服于唐王朝的统治之下。

南诏统治者政治统治的需要。南诏诏主细奴逻曾"劝民间读汉儒书，行孝悌忠信礼义廉耻之事"。说明早在南诏统一洱海区域之前，南诏王就倡导国民直接接受儒家思想。通过学习儒学典籍，汲取儒家思想。③ 盛罗皮在"开元十四年，效唐建孔子庙"，目的就是使人们了解、接受儒家思想，此举在《洱海丛谈》中亦有记载："农逻死，伪溢高祖，也晨逻立，建孔子庙于国中。"显然，提倡儒家思想是南诏国主们为政措施的一项内容。南诏立国之后，上层统治集团在文化上积极推行儒家思想。④ 南诏统治者通过建孔庙学习儒学，效仿唐王朝用儒家思想教化人民。南诏是通过部落征战而建立统一政权的，为了巩固和维系建立起来的政权，迫切需要一种先进文化来加强对自己政权的统治。缘于自身来讲，儒家思想无疑是一种先进文化，用来统一南诏社会各部落居民思想意识，更加利于对社会的统治。

（二）儒家思想在南诏社会的主要传播途径

儒家思想通过多种途径被传播到南诏社会，随着儒家思想在社会中深入影响，对南诏社会制度及思想形成起到了积极的推动作用。

南诏统治者派遣贵族子弟到唐都学习儒家思想。南诏王室不但建孔庙兴儒学，而且还派王室与贵族子弟去唐朝学习儒家文化，从南诏王盛逻皮开始，到异牟寻与唐"苍山会盟"之后达到高峰，并一直延续到大理国

---

① 高骈：《回云南牒》，《全唐文》卷 820。
② 牛丛：《报坦绰书》，《全唐文》卷 827。
③ 尤中：《僰古通记浅述校注》，云南人民出版社 1998 年版，第 29 页。
④ 尤中：《僰古通记浅述校注》，云南人民出版社 1998 年版，第 32 页。

时期。在《韦安抚使与郑清平官》中记载："诏初诸王，世通盛唐，历受册封。蒙归义得铁卷金冠，赐以云南王位。诸诏王每入西京，必携诸臣及学子百人，入学礼义。学子入学三年，就学于国子监。"①《南诏入学，大理国沿之》一文中也说："诏初兴学，入学于长安，唐天子多赐。每五年，蒙氏皆派皇室及诸官子弟五十人，就读于长安。"②在成都设立了专门的南诏子弟学校，培养南诏王室及贵族子弟，此制度延续五十余年，培养精通汉文化的人才上千人。可见，儒学思想对于南诏社会的人才培养产生了重要的影响，国家最终以法律形式确立了儒学教育的社会地位。

为了确保儒学在南诏的实行，南诏统治者请饱读经书的人士教王室弟子读儒书。诸葛元声说："滇人自尹道真受经归教，始知有诗书，然其君长莫能崇尚，故诵读者少；及郑回宣扬儒术，文教始振。"③ 南诏清平官（丞相）郑回立法三条："南诏文武官员必行汉礼；皇子女国中官家富室必通汉文；为官必知孔孟。"④ 儒家思想还助阿吒力教的广泛传播而进入社会各领域。内地人口流入南诏对儒家思想的传播有着不可估量的作用。

二　南诏妇女的社会生活描述

（一）口传故事中的南诏妇女社会生活

口传故事作为民间生活的重要组成，是南诏历史中重要的文化表述方式之一，有汉晋时期的九隆神话，南诏时期的口传作品变得更加丰富，有《望夫云》《辘角庄》等反映南诏社会面貌的口传作品。《火烧松明楼》中邓赕诏主之妻慈善（白洁）夫人节烈内容故事流传最广，极富文化内涵，在《白古通记》《南诏野史》《滇载记》等中记录有内容大致相同的故事，在民间社会影响力很大。在诸如《天启滇志·艺文志》等地方志书以及《南诏野史》等史籍中也有关于白洁夫人的故事描述。

皮罗阁乃预建松明大楼，祀祖于上。使人谕五诏曰："六月二十四日

---

① 大理州文联编：《大理古佚书钞》，云南人民出版社 2002 年版，第 112 页。

② 大理州文联编：《大理古佚书钞》，云南人民出版社 2002 年版，第 116 页。

③ （明）诸葛元声：《滇史》，刘亚朝校点，德宏民族出版社 1994 年版，第 172 页。

④ 大理州文联编：《大理古佚书钞》，云南人民出版社 2002 年版，第 276 页。

乃星回节，当祭祖，不赴者罪。四诏听命，惟越析诏波冲之兄子于赠，远不赴会。而邓赕诏诏丰咩孙皮逻邓之妻慈善者，止逻邓勿赴。邓不听。慈善不得已以铁钏穿于邓臂臂而行。罗阁偕登楼祭祖，祭后享胙食生饮酒，迨晚，四诏尽醉，罗阁拉下楼，焚钱遽纵火，火发，兵围之，四诏被焚死。罗阁遣使至四诏所，报焚钱失火，四诏被焚，状令各诏收骨。四诏妻至，莫辨其骨。独慈善因铁钏得焉，携归葬之。罗阁既灭四诏，取各诏宫人，念慈善慧而甚美，遗兵围其城，迫取之。慈善曰："吾岂忘夫事仇者？闭城坚守，半月城中食尽，慈善度不能支，即自杀。时七月二十三日也。罗阁嘉其节乃封赠为北宁妃，并旌其城为德源城。"① 故事中慈善夫人为夫守节，抗暴节烈的行为与南诏民间社会中"处子孀妇出入无禁"② 的民俗事例形成鲜明对比而被记录。

（二）史籍中的南诏妇女社会生活

1944 年美国学者海伦·查平女士通过《哈佛亚洲研究季刊》第 8 卷第 2 号在其论文《云南的观音像》中刊登的《南诏图传》画卷的照片，第一次向世人介绍了南诏瑰宝《南诏中兴二年画卷》。随后徐嘉瑞、李霖灿等人把这部作品介绍到中国，引起世人的关注和研究。③ 画卷中珍贵的造型艺术资料，为研究南诏时期妇女的社会生活情况提供了可靠依据。在《南诏图传》的第二、三组中出现的妇女形象主要是细奴逻之妻浔弥脚和儿媳梦讳婆媳二人。《南诏图传》以相互联系的几组画，连贯地描绘了观音幻化为梵僧，三次向南诏奇王细奴逻、兴宗王落晟家乞食，后受记使之立国的神话，以及观音显圣等故事。樊绰《蛮书》中"俗皆跣足，虽清平官大将军亦不以为耻"④ 的记载与《南诏图传》记载吻合，《南诏图传》真实地反映出南诏乌、白蛮的跣足习俗。

从历史文献记载中通过对服饰、发型等的描述也能反映出南诏妇女社会生活概况。据《蛮书·蛮夷风俗》记载："白蛮百姓多以拓蚕丝织成如

---

① 倪格辑：《南诏野史》，木芹会证，云南人民出版社 1990 年版，第 52—53 页。

② 樊绰：《蛮书》卷 8《蛮夷风俗》。

③ 沈海梅：《关于南诏时期的妇女生活》，载林超民、杨政业、赵寅松《南诏大理历史文化国际学术讨论会论文集》，民族出版社 2006 年版，第 126 页。

④ 樊绰：《蛮书·蛮夷风俗第八》。

衾被的衣服；妇女不施脂粉，唯以酥油润泽其发，着细绣方幅围腰。多数白蛮崇尚白色，妇女以白缯为衣，下不过膝，嫁女以陪赠纯白色的羊皮为珍贵。"南诏辖境内的西原蛮："妇人横布两幅，穿中而贯其首，名为筒裙，美发，髻垂于后，竹筒三寸斜穿其耳，贵者饰以珠珰……男子左衽，露发徒跣。""卢蛮"，是现代保傈人的先民。对其服饰，《新唐书》略有记载："男子衣缯布；女分发直额，为一髻垂后，跣而衣皮。"东部乌蛮的服饰史料记载不是很多，仅在《蛮书》中有所描述："男子椎髻，妇女则披发。""男女无贵贱皆披毡，跣足。"崇尚黑色，"妇女以黑缯为衣，其长曳地"。北部乌蛮。据《新唐书·南蛮传》记载："女人披发，皆衣牛羊皮，见人无礼节拜跪，三译四译及与华通"。西部乌蛮服饰上最突出的一点便是南诏王族服饰的白蛮化倾向较突出："妇女以绫锦、布等衣料制为裙褶，其上仍披一锦幅围腰为饰。""（这与白蛮妇女较相似）等发式为两股辫其发为髻。髻上及耳，多缀珍珠、金贝、瑟瑟、玻珀。"贵族家的女仆也着裙装。与东部乌蛮装束不同，南诏妇女的衫裙短不过膝，不再保留裙长及曳地的传统。南诏绘画珍品《南诏中兴二年图卷》，对乌蛮贵族的服饰作了栩栩如生的彩色描绘，尤其是对南诏第一代王细奴逻妻子和儿媳的服饰的描绘，更有力地证实了南诏王族服饰白蛮化的倾向。望蛮服饰，《蛮书》卷四载："望蛮外喻部落，在永昌西北（今腾冲一带）。其人高大，负排持棠无人能敌；妇女跣足以青布为衫裳，串柯贝珍珠等斜络其身数十道。有夫者竖分发为两髻，无夫者顶后为——髻垂之。"

三 儒家思想对南诏妇女社会生活影响的表现

（一）儒家思想对南诏妇女服饰的影响

南诏时期的白蛮主要发展为今天的白族。由于受内地儒家汉文化较多的熏陶，白蛮的社会习尚带有儒家汉文化影响的色彩。据《蛮书·蛮夷风俗》记载，"白蛮的房居、语言、服饰均粗与汉同"。就服饰而言，汉族服装的样式、材料、制作工艺、配饰等为南诏各本地民族所效仿，使得白蛮等较先进的本地民族的妇女服饰亦略同于汉。如《新唐书》所载的汉裳蛮，"本汉人部种，在铁桥。唯以朝霞缠头，余尚同汉服"。从服饰上看，白蛮的服饰受汉族影响较大；南诏统治王族乌蛮的服饰则受白蛮影响较大，有较明显的白蛮化倾向；滇西北一带的磨些蛮、施蛮、顺蛮的服饰则受吐蕃的影响；移居云南的汉族服饰则多了以朝霞缠头的特点等。

（二） 儒家思想对南诏妇女意识的影响

南诏时期，"白蛮"女性与"乌蛮"女性对中原汉文化的吸收、传播也是自秦汉以来陆续迁入大理地区的汉族影响的结果。这些汉族移民和被俘汉人及其后裔中的女性也是当时南诏地区一个不容忽视的群体。南诏摆脱唐朝的支配后，先后发动战争，俘获不少内地汉族女性。例如，南诏于唐太和三年攻陷成都时，"将还，乃掠子女、工技数万引而南……"① 又云："蛮留成都西郭十日……将行，乃大掠子女、百工数万人及珍货而去。"② 这部分被南诏俘获的工匠艺人中，应有相当一部分为女性。这些汉族女性把儒家汉文化带到了南诏，她们辛勤劳作，凭借着自身拥有的较高的农业生产技术和纺织技术，"治山田殊为精好"③ "自是工文织，与中国坍"④。在思想意识上给南诏妇女起到了积极引导作用。对南诏妇女社会生活带来的影响也最为深远。

（三） 儒家思想对南诏妇女行为规范的影响

从慈善夫人口中说出的"一女不更二夫"的旦旦誓言正是国家"义夫烈妇"主流话语所倡导的，因而节烈的慈善夫人以当时人们期望的理想女人形象而成为许多文人雅士大加赞美的重点。抒发的感悟与凭吊之情，都在讴歌慈善夫人的节烈之举，通过他们的赞美而激励更多的妇女来遵从国家的"礼仪"，从一而终，改变夷俗。因而通过慈善夫人的故事来影响更多妇女的行为。⑤ 口传故事在叙述中加进了民众的情感，为所有听众塑造出在特定历史背景中的一个贞烈的妇女形象。人们根据自己的感情和愿望来塑造故事中的人物，像文本记录者所期望的一样，故事中的白洁夫人，成为聪明、善良、美丽、勇敢、忠贞不贰的理想女性的化身，也是

---

① （宋）欧阳修、宋祁：《新唐书》卷二二二中，《南蛮中列传第一百四十七中》。

② （宋）司马光：《资治通鉴》卷二四四。

③ （唐）樊绰：《蛮书》卷七《云南管内物产》。

④ （宋）欧阳修、宋祁：《新唐书》卷二二二中，《南蛮中列传第一百四十七中》。

⑤ 沈海梅：《关于南诏时期的妇女生活》，载林超民、杨政业、赵寅松《南诏大理历史文化国际学术讨论会论文集》，民族出版社 2006 年版，第 126 页。

云南历史中见诸记载的较早的贞烈妇女。明以来，在邓川州府建了贞节祠，"即邓赕诏妻慈善之祠"①，岁时加以祭祀。正如《慈善妃庙记》所载："自天宝迄今，忠义之臣，节烈之妇多矣，其湮没不存者往往有焉。滇载籍残缺，白古记学士家多不见其书，而妃庙中又无博雅君子为勒于石，独死节之始末，邓之人口传之，历宋元明而无遗失，若是者何也？纲常大义自在人心而不可磨灭也。"② 由此，道出白洁夫人的故事通过口传方式在南诏民间社会中的巨大影响。从一而终的伦理观念也随着故事的流传在民众中产生更大的共鸣，人们用各种方式来纪念慈善夫人，并引发为一个固定的节日，成为一种民俗积淀。一旦从口传故事转变成为程序化的民俗，慈善夫人的传说便被民间社会，尤其是妇女们一次次表演出来，产生出口传、文本所不具备的影响力和流传的持久力，积淀为地方性知识中最具文化活力的部分。③

在妇女行为规范方面，已经有极其严格的要求。"奸淫，则强族输金银请和，而弃其妻"，《新唐书·南蛮传》："一女不更二夫"，等等。胡蔚本，《南诏野史》。由此可见在南诏社会已经在妇女贞节观上作了要求，而且已经把儒家思想的纲常伦理观念作为依据和评判。总之，儒家思想在南诏社会中产生深远的影响，无论在思想意识、价值观念、社会风尚的变化，还是文化水平的提高、社会文明的进步等等方面，甚至在后来元朝顺利实现统治云南社会的过程中，均有儒家思想不可磨灭的功绩。儒家思想在南诏社会传播的同时，通过儒家思想的发展、演化并与土著居民传统文化的融合、凝聚这一过程，完成了各部落群体的一体化，使南诏社会风气日益好转，形成良好的社会环境。南诏统治者也达到了自己加强统治政权的目的。乌蛮、白蛮妇女受到了儒家伦理思想的影响。在云南各族妇女心中，对她们的思想、行为产生了巨大影响。

---

① 刘文征：《天启滇志》卷16《祠祀志》。

② 杨柄、侯允钦纂：《邓川州志》卷13。

③ 沈海梅：《明清云南妇女生活研究》，云南教育出版社2001年版，第29页。

伦理学视野下少数民族女性的地位

——以湖北省恩施土家族哭嫁为例

张润秋*

土家族是历史非常悠久的民族，有本民族的语言。因其特殊的地理位置，有其特殊的本民族习俗。其哭嫁习俗作为婚俗中的重大习俗，一直被土家族人保留传承下来。哭嫁歌的主体为女性，通过哭嫁表达对亲人的不舍与对命运不公的反抗。哭嫁是土家族姑娘在出嫁前必须要经历的婚姻仪式。土家族姑娘在十二三岁就开始学习哭嫁歌，往往是通过口口相传。也有明确的书文记载。在土家族约定俗成的习俗里有不哭的姑娘不准出嫁之说，反映了当时哭嫁习俗在整个婚姻仪式中的重要性。新娘一般是在婚前的一个月开始哭嫁，也有在出嫁之前的两三天或前一天开始哭的。哭嫁的内容主要包括：哭先祖、哭爹妈、哭兄嫂、哭姐妹、哭媒人，最后要哭自己。哭的形式以歌曲的形式传递，歌词不限于传统的歌词，也可以由新娘触景生情来即兴创作。土家族姑娘通过这种哭嫁的方式，来表达对于即将嫁出娘家，对于父母的不舍之情。也有些是因为媒人乱点鸳鸯谱，借用哭嫁来表达对于无法自由追求爱情的不满与无奈。①

一 传统习俗中的哭嫁

传统生活中的哭嫁源于封建社会。在私有制形成后，男性在生产中占领主导地位，女性的地位在总体上一落千丈。在漫长的封建社会中，女性的地位极其低下，女性一直处于附庸地位。由于改土归流后封建包办婚姻制度的介入，土家族女性逐步丧失了对婚姻的自主权，从而衍生出极具社会意义的婚前哭嫁习俗。

---

* 作者简介：张润秋，云南民族大学社会学院硕士研究生。

① 向恬：《湘西土家族哭嫁歌的音乐艺术特征及传承》，《戏剧之家》2018 年第 19 期。

"哭嫁歌"作为哭嫁习俗的主要表现形式，有它独特的文化魅力。流传于武陵山区的土家族哭嫁传统在历史文献中有过记载。湘西土家族哭嫁歌历史悠久。清乾隆《永顺县志》卷四"风土志·风俗·三"记载："歌丧哭嫁，崇巫尚鬼……"记述了古代土家族婚嫁习俗和哭嫁歌。清代诗人彭勇行的《竹枝词》中描述了"哭嫁"的场面："侬今上轿哭声哀，父母深情丢不开，婶嫂齐声低劝道，阿门都从个中来。"清彭秋潭《竹枝词》："十姊妹歌歌太悲，别娘顿足泪沾衣。宁山地近巫山峡，犹似巴娘哭竹枝。"具体描述了土家族哭嫁的场景，并指出了哭嫁歌与古代民歌竹枝词的"犹似"关系。哭嫁歌的哭主要是忆念和感激父母养育之恩，叙表与亲人难分难舍之情。[①]姑娘要出嫁，要离别生养自己的父母和朝夕相处的哥嫂姐妹，预示着自己要走上一种新鲜而又陌生的生活。因此，忆念父母养育之艰辛，产生难舍难分之情，是十分自然的。而这种离别父母去开始新生活，又使新娘感到惶恐，忧虑重重，因此她的心理是十分复杂的。哭嫁歌的腔调来源于土家族山歌，其中有又哭又唱、只唱不哭和只哭不唱三类。哭是低沉的、短促的，呜呜咽咽，气氛悲切、哀怨、忧伤。声调是舒缓的、昂扬的，接近于朗诵调。土家族哭嫁是湘西土家族聚居区独具特色的婚俗活动之一。[②]哭嫁歌作为这种婚嫁习俗的核心内容，贯穿于整个活动始终，主要分布在湘西西水流域的永顺县、龙山县、保靖县和古丈县土家族聚居区，是土家族民族民间文学中的瑰宝。[③]

二　现代非遗背景下的哭嫁习俗

为了保护人类非物质文化遗产，联合国教科文组织于 2003 年 10 月颁布了《保护非物质文化遗产公约》。我国同年启动了"中国民族民间文化保护工程"，国务院 2005 年下发《关于加强我国非物质文化遗产保护工作的意见》、2006 年下发《关于加强文化遗产保护的通知》，2011 年 2 月 25 日我国正式颁布《中华人民共和国非物质文化遗产法》，这些法律法规的颁布给

---

① 肖丽萍：《论土家族"哭嫁歌"的伦理意蕴及其现代价值》，《伦理学研究》2013 年第 6 期。
② 翟宇燕：《浅析湘西土家族"哭嫁歌"的艺术特色》，《北方音乐》2019 年第 10 期。
③ 曾嵘：《音乐中的女性与女性中的音乐——〈土家族哭嫁歌之音乐特征与社会涵义〉读后》，《大众文艺》2010 年第 10 期。

非物质文化事业带来前所未有的机遇，土家族哭嫁正是在这样的背景下走入非遗时代的。① 1949 年后，新婚姻法的颁布，男女平等、婚姻自由的推广，使土家族聚居区流传上百年的哭嫁习俗逐趋衰弱，进入现代社会后，土家族年轻一代结婚时几乎不再哭嫁。鉴于以上情况，非物质文化遗产中心将土家族哭嫁歌逐级上报，在 2009 年 1 月入选第二批恩施州非物质文化遗产名录，2011 年 6 月入选第三批湖北省非物质文化遗产名录。

作为非物质文化遗产的土家族哭嫁，其文化属性发生了本质变化。在申报非遗项目时将土家族中的"哭嫁歌"从原有的哭嫁（哭嫁仪式、哭嫁歌）中剥离出来，定性为传统民间音乐，其传承方式也随之发生改变。首先，哭嫁的传承主体不再是村寨里所有土家族女性，而是国家认定的传承人。"2006 年恩施来凤县政府投入资金 16 万元，启动了非物质文化遗产普查申报工作，共普查出以演唱'土家族哭嫁歌'为主的民间艺人 16 人。2007 年来凤县政府正式认定张水英等 16 位女性为'土家族哭嫁歌'传承人，每人每年补贴生活费 800 元。"② 其次，传承状态由活态化的自然传承转变为被动式传承。目前，在土家族村寨里会传统哭嫁的女性除传承人以外所剩无几，同时哭嫁的场所也不再是待出嫁的女性闺房，而更多的是舞台。这主要是由于时代的变迁，土家族哭嫁不再具有调适其社会秩序的功能，作为文化遗产的土家族哭嫁只能借助外力被动地延续下去。最后，传承途径由单一口传转变为多元传承。传统的土家族哭嫁歌是一种口传式文化，由于哭嫁习俗在土家族地区趋于衰弱，导致部分记忆缺失。来凤县非遗中心非常重视其传颂悠久的哭嫁歌曲谱，组织人员下乡收集歌谱以书籍的形式制作出版了《来凤土家族哭嫁歌》，并以影像的方式记录土家族哭嫁的部分仪式环节。③

三　哭嫁习俗中的现代伦理价值

土家族哭嫁习俗在传统社会生活中具有参与社会秩序调适功能，然而

---

① 梁保尔、马波：《非物质文化遗产旅游资源研究——概念、分类、保护、利用》，《旅游科学》2008 年第 2 期。

② 湖北省来凤县县志编纂委员会：《来凤县志》，湖北人民出版社 1990 年版，第 465 页。

③ 娄强：《从生活到非遗：土家族哭嫁的传承与变迁——以恩施来凤县为例》，《湖北职业技术学院学报》2019 年第 1 期。

由于时代的发展，哭嫁习俗在新的社会秩序中被赋予新的社会角色，发生了变迁。由于在哭嫁习俗中女性一直是占有重要地位的，其女性地位的变化也是特别显著的。尤其是在日常伦理生活中，土家族女性的地位变迁尤为明显。① 男女地位的逐渐平等，使得女性已经不再局限于在家庭中"相夫教子"为实现自己全部的价值。女性可以通过自己的劳动来获得劳动报酬，在家庭中也同样具有经济地位。随着社会文明程度的提高，女性同样享有受教育权利。女性逐渐把实现自我价值的途径由全部依附于家庭而走向了社会，女性自我意识逐渐强化、独立自主性增强。在家庭伦理道德中，婚姻的形式也发生了很大的变化，由传统的"父母之命媒妁之言"的习俗逐渐发展为男女婚姻自由，更加强调了女性在婚姻角色中的平等地位。自由婚恋形式下的男女青年，不再继承由父母包办而不能自由选择婚姻对象的传统婚姻形式。人们社会观念开放，年轻女性越来越倾向于自我决定自己的恋爱和结婚对象，根据自身的条件选择与她们相匹配的异性。

（一） 女性的自我意识强化、独立自主性增强

自新中国成立以来，各项保护妇女权益的法律法规出台，男尊女卑的社会地位得以扭转。《中华人民共和国婚姻法》中明确指出："婚姻是建立在自由平等的基础上，同时保护妇女、儿童和老人的合法权利。"国家通过立法强有力保护了广大妇女的权利，土家族女性在此背景下不仅婚姻自由得到保证，同时还享有平等的继承权和受教育权，男女平等的意识在土家族村寨中不断增强，女性在家庭中的地位得到提升。例如，在封建社会时期，女性是不允许在摆手堂跳摆手舞的，而现在的土家女性不仅可以跳摆手舞，甚至被定为传承人。布鲁德和沃尔夫在论述关于家庭资源分配理论时，提出夫妻在家庭中权力的分配由夫妻双方所拥有的资源决定，这些资源包括受教育水平、工作收入以及社会地位，如果夫妻间有一方所拥有的资源实力大于另一方，有可能在家庭中占主导地位。在非遗语境中，国家法律的完善和经济实力的增强使传统社会中的性别歧视逐渐消失，新时期占主导地位的是男女性别平等，这一时期土家族女性通过公平竞争社会资源，提升了自身地位。特别是近年来我国男女性别比例失衡，婚龄青年中男性多、女性少。客观上就造就了男女在恋爱方面的权利不对等，这

---

① 向恬：《湘西土家族哭嫁歌中的女性文化探究》，《戏剧之家》2018 年第 21 期。

就意味着多出来的这一部分男性暂时找不到或者很难找到结婚对象。因此，女性在恋爱和结婚对象择取中就握有充分的主动权和选择权。

（二）家庭伦理道德观念中土家族男女地位逐渐平等化

传统生活中的哭嫁产生于特定的时代和文化背景中，与之相对应的经济文化体制改革是催生其传承变迁的重要动力因素之一。恩格斯指出："一切以往的道德，归根到底都是当时的社会经济状况的产物。"改革开放以来，土家族聚居区的经济得到巨大发展，传统的宗族思想逐渐衰弱。外界的各种信息大量涌进山村，村寨居民的生活方式与人生价值观发生改变，对传统的哭嫁传承造成巨大的冲击。首先，是经济收入的来源方式变得多元化，村民们不再以传统的农业生产作为主要收入来源，年轻一代大都去经济发达城市打工，同时在村里发展旅游业，传承传统文化。这一生产方式的改变导致以往在农业生产中占主要地位的男性优势不再明显，大量女性成为家庭收入的主要贡献者，改变了传统土家族女性迫于生活或因门第观念而造成婚姻不自主的局面引发哭嫁。这使得在家庭中，女性与男性享有平等的独立地位，女性已不再是男性的依附品。其次，随着外出打工的机会增多，村民的人际交往在扩大，年轻一代在结婚对象的选择上有了更多机会，不再受地域的限制，婚姻观念更加自由开放。在婚嫁习俗上，积极吸收现代主流婚嫁仪式，追求简洁的仪式过程，不再举行持续时间较长的哭嫁。

总之，生计方式的变革不仅极大地丰富了土家族人的物质需求和精神需求，同时也为土家族青年的婚姻铺垫了幸福的土壤。而哭嫁中的悲伤和凄苦已不再适应现代土家族人的生活情境，所以导致其进一步向"非物质文化遗产"转变。许多传统的思想和当代先进的思想观念碰撞，在日益丰富和多元化的价值观的影响下，社会应该重视女性的生存和发展，给予女性更多的关注与包容；国家应当出台相应的法律政策保护女性受教育权、保证女性在当今社会中的平等地位，为女性的发展提供一个良好的环境。从女性自身而言，应当不断地提高自己的文化知识水平、提高自己的思想道德修养，做到家庭工作合理分配，家庭角色和社会角色合理平衡，把实现自己价值的途径不仅仅局限于家庭当中，努力做到家庭和谐事业进步。

民族地区古旧建筑保护与乡村振兴

——以大理市银桥镇为例

段文芳*

建筑是人类生存和发展的必需空间，是人类智慧的结晶，是凝固的艺术，是在乡村振兴中"留得住乡愁"的重要的物理载体。早在 2002 年 4 月，时任福建省省长的习近平在《福州古厝》一书的序言中就强调了保护古旧建筑的重要性与必要性，序中写道："保护好古建筑、保护好文物就是保存历史，保存城市的文脉，保存历史文化名城无形的优良传统。"大理市是大理白族自治州的州府所在地，位于云南省西北部的苍山和洱海之间。从古至今这里是传统的白族聚居地，有着独特的历史脉络和多元的地域文化。大理白族作为洱海流域孕育的古老民族，承担着联系中原与西南片区文化的历史及时代的重任。源远流长的白族古旧建筑，忠实地记录了洱海流域的日新月异，尤其是大理白族在历史进程中的发展与演变。随着城镇化和现代化的发展，面对来自居民生活的转变和旅游开发等多重压力，民族地区的古旧建筑或呈现出物性空间的趋同现象，逐渐失去原有的民族特色，或被新的建筑取代，渐渐消失在历史的舞台上，因此，古旧建筑的延续亟待科学保护和有效传承。位于大理市腹地的银桥镇，国土面积 69.87 平方公里，白族占总人口 32327 人的95%，下辖 8 个村委会、32 个自然村以及 94 个农业社。银桥镇在促发展和加快城镇一体化的进程中，积极探索保护性利用白族古旧建筑的传承事业，多方面整合项目资源，充分发动群众参与，在白族古旧建筑的修复保护中提供了一种可供借鉴的行之有效的实践模式。

一　白族地区保护古旧建筑面临的问题

古旧建筑文化是民族地区发展的宝贵财富，体现着整个地域的文化内

---

* 作者简介：段文芳，大理大学外国语学院教师。

涵。具有少数民族特色的白族建筑构成了独特的民族文化。但是，在经济快速发展和城镇化浪潮中，中国各地乡土建筑文化遗产正遭受到前所未有的冲击，昔日的乡村历史文化风貌正在迅速改变，许多具有丰富历史文化信息的传统村落的历史真实性正在消失。[①] 蕴含着历史底蕴与民族特色的古旧建筑日益成为濒危建筑，拆一院就减少一院，取而代之的是千村一面、千户一型的现代建筑。我们必须正视对作为历史见证者和民族文化承载者的白族古旧建筑保护所面临的问题，积极探索有效传承白族古旧建筑文化的科学保护模式。

（一）缺乏保护意识

随着城镇化进程的加快推进，具有"现代化特质"的新式洋房开始向农村蔓延，挤占了传统乡土建筑的空间。古旧建筑与城镇化进程之间出现了不可融合的矛盾。白族地区建筑文化的形式也随着社会的发展而不断变迁。由于保护意识的淡薄，传统建筑逐渐减少。银桥镇交通区位便利，对外交往、交流、交融性强，带有本民族特色的建筑文化随着时代的变迁、经济的发展和外来文化的影响，深刻改变着当地群众的思想和生活。大部分群众放弃本民族传统的建筑样式，追求更经济、舒适、简洁的现代建筑。另外，农户通过建设"快速收集、快速处理、快速排放"的污水收集处理设施，告别了人与自然的和谐、互利发展的环保型传统建筑。因此，白族古旧建筑的消失在很大程度上源于当地居民缺乏保护民族文化和地域特色的认识。

（二）缺乏保护资金

许多古旧建筑年久失修，要修缮不仅需要补充大量的木头、砖瓦等建筑材料，而且建造工艺复杂昂贵。技艺精湛的工匠越来越少，工价上涨，导致修缮古旧建筑的成本日益上升，明显高于新建新式建筑的费用。在古旧建筑与新式建筑的对比中，虽然银桥镇许多群众也认为古旧建筑有地域民族特色，具有旅游吸引物的经济价值，但是单院的古旧建筑难以形成规模经济，难以发挥出经济价值。另外，古旧建筑与新式建筑相比，还具有

---

① 叶全胜、李希昆：《云南乡土建筑文化遗产保护的机制构建》，《云南民族大学学报》（哲学社会科学版）2007 年第 1 期。

修缮维护成本高、安全性能低和采光差等不足，因此居民更不愿意投资修缮古旧建筑，而宁可拆除古旧建筑，建成千户一型的新式建筑。古旧建筑的修缮和传承，不仅农户缺乏投资的积极性，而且政府也缺乏充裕的财政资金投入。目前，银桥镇现有文物保护单位 22 处。其中，全州级文物保护单位 3 处，市级文物保护单位 19 处。此外，还有尚未核定为文物保护单位的登记不可移动文物 33 处。但是，全镇仅有 1 名兼职的文物管理员，领取每个月 400 元的财政补贴，难以全身心投入文物保护事业。如此点多面广的文物，在资金欠缺的情况下，开展好保护工作举步维艰。

（三）缺乏保护规划

　　银桥镇的 32 个自然村都编制了村庄建设规划。村庄规划的编制也遵循了"再现苍山洱海间田园风光"的思路，保护村庄原生环境，有机延续村庄肌理和传统风貌。规划强调加强对村庄建设整治的控制与管理，明确村庄建设范围和村庄边界，村庄大环境与居住小环境相协调，塑造自然和谐的村庄形态。农户建房结合地形灵活布局，以院落式民居为主，住宅设计遵循实用、经济、安全、美观、节能的原则，充分展现白族民居鲜明的建筑特征。村庄规划的实施，引导和督促农户按照"三层、不超 12 米、青瓦、白墙、坡屋顶、墙体彩绘"的要求建房，有效维持了具有地域特色的白族村庄风貌。但是，村庄规划没有对古旧建筑进行建档立卡，更缺乏"一院一策"的古旧建筑保护修缮规划，导致农户可以随意拆除富有历史文化底蕴的古旧建筑，拆除一院消失一院。在对村庄的整治和改造规划中，为了集约节约利用土地，盘活存量的集体建设用地，规划对连片闲置的传统民居片区进行拆除式的"空心村"改造。实施"空心村"改造，往往强调单向度的空间布局，并不注重评估一个村落的历史文化价值，整体规划拆除"空心村"古旧建筑的同时也"拆除"了历史文化。银桥镇实施的土地整理项目双鸳"空心村"改造，对传统建筑片区大规模拆迁，其中许多古旧民居建筑都被夷为平地。拆迁时，一些市民前往双鸳村收购古旧建筑物件，如门框、门楣、窗棂、雕刻饰物、石础、墙垛，甚至院子里的花草树木。显而易见，在"空心村"大拆大建之后，承载着沧桑故事和美丽乡愁的房屋、院落、街巷也永远消失了。

二　"乡村振兴"中保护性利用
白族古旧建筑的实践探索

保护民族地区传统建筑文化是乡村振兴的重要方面。只有正确认识古旧建筑中的文化内涵，才能将民族建筑的理念植根于现代社会的发展，使建筑文化有效传承和发扬光大，展现出不同民族、不同地域的建筑文化风采，实现城镇化道路多样化和特色化。在乡村振兴的实践中，银桥镇积极落实生态保护和文化传承的理念，多措并举保护和传承白族古旧建筑，为镇域经济发展、生态文明建设和民族文化传承注入活力，实现镇域新型城镇化进程明显加快，生态文明建设成效显著，秀美的自然风光得到科学保护，灿烂的民族文化得到传承与发扬。

（一）全面开展古旧建筑普查

为了全面掌握银桥镇辖区内古旧建筑的分布和价值，2016 年银桥镇政府组织开展了古旧建筑普查，论证和确定古建筑的保护对象。一方面，对古旧建筑保护对象的地理区位、使用功能、周边基础设施、历史文化价值等环境因素进行调查分析；另一方面，确定古旧建筑的使用功能，明确相应的保护措施和修缮提升方向。古旧建筑包括民居建筑、宗教寺庙建筑、桥梁、古塔和其他公共建筑等。按照《大理市历史建筑保护管理办法》，具备以下条件之一的，均可认定为具有历史价值的古旧建筑：反映大理发展历程，具有时代特征和标志性的建（构）筑物；具有历史事件纪念意义的建（构）筑物；体现地域特色的传统民居；名人故居、旧居；其他具有保护价值的建（构）筑物。银桥镇在普查中遵循三项普查原则：一是强调原真性，调查统计保护性古旧建筑及其所承载的历史信息，全面体现历史镇村保护性建筑的整体价值；二是注重完整性，不仅要保护建筑本体，还要与周边环境、村落空间格局、生产生活方式等相关要素进行整体普查；三是突出特色性，重点突出富有大理地域特色和白族文化特征的古旧建筑，有针对性地挖掘保护性建筑的数量及价值。普查工作组全面收集了久远的村落、道路、桥梁、水井等基础信息资料，通过对古旧建筑的空间布局、建筑式样、建筑材料以及承载的历史文化信息等进行论证，科学评价认定古旧建筑的等级，形成银桥镇古旧建筑普查成果。

（二）深入挖掘古旧建筑文化

古旧建筑充分反映当地群众的传统生活习俗，同时也展现鲜明的民族文化和地域文化，具有显性的文化形式和隐形的文化内涵。建房住屋的各种仪式，都是把居住和信仰习俗结合而成的。① 白族古旧建筑从内部结构、整体组合到外观造型都具有鲜明的民族文化内涵。白族传统民居从满足最基本的"遮风雨、避群害"的生活需求到居民的精神需求，充分体现在民居空间结构中，体现于在居室内所进行的禁忌、祭祀、礼仪、习俗、育才等民居文化。古旧建筑是民族地区发展的重要印记，是建筑文化以及地域文明的活化石。例如，本主文化是白族独有的宗教信仰，是大理土生土长的宗教信仰，深深地渗透到古旧建筑中。② 银桥镇的每个村庄都建有"本主庙"，供奉着各村信奉的"本主"。被信奉的"本主"的神名也不一，但是均渗透着民间传说中对英雄本主的崇拜。古往今来，民族英雄是一个民族的灵魂。白族地区为本主英雄崇拜人物建造了庙宇，使他们在苍山洱海间世代享受供奉，并且为他们树碑立传，让人民在大理观赏美轮美奂的自然风光的同时感受富有文化韵味的本主庙宇及蕴含的白族本主传说故事。例如，头铺自然村本主庙供奉的本主是曾经征战大理的敌国主帅元世祖忽必烈，本主庙大殿柱上木头雕刻的对联是："北方都督东亚杏榜超群俊；世祖先帝西域灵泉居庙堂"。洱海流域群众信奉的"本主"很多，而且历史源远流长，南诏时期曾"封十七贤，五十七山神"作本主，大理国时期有"五百神王"。这些供奉"本主"的本主庙，也是白族地区独具特色的古旧建筑。它既不同于一般寺庙建筑那样空虚缥缈，远离尘世，也不同于宫廷建筑那样富丽堂皇，威然森严。白族本主庙建筑是直接组合在民居建筑之中，与民居建筑浑然一体的古旧建筑，备感亲切。本主庙是民居建筑与寺庙建筑之间的一种过渡性建筑，既是供奉本主的神殿，也是群众聚会和欢度节日的公共场所。因此，银桥镇把记录了白族人民对物质与精神追求的本主庙作为古旧建筑修复的重点，深入挖掘古旧建筑的文化内涵，重现古旧建筑的文化魅力，延续民族文化的命脉。

---

① 乌丙安：《中国民俗学》，长春出版社2014年版，第120页。
② 杨复兴：《大理旅游跨越发展研究》，云南人民出版社2013年版，第173页。

（三） 科学编制保护利用规划

保护传统村落就是保护村落建筑、村落形制等物质文化遗产，也是保护与村落形成息息相关的自然生态环境，还是保护民间非物质文化遗产和村落文化生态系统的完整性。[①] 1989 年发布的《中华人民共和国城市规划法》规定："编制民族自治地方的城市规划，应当注意保持民族传统和地方特色。" 规划是保护与发展的纲要。古旧建筑保护规划并不是简单地修缮恢复一砖一瓦，应该充分考虑古旧建筑保护的相关内容，对古旧建筑群所在区域的基础设施等进行规划，避免偏离古旧建筑保护的方向。编制规划必须全面慎重地考虑地域发展的特色性、整体性、相关性、环境适应性、可持续性等方面，处理好近期修缮与长远发展、局部提升与整体协调的关系。银桥镇系统性地编制了本主庙宇的保护规划和不可移动文物的保护利用规划。另外，选择中国传统村落沙栗木庄自然村，试点编制了村庄保护与发展规划。银桥镇在编制沙栗木庄自然村规划，将沙栗木庄村现状建筑风貌分为三类：传统风貌建筑、风貌协调建筑及风貌不协调建筑。结合现状建筑质量特征，针对不同的建筑风貌特征，分别采取保护修缮、整治以及拆除的改善措施。整治建筑为风貌协调建筑且质量较好的建筑；拆除类建筑为风貌不协调且质量较差的建筑；保护修缮类建筑为传统风貌建筑，这是古旧建筑修复的重点项目，对其进行不改变外观特征的加固和保护性复原，重点对建筑内部加以调整改造，并配以水电等市政设施。

（四） 有序实施保护修复项目

古旧建筑修复按照项目化的思路运行，才能有序推进实施。银桥镇按照三种类别分门别类地推进古旧建筑修复工作。第一类是布局分散的单体古旧建筑，主要包括各自然村的本主庙宇、村寨古门楼、古城墙、古桥梁、地理性标志的阁楼、保存较好的古旧院落等分散式建筑，按照单体进行立项、设计、预算、审计和施工。第二类是连片的古旧建筑群，主要是阳波村委会上阳波自然村占地 11 亩的 7 个古旧院落片区，按照厘清权属、综合规划、保护性利用的思路进行整体性修缮。第三类是以村落为单位的

[①] 王小明：《传统村落价值认定与整体性保护的实践和思考》，《西南民族大学学报》（人文社会科学版）2013 年第 2 期，第 159 页。

古旧村寨，主要是沙栗木庄自然村，聘请了村庄规划工作咨询专家组，编制了《沙栗木庄村传统村落保护发展项目实施方案》，积极整合相关项目资金，规划引领促进沙栗木庄村有序建设与发展。

三　成效与经验

银桥镇白族古旧建筑修复项目的实施，全面摸清了银桥镇古旧建筑分布情况和重要价值，为更好地保护古旧建筑资源澄清了底数。通过修复项目的推进，一批濒危破损的古旧建筑得到了有效修缮，焕发出新的生机。

（一）坚持政府引导

政府是城乡建设与古旧建筑保护的纽带。政府在促进城镇化发展的同时，需要加强对古建筑的保护，寻求保护与开发的着力点，维护古镇古村的传统风貌，发挥出古建筑的历史文化价值。住房城乡建设部2014年12月印发的《关于坚决制止破坏行为加强保护性建筑保护工作的通知》中指出，"在城乡规划编制工作中，要将保护性建筑的保护作为城乡规划的强制性内容，合理确定保护原则，划定保护范围，提出分类保护要求，明确保护措施。各级城乡规划行政主管部门在城乡规划审查工作中，应加强对保护性建筑的保护措施、保护区划等内容的审查"。银桥镇遵循"多规合一"的理念，按照"发展规划定目标、土地规划定指标、生态规划定界标、城乡规划定坐标"的基本思路，在充分尊重村民意愿基础之上，强化村庄风貌控制和古旧建筑保护，切实提高村庄规划的科学性、针对性和可操作性。银桥镇在村庄的规划与发展中，把村庄划分为"古建区、在建区、适建区、禁建区"，按照"保护古建、提升已建、规范在建、杜绝违建"的要求，引导农户新建房屋住宅。

（二）发动群众参与

古旧建筑保护是一项系统性、技术性、社会性的公益事业，不能仅仅依赖于政府行为，更需要依靠社会各界主体的共同参与。文化的主体性是人在实践过程中表现出来的对文化的认同，包括对它自主、主动、能动地尊重、保护、继承、鉴别和发展等的能力、作用和地位。[①] 政府是古旧建筑保护及修缮的主要管理者，公众才是重要的参与者。必须建立公众参与机制，通过文化价值与经济价值的转化，充分调动社会资源，拓宽融资渠道，为保护古建筑提供资金支持和夯实群众基础。银桥镇阳波村委会组建了村庄规划建设管理促进会，引导群众按照白族传统民居的风格建设房屋，并积极倡导保护古旧建筑。通过促进会的组织宣传，保护古旧建筑的理念家喻户晓，各相关农户积极响应支持，将古旧建筑集中片区"大杂院"中的闲置老屋自愿有偿退回村集体，进行连片集中修缮和保护性利用，形成了特色鲜明的古旧建筑保护机制，奠定了"在保护中求发展，发展中守特色"的群众基础。

（三）注重整合资金

由于财政支持农村建设的专项资金安排零散，"资"出多门，"条条"管理，实施单位缺乏整合资金的权限，有限的财力资源被肢解，难以形成集中财力办好实事的合力。古旧建筑修复保护需要的资金量较大，往往需要多渠道争取资金，才能实现项目的顺利建设。财政资金来源分散，分属多部门管理，各部门各自为政，相互之间缺乏协调机制，致使财政资金的使用难以反映农民的意愿。银桥镇坚持农村基本经济制度和农村基本经营制度，在遵循农村土地集体所有的基础上，按照"房随地走"的原则将古旧建筑有偿收归村集体，发展壮大集体资产和集体经济。银桥镇村集体经济组织积极探索财政支农资金形成资产股权量化改革的模式，按照"渠道不乱，用途不变，优势互补，各记其功，形成合力"的使用原则，以资产股份为纽带，将财政投入资金折算成为"集体股"，同时鼓励农户筹集资金折算成"个人股"参与古旧建筑的保护性修复利用，并建立了充分协调、民主集中的决策机制，实现"资产变股权、农户有股份、农民得权益"，切实用活了财政资金、盘活了农村资源，激发了农户参与古旧建筑保护的积极性。

（四）发挥实用价值

古旧建筑是历经时间沧桑和文化积淀的产物，是历史发展的见证，承

---

① 赵天宜：《浅谈中国传统建筑符号性的运用》，《教育教学论坛》2013 年第 34 期。

载了许多社会的记忆。但是，古旧建筑也常常是濒危建筑，只有充分发挥其实用价值才能在顺应历史发展潮流的"活态保护和利用"中保留住历史记忆的痕迹，发挥出重要的历史及人文等功能。要把科学保护和合理利用相结合，把文化保护和当地经济社会发展相结合。① 银桥镇有重点地修复了与群众生活习俗息息相关的文昌宫和本主庙等历史悠久尤其是年久失修的古旧建筑，让群众婚丧节庆等文化习俗有良好的祭祀场所和群众性活动空间，增强了村庄的灵气和群众的集聚力。银桥镇还立足实际创新性地贯彻落实 2017 年中央一号文件精神，将顶层设计与基层实践有机结合起来，通过对连片的闲置老旧院落按照"修旧如旧"的原则修缮古旧民居建筑，支持农村一二三产业融合发展，探索了与当地的地域、历史、文化、经济条件相吻合的古旧建筑保护性利用模式。

（五）统筹探索改革

古旧建筑保护修复涉及长期以来积累的没有妥善解决的社会问题较多，是难以统筹推进古旧建筑修复工作的重要因素，必须依靠深化改革的途径系统性地解决。例如，成片的"大杂院"传统民居闲置废弃的"空心村"问题，既加速了古旧建筑损毁，又严重制约着村庄规划的实施和有序建设发展。村民为了自身利益，想方设法保留着"空心村"中祖传的地和房，由于年久失修和基础设施不配套，既不愿意交出来，又利用不了，导致土地浪费和房屋闲置。与此同时，许多农户又要在交通便利的地方建设新房，导致村庄建设农户各自为政，严重影响了土地的集约节约利用。对此，银桥镇统筹推进全国农村宅基地制度改革试点工作和积极发展农民股份合作赋予集体资产股份权能改革试点。按照"一户一宅、批新退旧"的政策，向农户颁发"房地一体"的不动产权证书，激励农户将闲置的宅基地及地上附着物自愿退回村集体，为古旧建筑的修复及保护性利用提供了大量的传统民居，不仅盘活了土地资源和唤醒了沉睡的传统民居，而且改善了村庄形象和留住了乡愁，促进了乡村振兴。

---

① 林庆、李旭：《论城市化背景下少数民族乡村文化的保护》，《大理学院学报》2013 年第 11 期。

白族传统民居中的性别意识

杨　欢[*]

中国传统民居，是中国传统建筑文化的重要组成部分。相较于其他传统建筑，传统民居最显著的特点在于其直接出自广大劳动人民之手，最能彰显劳动人民的智慧、技巧与艺术才能。由于人类的足迹踏遍全球，因此传统民居也具有数量多、分布范围广等特点，也使其在考虑地方气候和自然条件的基础上，不受拘束，能够灵活地组织空间、有效地利用空间，充分表现出民族特色和地方特点。结合这些特点，传统民居又是人类日常生活之所，所以，最能直接反映不同历史时期人类社会的意识形态与当时社会人类的精神面貌。

白族，是拥有悠久历史与灿烂文化的中华民族之一。在其众多的文化中，白族传统民居就是中国传统民居建筑中独树一帜的类型，表现的是养育白族人民这一方土地的自然条件和风情人文，蕴含着独特的白族文化，彰显出白族人民的智慧和思想感情，其中就包括了白族社会中人们的性别意识。传统的性别意识或者观念，对理解现代白族社会中蕴含的性别意识，具有重要的依据及作用，对推动未来白族社会性别平等意识的转变也有重要的参考作用。

性别意识，是人类必需的众多意识中的一种。个人性别意识的成熟，造就了一个社会的性别文化。久而久之，不同社会形成不同的性别文化。性别文化成为客观的、外在的社会事实而存在，对个人和社会的发展形成恒久的影响。因此，对白族传统民居中性别意识的分析，是对白族传统建筑文化进行的一次丰富，也是衡量白族社会性别意识发展的尺度，本文力图"取精去粕"，从精神层面推动白族社会的发展。

一　白族传统民居

民居建筑是人们赖以生存的基本原素之一，它由于环境产生，也依据

---

* 作者简介：杨欢，云南大学政府管理学院伦理学硕士研究生。

环境而存在。白族传统民居建筑，也依照当时当地的地理条件和自然气候，形成了富有特色的平面格局、空间运用、立体造型、取材用料等建筑技巧。随着社会的发展，人类又将其思想注入民居之中，将民居的功能延展，将其变为人类文化发展的"使用者与见证者"。

（一）白族传统民居的缘起

随着建筑技术的提高，人类对环境的认知和改造程度逐渐加深，民居建筑行为不仅只是为了遮风避雨，而变成一种积极进取的创造表现。白族传统民居正是从穴居、半穴居、茅草房、土库房等多种形式中发展而来的，逐渐形成了集北方民居建筑的深沉厚重和南方民居的洒脱秀丽为一体的民居风格。这一风格，是现在普遍承认的白族传统民居形式的典型，它在经历了元、明、清三个朝代之后逐渐固定下来，又在时代的发展过程中不断吸收新的元素。

明代后期，白族民居处于明显的建筑转型时期，主要从具有楼层低、通风采光差、活动空间狭小等缺点的土库房，开始吸收汉式合院式建筑和回廊式建筑的部分优点，逐渐形成了"三坊一照壁""四合五天井"等多种平面布局。到了清代中晚期，白族民居建筑则更加注重雕饰，特别是木雕和彩绘方面。而清代后期和民国时期，白族民居建筑又受到一定西方文化的影响，开始变得"洋气"[1]。而现在提倡保护的白族传统民居，虽然在建筑材料和建筑手法方面已经难以还原，但是在平面布局和建筑装饰等方面，还是提倡回归明清时期的传统，彰显真正的白族传统文化。

（二）白族传统民居的形成因素

一类民居建筑的形成，主要由功能需要、材料限制、生产力水平、地理环境、自然气候、文化等多种多样的因素综合而成。本文主要探讨的是白族传统民居中的性别意识，因此，这里重点在于了解影响白族传统民居形成的文化因素。

白族，主要聚居于大理白族自治州，因此以大理白族为典型，来阐述影响白族传统民居形成的文化因素。大理自古就是云南的文化中心之一，以洱海区域为中心，大理创造了独具特色的本土文化。同时，由于大理在

---

① 张崇礼：《白族传统民居建筑》，云南民族出版社 2007 年版，第 19 页。

历史上处于多元文化的交汇区域，它能够接触到秦楚文化、古越文化、荆楚文化、吐蕃文化、中原文化，以及古印度文化等多种文化的魅力。自汉唐以来，大理一直都是"南方丝绸之路"上的重要一环，也是川滇藏地区与西亚、南亚、东南亚相通的"茶马古道"的重要枢纽地带。①

特殊的人文地理，不仅给大理白族带来了物资交流的便利，也使得他们能够吸收更多的文化因素。其中，最为显著的便是宗教文化的交流融汇。大理东部受到中原佛教禅宗、道教全真教、儒家汉文化的影响；其南部受到缅甸小乘佛教的影响；而西部则受到西藏藏传佛教密宗的影响。大理本土原始宗教与这些宗教碰撞，加上大理除白族外，还生活着许多其他的少数民族，使得大理的宗教文化有容乃大，更加的丰富多彩。② 多元宗教的相互和谐，体现出的更是白族人民的开拓创新和包容精神。

这一优秀的民族精神也体现在白族传统民居当中，白族传统民居选址时的风水观、民居的平面布局、建筑装饰等，都会有不同文化的缩影，是中国北方和南方民居建筑优点的集合体。

（三）　白族传统民居的典型格局

白族传统民居中的建筑格局，是区分白族传统民居的重要标准。白族传统民居的平面建筑格局，主要包括"单坊式""一坊一耳""一坊两耳""三坊一照壁""四合五天井""六春合同"等形式。③ 其中，最为典型的白族传统民居建筑格局，便是"三坊一照壁""四合五天井"。具体采用哪种建筑格局，主要根据家中的人口多少和家庭的经济能力来决定。

单坊式，是白族传统民居中唯一不是组合型的建筑格局，也就是说它是最简单的白族传统民居建筑方式。单坊的民居一般都为三开间，中间为堂屋，开间约 4 米长；两边的次间为卧室，开间较堂屋稍短，约为 3.86 米，进深都为 6 米左右。除了房屋外，还带一个 2.5 米左右的走廊。这样的三个开间加走廊，就是白族传统民居的基本单元，通常就被称为"一坊"。最后，再用围墙将这一坊围合而成一个典雅的白族传统院落。

除去单坊式的建筑格局，便都是组合式的建筑格局。"一坊一耳"的

---

① 张崇礼：《白族传统民居建筑》，云南民族出版社 2007 年版，第 26 页。
② 张崇礼：《白族传统民居建筑》，云南民族出版社 2007 年版，第 26 页。
③ 张崇礼：《白族传统民居建筑》，云南民族出版社 2007 年版，第 32 页。

建筑格局，就是由一坊主房加一间耳房组成的院落。耳房就是在主房旁边加盖的小房屋，耳房一般比主房的进深要浅，高度要低，像只耳朵挂在主房上面。"一坊两耳"也是同样的道理，是在一坊主房旁边对称地增加两间耳房。接下来的"三坊一照壁"这一建筑格局就更加复杂，是由一坊主房、两坊厢房、一座照壁和中间的天井组成的方形院落。两坊厢房，是主房东西两侧的房屋，与主房并不相连，垂直于主房排列两侧，高度比主房较低。一个照壁，是指主房正对面那堵墙壁，起到隔离院内、院外的作用。"三坊一照壁"还分有漏阁、无漏阁等具体形式，较为复杂多变。在"三坊一照壁"的基础上去掉照壁，再加一坊房屋，就成为"四合五天井"的建筑格局，这一建筑格局由四坊房屋围合而成一个院落，院落四角有四个耳房，每个耳房配备了一个小天井，院落中间还有一个大天井。"三坊一照壁"与"四坊五天井"组合在一起，就成为"六春合同"，也被称为"一进两院"。在"一进两院"的基础上，再加上一个"四合五天井"，就成为"一进三院"，以此类推。建筑在山地的白族传统民居，与坝区的不同，一般采用"一颗印"的建筑格局。这种建筑格局因山势的限制，其特点可总结为"三间两耳倒八尺"，面积较小，只有正房、东西厢房、天井和大门。①

这就是白族传统民居的建筑格局，也是白族传统民居的大致轮廓。结合其缘起及形成因素，可以感受到白族传统民居是历史和现实的文化结晶。而本文的主题是白族传统民居中的性别意识，在分析民居中性别意识之前，需要对民居中具有性别差异的地方作出明确的说明。

二 白族传统民居中的性别差异

白族人深受儒家思想的熏陶，对"尊卑贵贱有等，上下长幼有序，男女内外有别"的封建宗法礼教颇为推崇。而民居恰恰是内外空间区隔的一个重要工具。因此，男女之间的性别差异在民居中有许多具体的规范和要求。

---

① 张崇礼：《白族传统民居建筑》，云南民族出版社 2007 年版，第 29—48 页。

（一） 建房仪式中的性别区分

在白族传统社会中，"成家"和"立业"是男性最为重要的两件人生大事，成家便需要亲自建造房屋，所以，建房也成了一件大事。由于是重要的人生大事，因此，在建房过程当中要进行许多仪式，来保障和祈求建房顺利和居住者的平安。白族建房仪式一般包括动土、立柱、送土神木神、上梁、合龙口、乔迁等。① 在这些仪式的举办过程当中，就会出现明显的性别差异，可以归结为"男性负责主持仪式，女性负责准备工作"。

比如说，在立柱仪式中，房主人（一般都是男性）在亲友（一般也都是男性）的帮助下，依次竖起建房的每一根柱子。柱子竖起之后，房主人要拿稀饭糊柱墩，拿银圆垫在柱底。然后，房主人需要抱一只大公鸡给木匠师傅。把柱子固定之后，房主人将家人送来的米糕分成小块给参加竖柱仪式的人品尝。这些米糕便是兄弟的妻子或者自家姐妹准备的，不管是谁，一定是女性来准备，且女性一般只负责送过来，不参加竖柱仪式。她们只能做一些家务事，② 这在其他的建房仪式中也是如此，男性负责主持仪式，而女性则做好一些家务事，就是在仪式进程中负责供应饭食，而不能直接参与各项仪式。这就是男女两性在仪式中的分工，且一直被沿袭下来。

（二） 住房禁忌中的性别差异

住房禁忌中的性别差异很多，例如，在小孩出生后，如果是男孩，主人就在自己家的大门口挂1个弩弓，预示主人家生的是男孩，客人进屋时，就可以将弩弓带入屋内；若生的是女孩，不能带弩弓进屋。若是生了女孩，主人就在自己家的大门口挂一个绣花的波枝（白语，用竹子做的）。从这一禁忌中可以看到，民居有着重要的内外区隔作用，这种区隔作用成为强化成人和培养孩子性别意识的手段之一。在大理海东白族社会中，家里生了小孩，或者牛、马生子，忌讳妇人进屋，据说会使得奶水不足，子代难以养活。这也是体现民居区隔作用的禁忌之一，而且这一禁忌

---

① 张崇礼：《白族传统民居建筑》，云南民族出版社2007年版，第147页。
② 2017年在我老家祖遗房建造过程中，我和老爸回去，经历了整个过程，了解了白族民居建筑的程序。

带有强烈的性别差异。还如平时，妇女不能在灶门前梳头，不能在灶头上春盐巴，不能坐门槛。① 妇女的衣服裤子只能晒在后院里，不能晒在院子里，不能让人们在女人的裤子下面走过。这样类似的禁忌还有很多，不同地区的白族也有所差异。这些与民居使用或民居空间占有有关的禁忌与许多生活事件交缠在一起，成为约定俗成的客观规则。虽然没有正式的法律效应，但是其规则的强制性在白族社会中获得了普遍的认同，加上宗教信仰的力量，这些禁忌更加具有威信，得到严厉的遵守，使得白族传统的社会性别文化在民居使用的差异中得到强化与传承。

（三）民居功能上的性别隔离

民居的功能，可以理解为利用民居的空间分隔、装饰布局等，来规范伦理关系的作用。白族传统民居，不管是单坊式的，还是组合多坊式的，其空间区隔相对固定，主房的功能多属"对外"，特别是主房中的堂屋，其"对外"功能更为明显，主要用来作为全家人的公共活动空间和接待客人，也是举行婚嫁、丧葬等仪式的核心场所。主房的卧室一般都是家长居住，子女只能住在厢房。如果是单坊式格局，则以右侧为尊，长辈住在右侧卧室。② "长幼有序"这一伦理秩序，在白族传统民居中能够很好地被执行，也是民居中最为直观的人际关系处理方式。当然，同时还有"男女有别"这一性别关系也在民居功能分割上表现出来。

民居中的厨房，似乎是为女性打造的，只能见到女性忙碌的身影。尤其是在客人来访期间，女性对这一空间的使用率明显增高。而且客人来访时，男主人负责在堂屋招待客人，而女主人只能添菜加饭，不得在堂屋与客人同吃，最后就带着女眷们在厨房吃些剩菜剩饭。这种性别隔离在富裕家庭更为严格，在富裕人家中，公公与儿媳不得同桌吃饭，普通人家则因为民居空间有限，也没有如此严格。③ 白族妇女做饭，但是不能上桌与男性和客人一起吃饭，在白族地区成为普遍的规则，一直以来要求着女性遵守。

---

① 《中国少数民族社会历史调查资料丛刊》修订编辑委员会编：《白族社会历史调查一》，民族出版社 2009 年版，第 202 页。

② 大理"风花雪月"民族文化丛书编委会编：《白族民居》，云南民族出版社 2006 年版，第 66 页。

③ 张海超：《建筑、空间与神圣领域的营建》，《云南社会科学》2009 年第 3 期。

（四）民居继承上的性别差异

民居连同承载它的土地，都是传统社会中十分贵重的财产，并且需要世代继承。在白族传统社会中，白族男性在民居的继承上面拥有着绝对的优势。一般来说，家中有儿子的，家中的房屋和土地都是由儿子继承；如果家中只有女儿，那么就需要招到女婿，由女婿来继承家中的房屋及土地。①

从民居的继承制度上来看，能够十分明显地看到白族传统社会中的性别差异。白族女性是民居维护的重要负责人，但是她们只有有限的使用权，而没有真正的所有权。而男性对于民居的所有权则是"天赋"的。

性别意识虽然是人们精神世界的一部分，但是仍然可以通过人们的日常生活体现出来。白族传统民居，是生活在白族传统社会中的白族人民日常交往得以开展的重要场所，它不仅区隔了私人领域和公共空间，也连接着公私领域，饱含着当时当地社会的人际关系交往形式和伦理道德观念。上述有关民居的性别差异，正是表现出了白族人民的性别意识。这种意识在思想和实践层面的固化，也就构成了白族传统社会中的社会性别文化。

三　白族传统民居中的性别观念

白族传统民居的最后成型，是白族人民逐渐吸收汉文化而促成的。因此，儒家文化对于白族人民的精神世界是影响深远的。传统儒家文化中对于性别伦理的规定，能在白族传统民居中反映出来，是不足为奇的。而白族传统民居中的白族人民性别观念，虽然深受本土文化的制约，但也有儒家文化的影响，可以总结为"男外女内"和"男尊女卑"。

（一）男主外女主内的传统观念

"男外女内"是指"男主外，女主内"的性别分工观念，构成了白族传统社会十分重要的性别观念，也对白族社会整体的性别分工产生着直接的影响。

上述文章阐述白族传统民居功能上的性别差异时，可以看到，白族男

---

① 《中国少数民族社会历史调查资料丛刊》修订编辑委员会编：《白族社会历史调查二》，民族出版社 2009 年版，第 134 页。

性，特别是民居男主人，通过民居空间布局和功能划分，更好地实现了对白族女性，特别是平辈女性或者小辈女性的权力控制。不管是摆宴还是待客，白族女性都是提供餐食的主力，而白族男性则在堂屋中招待客人。相对于堂屋这整个民居建筑中最为对外的空间，厨房是十分对内的空间，一般也设置在外人较难看到的地方。因此，可以说，在民居内部，白族男性是负责对外的事物，女性则负责对内的事物，女性接触外界是必须通过男性这一中介的。不只是烧菜做饭，白族女性还需要负责家中的所有家务劳动，这些家务劳动主要包括洗衣、照顾孩子老人等具有照料性质的劳动，还包括对整体民居院落卫生的清理。而白族男性相对于白族女性来说，承载"家"的民居建筑，是他的休憩之所，也是他给家人带来的物质满足。将女性的主要活动范围和内容，划定在这一民居建筑之内，不仅是他的目标，也是这家女主人的心愿。所以，在传统的白族社会中，不管男女，都认同"男主外，女主内"这一性别分工。

传统的白族女性在负责大部分的家务劳动之后，就很难再进入社会劳动，于是对白族社会整体的社会劳动分工也产生了直接的影响。直至今日，这一性别分工都很难彻底改变。而民居的不断改变，也为这一性别分工的进一步固化，提供了更加充分的理由。

（二）男尊女卑的观念

白族传统民居中所展现出的性别观念，不仅只是针对性别分工，而且还包括对待两性的一个态度，可以用"男尊女卑"这一性别意识来概括。在白族传统社会中，"男主外，女主内"的性别分工模式和观念是很难评判其合理性的，但是绝大多数学者对"男尊女卑"的性别意识都持否定态度，不管是在传统社会中，还是在现代社会里。

从上述民居建筑过程中的各种仪式举行中可以看到，白族女性没有资格直接参与仪式，只能负责保障仪式顺利进行的物资准备工作；而男性则是各种仪式的主持人和直接参与者。由于仪式涉及宗教信仰，极为神圣和严肃，因此，针对女性的相关仪式禁忌是会得到严格实行的，而男性在仪式方面不会受到由于性别导致的禁忌。在白族传统社会中，宗教信仰是一个社会情感力量的核心所在，谁掌握宗教力量，便能掌握人心和人的思想，也就掌握了更多的家庭和社会权力。白族女性在修建民居的各种仪式中处于边缘性角色，其他仪式也是如此。也就是说，在白族传统社会中，女性始终处于宗教力量的外围，无法触摸和控制它。这就表明，两性的家庭和社会权力都是失衡的，女性处于劣势。传统社会中的禁忌大多也是与宗教信仰有关，因此住房禁忌中的性别差异，大多也是针对女性制定的。

而民居功能上的性别差异，则是"男尊女卑"的表现之一。由于家务劳动没有带来直接可观的物质效益，因此被认为是低等的劳动，而家庭外部的劳动因为能为家庭带来实质性的物质效益，所以被视为更为重要的劳动。虽然家庭内部的劳动和社会公共领域的劳动没有高低之分，但是在传统的社会文化中，二者确实是有高低之分的。而包括民居在内的继承制度方面，更是"男尊女卑"观念的显著体现。传统白族社会认为男性的继承权是天生获得的，而女性很难获得这一权利。

总之，蕴含在白族传统民居中的性别意识，是一种更趋向于不平等社会性别文化的产物。然而，随着社会的进步，这一性别观念正在发生着明显的变化，白族民居的建筑布局、空间分隔、性质功能等也早已发生了巨大的改变，传统的性别观念淡化，现代平等的性别观念不断增长，再加之以舒适、美观等的现代标准。而白族传统民居的典雅风格、墙体、照壁上的名言警句、家风教育等，仍是现代白族民居所无法割舍的部分，也是白族传统民居建筑的精华。

迪庆藏区妇女在家风建设中的作用

刘晓航[*]

家风作为一种家族文化，深受中国传统文化影响。习近平总书记在2015 年春节团拜会指出，"家庭是社会的基本细胞，是人生的第一所学校。不论时代发生多大变化，不论生活格局发生多大变化，我们都要重视家庭建设，注重家庭、注重家教、注重家风，紧密结合培育和弘扬社会主义核心价值观，发扬光大中华民族传统家庭美德，促进家庭和睦，促进亲人相亲相爱，促进下一代健康成长，促进老年人老有所养，使千千万万个家庭成为国家发展、民族进步、社会和谐的重要基点"[①]。家风是民风社风的根基，是社会和谐的基础，提高对家风建设的关注度，有利于家庭美德的养成。妇女在家庭中扮演着重要的角色，现当代中国十分重视母亲在家庭中的作用。2015 年 9 月 27 日，习近平总书记在全球妇女峰会上的讲话指出，"妇女是物质文明和精神文明的创造者，是推动社会发展和进步的重要力量。没有妇女，就没有人类，就没有社会"[②]。

一 国内外关于妇女在家风建设中作用的综述

"一家仁，一国兴仁；一家让，一国兴让"。家风好，则族风好、民风好、国风好。家风的建设离不开女性的支撑，女性的发展更离不开家庭的滋润。家风与妇女同胞有着密切的关系。国内外对于家风与妇女同胞的关系有着深刻的研究。

（一）国内关于家风伦理道德建设的述评

家庭作为社会的子细胞，是整个社会体系中最重要的部分，它以婚

* 作者简介：刘晓航，西安交通工程学院教师。

① 习近平：《在 2015 年春节团拜会上的讲话》，《人民日报》2015 年 2 月 18 日。
② 习近平：《在 2015 年全球妇女峰会上的讲话》，《人民日报》2015 年 9 月 28 日。

姻、血缘和收养关系为基础，是影响社会稳定的重要因素。国外对家庭伦理道德问题的研究著作非常多，他们的研究重心体现在两个方面：一是对家庭中遇到的不同问题进行研究，二是分析未来的一段时间家庭将有的发展状况。美国经济学家加里·斯坦利·贝克尔的《家庭论》运用经济学方法侧重研究现代家庭中遇到的各种问题以及分析研究未来的一个阶段里社会婚姻家庭将有的发展状况。美国的琳达·凯夫林·波普夫等编著的《家庭美德指南》指出：父母最重要的职责就是把基本的美德传递给孩子，这本无法估价的书就是用来使这项工作变得更加容易一点。这本跨文化、跨信仰的指南是由"美德工程"编撰，向父母和老师们展示如何将语言付诸行动，如何将理想导入现实。作者在著作中指出，"塑造灵魂品格的教育指南"。黑格尔关于家庭的评说，我们可以这样理解：家庭是两个独立的个体因为爱而放弃个体的独立来达到双方人格的同一化，这样一种群体组合方式。家庭成为一个"人"，是一个实体，而其成员则成为偶性，是一种性质。

国内学者关于家庭伦理道德的研究同样很多。"家庭者，人生最初之学校也，一生之品行，所谓百变不离其宗者，大抵胚胎于家庭之中。"①家庭伦理道德的学习是十分重要的，更是家风建设的基础，要从小抓起。中国家风文化源远流长，上至西周时期的"周公训子"、春秋时期的孔子"庭训"、五代十国的《钱氏家训》，延至明清的《朱子家训》《曾子家训》，再到近现代的《傅雷家书》等。我国有些学者从社会与家庭关系的角度来研究家庭，李桂梅著作的《冲突与融合——中国传统家庭伦理的现代转向及现代价值》，作者将中国传统家庭伦理到当代家庭伦理的转变内容进行了详细的剖析。赵庆杰则在《家庭与伦理》一书中认为，现代伦理的危机源于现代性社会造成的伦理始点的迷失，而伦理的始点在哪里？经济只是在"归根结底"的意义上"决定"伦理，若把经济作为伦理始点必将抹杀伦理的人文本性，消解主体的道德责任，导致经济至上主义；习俗尽管在词源、内容、功能上与伦理有诸多渊源，但由于习俗缺乏伦理的精神内涵而难以成为伦理始点；伦理的宗教情结不过是对价值合理性的虚拟的终极设定，宗教人神倒置的本质决定它无法成为伦理始点。西方以宗教为伦理始点的史实是在其文明之初由各种因素综合作用的结果，

---

① 邓佐君：《家庭教育》，福州教育出版社 1995 年版，第 115 页。

不能由此推出宗教作为伦理始点的合理性。

综上，国内外学者们从家庭遇到的问题及未来家庭会如何发展等不同视角解读家风建设与伦理道德之间的密切关系。毫无疑问，家庭伦理道德的先进性、进步性、创造性是构建和谐社会发展的重要因素之一。

（二）国外关于妇女在家风建设中的作用的评述

女性伦理是 20 世纪 70 年代在西方兴起的一门新兴学科，它的提出在推动女性发展的同时也拓展了伦理学研究的流域。随着社会的不断发展，妇女在家庭中的作用越来越重要，国内外关于妇女在家风建设中的作用研究很多。美国学者卡罗尔·吉利根所著的《不同的声音——心理学理论与妇女发展》一书被认为是当代女性主义伦理学中最有影响的著作。吉利根从心理学、伦理学等视角运用深度访谈的社会学方法以及对个案的具体分析来探讨女性的道德发展。奥古斯特·倍倍尔在著作《妇女与社会主义》中提到"凡是提到婚姻、家庭和国家的地方都特别提到妇女的作用，妇女在各个不同发展时期占据的地位，同样也与那些把这看成'一成不变'的人的看法大相径庭的。"① 另一位学者内尔·诺丁斯在其编著的《关怀伦理学和道德教育的女性视角》一书中指出女性比男性更需要关怀，并提出以关怀为基础的学校道德教育理论。她认为的关怀伦理学类似于伟大母亲的声音，将母亲这一家庭角色的活动作为女性的实践考察对象，引起人们对妇女在家庭建设中作用的深度思考。

中国历来重视家庭教育，古代母亲教子有方的故事比比皆是。孟母十分重视对孟子的教育，她看到环境对人品性的影响，孟母三迁防微杜渐；无独有偶，东晋名将陶侃之母也曾借助纺织技艺教儿爱惜光阴，用功读书，就这样将"光阴似箭、日月如梭" 8 个大字印在陶侃心中；顾炎武著述颇丰，《日知录》是他的代表作。他提出"天下兴亡、匹夫有责"，希冀民本、德政、法治相一致的理想社会。在古代社会，妇女生活在社会底层，行成了诸多吃苦耐劳、严于律己、宽以待人、以身作则、不追逐名利的高尚情操和优良品德，是教育子女的宝贵资源，影响深远。肖巍教授的《伦理学中的女性视角》发表在 1995 年的中国人民大学学报，文中作者回顾了以性

① ［德］奥古斯特·倍倍尔：《妇女与社会主义》，葛斯、朱霞译，中央编译出版社 1995 年版，第 37 页。

别视角研究伦理学的历史及介绍具有代表性的女性视角的伦理理论，文章结尾则引出对女性视角的伦理理论作出的几点思考。肖巍教授在 2001 年发表《当代女性主义伦理学景观》一文，试图对当代女性伦理学渊源、当代女性主义伦理学的主流及理论特色、当代女性主义伦理的实践主题以及前景作出探讨，以此从宏观上勾勒出当代女性主义伦理的图景。

我国是统一的多民族国家，少数民族妇女的伦理道德观同样备受关注。对少数民族妇女研究的论文和专著不断面世，在 254 部有关妇女/性别的论著中，有 29 部涉及民族妇女/性别，有 500 余篇论文反映少数民族妇女的研究。① 云南民族大学的杨国才教授在"民族伦理与国家治理"学术研讨会上从白族道德生活史研究的方法和内容视角切入，认为白族社会历史发展有其特殊性，妇女在家风建设中有着重要的作用。热斯·贡觉嘉措的《历代藏族杰出女性》及王天玉的《藏族女性的角色与地位：文献回顾与研究展望》等论文讨论了妇女在家庭社会中的重要位置，推动了妇女在家风建设中的作用。

二　生态移民的达日村妇女在家庭中的角色扮演

妇女在家庭及社会地位的研究是社会发展研究的重要组成部分，妇女在家风建设中所扮演的角色即代表了妇女的社会地位，更是衡量一个国家、地区社会发展水平的重要标准。云南省作为拥有 26 个多民族的地区，少数民族妇女在家庭所承担的责任及所扮演的角色对家庭的发展有着重要的影响，同样对民族地区的发展有着不可分割的关系。近年来，对于少数民族妇女的研究逐渐增多，但对于云南省迪庆州藏区妇女在家风建设中的作用研究相对较少，笔者根据对迪庆州德钦县生态移民村达日村前后 3 次共计 3 个多月的田野调研，探讨迪庆藏区妇女在家风建设中的作用，亟须社会各界的关注。

（一）达日村概况

达日村，藏语"习龙通"，藏语意为：沙子从山沟流出后堆积的小上

---

① 杨国才：《少数民族女性学学科建设和妇女发展》，云南民族出版社 2008 年版，第 67 页。

坡或小坝子，地处滇西北地区迪庆州德钦县东北部奔子栏镇，金沙江西岸，东与四川省巴塘县中心绒乡、德荣县白玉乡隔江相望，西北与西藏自治区芒康县徐中乡接壤，西南与该县升平镇山水相连，处在"鸡鸣三省"（滇、川、藏）的特殊地理位置。[①] 习龙通移民新区，共搬迁 63 户 353人，搬迁户涉及奔子栏镇的两个村委会、5 个村民小组。

1. 自然环境

著名作家詹姆斯·希尔顿在其著作《消失的地平线》中第一次将"香格里拉"描绘给世人，虽说是一个虚幻的故事，但却掀开了迪庆州德钦县的神秘的面纱，生活在这片神圣的净土上的妇女们同样有着神秘的面纱。卡瓦格博脚下的生态移民村——达日村更是在这片净土上发展、壮大。由于地处特殊的地理位置，达日村拥有特殊的地形地貌，大自然的鬼斧神工使德钦县境内拥有丰富、奇异和壮丽的自然景观。藏区八大圣山之一的梅里雪山卡瓦格博峰绝世瞩目，是迄今为止无人征服的处女峰，好似生活在这里的妇女一样，她们在家庭位于重要的地位，她们对婚姻家庭生活产生巨大的影响，致使家庭和谐发展。

2. 历史演变

德钦县早在远古时代就有土著先民在金沙江、澜沧江流域繁衍生息。因德钦县由于受地理、交通、气候、历史、风俗习惯等因素制约，全县的经济社会发展十分缓慢，是滇西北地区迪庆州海拔最高、地域最边远、气候最恶劣、贫困程度最深、生存条件最差、交通最闭塞、基础设施发展最落后、经济社会发展最缓慢的集"边、远、少、穷"为一体的贫困县。为改善当地百姓的生活状况，2011 年启动达日综合开发项目。该项目是德钦县创新扶贫开发模式，探索实施"人下山，树上山"的生态移民战略，推进集中连片扶贫开发的重要民心工程，至今已经 5 年时间。生活在这里的家庭基本为藏族家庭，其婚姻制度以一夫一妻制为主的同时也存在着一妻多夫、一夫多妻的家庭，在这种家庭模式中，妇女在家风建设中的作用更为重要。

综上所述，达日村作为生态移民村，因其特殊的地形地貌及不同的历史演变过程，使得达日村的村民在生产生活、家庭模式、社会分工的方面同样也有所不同。

---

① 德钦县志编纂委员会编纂：《德钦县志（1978—2005）》，云南人民出版社 2011 年版，第 115 页。

（二）达日村妇女在家风建设中的作用

家风是什么？《现代汉语词典》解释很简单，就是"门风"二字。我理解，家风是一个家庭成员共同奉行、共同遵守的道德主张、价值操守、行为规范，以及由此呈现出来这个家庭与别的家庭不一样的风尚、风格、氛围、特点。家风作为一种家族文化，深受中国传统文化影响。中国传统文化主要倡导"修、齐、治、平"的道德理想；传统家风据此衍生出"五常八德"的家庭道德规范，即"仁、义、礼、智、信"和"忠、孝、仁、爱、信、义、和、平"。现实生活中，家风无时不在、无处不有。妇女与家风有着密不可分的关系。妇女是家庭的总策划，是家教的导师，是家风建设的守护神。

1. 达日村妇女在社会经济活动中的作用

从经济方面来看，妇女是经济建设、社会文明的重要力量。马克思曾指出："没有女性的酵素就不可能有伟大的社会革命。"[1] 达日村属半农半牧经济类型，资源环境恶劣。该村地广人稀，居住分散，农村基础设施建设严重滞后。通过调查了解，家庭收入主要靠外出打工及政府补助。以下表格为家庭总收入状况及妇女在家庭整体收入中所占比例（见表1）：

表1　　　　　　　　**家庭总收入 ∗ 性别 交叉制表**[2]

			性别		总计
			女	男	
家庭总收入	x<30000 元	计数（个）	4	4	8
		家庭总收入	50.0%	50.0%	
		性别	12.1%	17.4%	
		总计	7.1%	7.1%	14.3%
	≥30000 元；<80000 元	计数（个）	16	7	23
		家庭总收入	69.6%	30.4%	
		性别内	48.5%	30.4%	
		总计	28.6%	12.5%	41.1%

----

① 马克思：《马克思恩格斯选集》第4卷，人民出版社1972年版，第2页。

② 数据来源：2016年7月笔者对达日村贫困测试问卷。

续表

			性别		总计
			女	男	
家庭总收入	≥80000 元； <140000 元	计数（个）	9	6	15
		家庭总收入	60.0%	40.0%	
		性别	27.3%	26.1%	
		总计	16.1%	10.7%	26.8%
	≤140000 元	计数（个）	4	6	10
		家庭总收入	40.0%	60.0%	
		性别	12.1%	26.1%	
		总计	7.1%	10.7%	17.9%
总计		计数（个）	33	23	56
		总计	58.9%	41.1%	100.0%

百分比和总计以响应为基础

由此可见，妇女在社会经济活动中占据"半边天"，通过以上数据可得，妇女在家庭经济中所做贡献可与男性的贡献相提并论。通过访谈了解，妇女在家中的地位属于家庭的总策划。本地妇女除做家务活之外，会外出打工，虽然工作的工种一般为技术含量低、体力消耗少等工作，但因本地妇女的吃苦耐劳的家风精神，使"边缘化"的妇女逐渐被社会高度认可。

2. 达日村妇女在社会政治活动中的参与

从政治方面看，参政是一切阶级、种族、性别实现自己要求的最直接有效的手段。作为少数民族地区的妇女其自身参政意识相对其他地区单薄。美国政治学家达尔在分析"无政治阶层"不介入政治时，谈道"如果你认为你的所作所为无足轻重，因为你无论如何不能有效地改变结果，那你就不太会介入政治了"①。达日村妇女参政议政积极性相对较高，积极参与当地政府及妇联、社会团体等组织的各项文艺活动。2003 年 8 月在德钦县第八届妇女代表会中达日村此里卓玛荣获"双学双比"女能手

---

① ［美］罗伯特·达尔：《现代政治分析》，王沪宁译，上海译文出版社 1987 年版，第 135 页。

称号；达日村尼吾村民小组妇女获先进妇女组织奖。同时，达日村妇女在家庭建设中的社会分工有所不同，对于照顾子女、外出打工、家中劳作、照顾父母下图1是达日村家庭成员时间分配的性别差异：

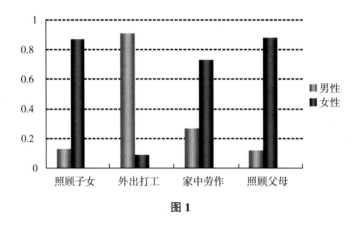

图1

3. 达日村妇女在社会文化教育中的影响

从社会文化方面看，弘扬家训文化，是为了培育优秀家风、构建幸福温馨的家庭。2013年10月31日，习近平在同全国妇联新一届领导班子集体谈话时强调，发挥妇女在弘扬中华民族家庭美德、树立良好家风方面的独特作用，这关系到家庭和睦，关系社会和谐，关系到下一代健康成长。"千千万万个家庭的家风好，子女教育得好，社会风气好才有基础。"这是习近平对妇女工作提出的新希望、新要求，也是对广大妇女在家风建设中寄予厚望。家风建设关乎党风、政风、民风。家庭是社会的细胞，是反腐防变的重要基点，妇女处于特殊地位、发挥着重要作用。达日村妇女在社会文化教育的参与度逐渐提高，2001年2—3月中旬，村级体制改革在全县铺开，全县42个行政村在选举产生的村委班子中有12名妇女成为村委副主任、24名委员，配齐了各村委会妇女主任。德钦县高度重视共青团、妇女工作，进一步提高村妇女主任、团干事的补助标准，切实加大对困难职工的帮扶力度；要求认真做好青年团员、妇女创业贷免扶补工作。

综上所述，不管从正的方面讲，还是从反的方面讲，妇女在家风建设中的作用都十分重要，应当按照习近平总书记的要求，采取多种行之有效的方式予以充分发挥。家风纯正，雨润万物；家风一破，污秽尽来。"积善之家，必有余庆；积不善之家，必有余殃。"没有好的家规家风，既难以清白做人，也无法专心做事。充分发挥妇女在家风建设中的作用。

三　少数民族妇女是家风建设中的主体

有句话说："家和万事兴"。何为"兴"？我认为家风作为一种家族文化，从古至今深受中国传统文化影响。妇女作为家中的"半边天"，发挥着极大的积极作用，可以说，在家风建设中处于主体地位。法国女性主义思想家西蒙娜·德·波伏娃指出："当妇女从事一项对人类有意义的事业时，她是能够像男人一样表现出积极肯干、讲求效率、沉默寡言、吃苦耐劳的。"由此可得，家风与妇女是同气连枝、共生共荣的关系。同样，少数民族妇女在家风建设中充分地发挥着主体地位。

第一，"孝悌为本"的为人之道。中国历来重视孝，孝悌作为家庭伦理的核心内容，是家风体系的基础。少数民族妇女在家庭中扮演母亲、妻子、女儿等不同角色，其在家庭中角色的转换体现了妇女在家风建设中的主体性。

第二，"诚信做人"的处世之道。诚信作为中国家庭伦理五常八德的主要内容，为规正子女品行提供指导。妇女在家中扮演母亲角色，诚信的家风教育以言传身教、以身作则、严慈相济等为教育方式，对子女进行诚信修身、诚信待人、诚信经商、诚信从政等方面的教育。讲求"未必读书，并学作人"①。

第三，"勤俭持家"的治家之道。勤俭是中华民族的传统美德。它倡导不奢侈、不随便挥霍，以艰苦朴素为荣、以好逸恶劳贪图享乐为耻的道德品质，这不仅影响到一个家庭的兴衰，而且也影响社会风气。

综上所述，家风是宝贵的非物质文化遗产，蕴含着祖先的精神智慧。在构建家庭伦理道德文化进程中，女性与男性犹如鸟之两翼，缺一不可。深处滇西北边疆地区的少数民族妇女同样是家风建设中的主体，在家风建设中发挥着积极的作用。毫无疑义，在女性与男性良性互动中深入推进家风文化建设，将有益于提高这一建设的质量和效应，我们应当为此付出更大努力。

---

① 翟博：《中国家训经典》，海南出版社 2002 年版，第 68 页。

社会性别视角下社会工作介入 多民族地区的事务

王　亘[*]

在我国社会的转型时期，社会生活各个层面的抵牾层见叠出。为适应和应对社会转型引起的各种变化和冲突，我国政府开始逐渐转变职能及思路，民生问题不断得到强调，我国的社会组织方式以及社会管理模式也在此时相应得以更新和调整。在这样的社会整体背景下，社会工作在我国落地生根并得到了良好发展。近些年来，我国社会工作行业整体发展态势良好，在发展相对完善的东南沿海地区，社会工作发展路径已更趋近于专业化，社会工作机构不断探索出路，发展出如"上海模式""深圳模式"等典型机构发展模式。推动社会工作专业化、职业化建设，对于政府转变职能、创新社会管理方式、加快公共服务领域建设步伐、预防和解决社会冲突矛盾等方面具有重要意义。

多民族地区因为文化、习俗不同，生活习惯差异大，相应地产生的问题具有其特殊性和复杂性，同样，社会工作的工作理念、工作方法，以及社会工作的视角引入民族地区问题的解决，对于助推民族地区发展，稳定民族关系，促进社会和谐发展，有着深刻的意义。

一　研究背景及意义

2014 年 9 月举行的中央民族工作会议暨国务院第六次全国民族团结进步表彰大会上，习近平总书记全面深入阐述了"加快民族地区全面建成小康社会进程"，提出"确保民族地区如期全面建成小康社会"，强调做好"四个方面、八个重点"工作；李克强总理围绕实现全面建成小康社会目标，明确提出了加快民族地区发展的一系列重大举措、重要部署和

＊　作者简介：王亘，云南民族大学社会学院硕士研究生。

重点任务。中共中央、国务院随后印发的《关于加强和改进新形势下民族工作的意见》，进一步提出要"团结带领全国各族人民共同推进全面建成小康社会"，"推动各民族和睦相处、和衷共济、和谐发展，走出一条具有中国特色、民族地区特点的科学发展路子"①。中央民族工作会议精神为新时期深入推进民族地区加快科学发展、全面建成小康社会指明了方向和路径。

新中国成立以来特别是改革开放以来，我国政府高度重视民族地区经济社会发展，中央对民族地区的财政转移支付和政策支持力度持续加大，全国各地对民族地区的对口支援工作全面深入开展。在中央和其他地区的大力支持下，民族地区经济社会发展取得了巨大进步，人民生活面貌发生了显著变化。2001—2013 年，全国民族自治地方全社会固定资产投资、实现国内生产总值、公共财政预算收入、社会消费品零售总额分别年均增长 26.6%、12.8%、21.7%和 16.1%，均高于全国平均增长速度。如果以全国各地区平均水平为 100，民族自治地方人均国内生产总值的相对水平由 2000 年的 57.8%迅速提高到 2013 年的 71.0%。②

然而，由于基数小、发展水平低，民族地区与其他地区的相对差距尽管近年来有所缩小，但绝对差距仍在不断扩大。同时，民族地区基本公共服务能力仍相当薄弱，一些群众生产生活条件还比较落后。与全国其他地区相比，民族地区如期实现全面小康的难度较大。到 2011 年，民族八省区全面建成小康社会实现程度仅有 70.9%，其进程大体比全国平均滞后 5年左右。尤其在经济发展、居民收入、城乡差距、文化娱乐、能源效率等方面，各项指标的实现程度更低。由此可见，实现全面建成小康社会的宏伟目标，民族地区是短板，也是重点和难点所在。

社会性别理论产生于 20 世纪 60 年代的美国，并在 90 年代的前后传入我国。该理论给了诸如哲学、社会学等传统学科一个崭新的角度——以社会性别视角来研究我国的历史与现实中的一些问题。其所涉及的范围领域已经得到了长足的发展，呈现出多元化的状态，社会性别视角在研究社会性别结构、社会性别文化和社会性别制度等领域上都颇有建树。将社会

---

① 王正伟：《做好新时期民族工作的纲领性文件——深入学习贯彻习近平总书记在中央民族工作会议上的重要讲话》，《求是》2014 年第 20 期。

② 魏后凯：《确保民族地区与全国同步全面建成小康社会》，《中国民族》2015 年第 3 期。

性别视角引入民族地区发展，有利于进一步提升民族地区的融合度和凝聚力，对全面建成小康社会有着积极的推动作用。

二 民族地区社会工作的发展

（一） 民族地区社会工作发展现状

1. 教育

中国的社会工作教育始于 20 世纪 20 年代，50 年代社会工作专业随着社会学一起被取消，80 年代社会工作教育得以恢复，90 年代尤其是高校扩展以来，社会工作教育得以迅速地发展。

国内民族社会工作的研究和实践自 20 世纪 20 年代就开始。截至目前全国约有 250 所高校开设社会工作专业，出现了民族地区社会工作方向的硕士和博士点。

2. 实务

多民族地区的社会工作实务发展主要呈现出如下四个特点：①机构数量增长迅速:统计数据显示，截至 2011 年，我国已创办 600 多家民办社工机构，主要分布在社会福利、社会救助、社区建设等二十多个领域。②服务领域不断扩展:除却原先社会工作机构集中建设的社会福利、社会救助、社会慈善等传统领域，多民族地区社会工作机构更多地将目光聚焦在多民族地区特有的事务上，已将服务内容逐步扩展到防灾减灾、司法矫治、双拥服务、民族宗教等新领域。③专业化程度不断提升:社会工作学科在我国的不断发展，为基层的社会工作机构输送了新鲜的血液，多数机构选择与高校联合建立社会工作实训基地，直接提升了机构的专业化水平。④机构发展环境不断改善:一方面，我国关于促进社会工作发展的政策措施逐渐健全，为机构发展创造了良好的社会环境；另一方面，资金投入的不断加大刺激了社会工作机构的发展。

（二） 民族地区社会工作发展存在的问题

1. 整体发展滞后

民族社会工作是以专业的社会工作理念、理论和方法对少数民族提供专业服务的过程，但是在社会工作教育中，民族社会工作教育即与民族、文化有关的社会工作学历教育和继续教育发展不受重视、较为缓慢。[①] 国内外对民族社会工作教育的研究尚不系统、更多是从理论或宏观层面进行论述，专门的论著基本没有。

因国内民族社会工作实践和研究相对滞后，民族社会工作教育的发展也比较落后。目前国内尚无民族社会工作者的培训基地、继续教育的课程也缺乏民族和文化敏感性，社会工作职业资格考试的内容和教材基本不涉及民族和文化类的内容。

由于我国社会工作仍处于发展期，社会各界对于社会工作机构和社会工作人才普遍存在认知不足、了解不足等问题，导致公众对这一行业的偏见和误解较多，对该职业的评价较低。同时，由于有些地区政府部门对社会工作专业及行业机构了解不深，信任不足，一定程度上也导致机构难以承接到政府委托的社会工作服务，在接手工作后也难免面临行政化压力，难以维持独立自主、专业规范的运作。

2. 多民族地区的文化特殊性

一般意义上的性别指的是生理性别，就是不以人意志为转移的伴随着诞生就有先天的性特征，而社会性别则不同。社会性别并不表现为实际的具体事物，它是在社会文化、历史和生活环境等多方面因素影响之下，后天形成的，是人们对于不同性别所应该呈现的状态和期待的相对固定的理解。比如在历史上，随着生产技术的发展，人类从母系社会进入到父系社会之后，由于生产生活等限制，女性在体质等先天因素和男性的差异致使女性始终处于"弱势群体"。现如今体力劳动很大程度上被机械所取代，女性在这方面的弱势也随之消弭。这也就意味着生产生活中女性地位的上升，而某些时候由于历史因素或者文化因素，很多人还是残留着女性等于弱势群体的固有印象，这是和社会性别的发展背道而驰的。

（三）社会性别视角引入民族地区社会工作的可行性

1. 社会工作行业在民族地区发展态势良好

2006 年 10 月，《中共中央关于构建社会主义和谐社会若干重大问题的决定》提出要"建设宏大的社会工作人才队伍"，明确指出要"建立健全以培养、评价、使用、激励为主要内容的政策措施和制度保障，确定职

---

① 姜艳：《民族社会工作教育发展探析》，博士学位论文，广西师范大学，2014 年。

业规范和从业标准，加强专业培训，提高社会工作人员职业素质和专业水平"。2010 年，中共中央、国务院颁布实施了《国家中长期人才发展规划纲要（2010—2020 年）》，将社会工作人才队伍划归为六类人才队伍之一，并将"培养、造就一支职业化、专业化的社会工作人才队伍"作为发展目标加以明确。2011 年，民政部、中组部等 18 部门联合发布了《关于加强社会工作专业人才第五建设的意见》，提出了建设社会工作人才队伍的工作细则、目标任务和一些具体的行动计划，并在其中首次使用了"社会工作专业人才队伍"的概念。2012 年，民政部、中组部等 19 个部门及组织联合发布《社会工作专业人才队伍建设中长期规划（2011—2020 年）》。《规划》进一步明确了近十年的社会工作人才队伍建设的主要目标、任务等。

2017 年 2 月 20 日，中共中央办公厅、国务院办公厅印发了《关于加强乡镇政府服务能力建设的意见》，其中提出乡镇政府职能转变之一就是要向社工、社会组织打开大门，将适合群团组织承担的乡镇服务管理职能依法转由群团组织行使；乡镇政府"由花钱养人向花钱办事转变"，对适宜采取市场方式提供、社会力量能够承担的公共服务项目，购买其服务。

以云南省为例，截至 2016 年，云南省共选派 410 名社会工作专业人才到包括沧源县在内的 30 余个受援县，开展社区、留守妇女儿童、老人、灾害等社会工作专业服务，为受援地培养社会工作人才 130 人，发展培育民办社工服务机构 30 余家，为多民族地区社会工作发展起到了良好示范作用。

2. 社会性别理论在中国的传播

早在 1993 年，天津举办的研讨班"妇女与发展"引起了中国学者对社会性别理论的关注，而后在 1995 年，北京召开了第四次世界妇女大会，社会性别正式进入了中国学者的视野。在学界，伴随着性别理论的传播，给研究者们提供了一个崭新的角度，并且催发了一系列对于女性学更加深入的研究包括对古代性别制度等。据资料统计，1999 年中国成立了全国性的妇女研究会，成员足有百余家，次一级的省级研究机构也有近十个，而高校的妇女研究中心建立了五十多处。在社会性别理论的发展和本土化过程中，这门理论也正式进入了高校学科的教授范围。

3. 社会工作在多民族地区的实践

近年来，随着社会工作不断发展，社会工作理念不断传播，多民族地区也踊跃开展社会工作实践，积极挖掘地区社会发展点。

　　2013年，民政部开始实施一项"边远贫困地区、边疆民族地区和革命老区社会工作专业人才支持"计划。其核心内容是给偏远农村中的留守家庭成员，如儿童、妇女、老人等，另外还有一些受灾人士提供专门的社会工作服务，并且为了消除语言交流和当地文化理解上的差异与障碍，该计划还就地培养一些通晓农村实际情况的人员成为专业的社会工作者。例如"微笑阳光·源心社会工作服务中心"这个坐落在云南省临沧市沧源佤族自治县的服务站就为了便于深入开展工作采用了许多佤族社工。这整个计划又被称为"三区计划"。

　　在这个计划实施三年之后，许多地方都取得了显著的成就，其中佼佼者有一个是云南省与缅甸接壤地区的一个佤族村寨，刀董村。和国内很多农村一样，由于本地经济落后，大部分家庭经济支柱为了生存选择了外出打工而留下了其他成员，但不同地区的实际也是不同的，社工们秉承着实事求是的原则，花费大量精力和时间挨家挨户走访，对相关人士进行系统的建档分析，并针对不同的受助人群采取了相应的解决方式。

　　对于留守儿童，社工们采取了以陪伴作为重点的方法，并建立集中的儿童活动中心在降低安全隐患的同时给留守儿童以真心的慰藉。通过日间照顾，以及开展相应的文娱活动的方式，丰富儿童的课后生活。对于留守妇女，则是扩展她们的精神生活，在社工站协调各方资源并提供资金购买音响乐器设备的帮助之下，当地6名留守妇女成立了老年和年轻两只特色文艺表演队伍，这个队伍成功吸引了大量其他留守妇女的参加。她们利用歌舞表演彰显历史民族文化乃至现实问题，大大提高了留守人士对自身民族文化民族村落的认同感，以及精神需求上的满足感。

　　在大量的具体实践过后，社工们发现这些也只能算是治标，治本还是需要当地经济的发展带来的农村青壮年劳动力的留守。为了做到这一点，就必须对地区或者说社区所拥有的资源进行再盘点，尤其对于缺乏资金以及商业物资的地区，更需要对它们的非物质资源如族群文化、生态环境、生物种类、地区历史等细致地盘点。通过这个过程，一来寻找可以发展的点，二来培养人们对当地建设的自信与热情。社工站培养人才也是为了促进当地人士的自我发展自力更生，在生产生活、文化劳动等各个领域寻求发展突破，摆脱不得不外出谋求生存的窘境。

　　社会工作在民族地区的推广与发展、女性力量的介入与提升，都为解决多民族地区社会矛盾和突出社会问题提供了良好的示范和思路。

三　对策及建议

（一）　充分借鉴其他地区经验

我国是一个民族数量较为丰富且和谐统一的多民族国家，民族的社会工作教育发展有充足的发展和提升的空间，在这一方面我们应当吸收我国台湾地区和其他多民族国家在民族社会工作教育中的经验，取其精华去其糟粕，为内地的民族社会工作教育的发展提供思路。

美国的民族社会工作发展较为迅速，在实践初期对于民族敏感、民族歧视等方面的研究方面有了初步的积累，推动着美国的社会工作教育向前发展。在美国的社会工作主流界，关于在印第安人等原住民聚居区的社会工作师生配备名额和民族社会工作的课程体系建构方面引起了他们的重视。加拿大的多元文化主义政策比较利于该国民族社会工作教育的发展，加拿大已经出现了社会工作教育的双语教学体制，还重视原住民社会工作者和师资的配备。① 在中国的台湾地区，1999 年发生了"9·21"大地震，关于原住民的社会工作在"9·21"大地震中得到了充分的实践。社会工作者在灾后的重建中以一种多元的身份介入，作为一名观察反思者与参与行动者来对受灾原住民的生活与生产劳动的恢复起到了直接作用。台湾的民族社会工作在这一次地震介入中积累了一定的经验，同时推动着台湾民族社会工作的研究和民族社会工作教育获得了良性的发展。

（二）　政府部门做好顶层设计

社会工作在中国快速发展的时期中，亟须应对的挑战也有很多，政府做好顶层设计是众多挑战之一。顶层设计需要政府部门把社会工作视为一个系统，统一协调和全面发展，同时认识到社会工作领域中民族和文化的特性有助于我国民族社会工作获得更好地发展。

理论联系实际，公共管理者采取试验宣传、树立标杆等方式方法，推动社会性别文化的普及，使得公务人员、基层干部乃至一般群众都能对社会性别问题重点关注，理解并帮助相应现实问题的解决，促进社会性别相

---

① 姜艳：《民族社会工作教育发展探析》，博士学位论文，广西师范大学，2014 年。

关政策的落实。

最近几年的妇女研究成果已经散布在人文社会科学研究的方方面面，从哲学心理学到社会学和政治学，社会性别意识正一步步地朝着决策主流迈进。我国的妇女研究学者们的研究成果正逐步走向决策层的视野中，其中有价值的成果被政府所采纳，社会性别意识逐步引起了政府决策层的重视。

四　结语

在我国构建和谐社会这一大的背景下，如何提高民族地区的社会工作发展是构建和谐社会的重要一环。和谐社会，即社会和谐统一，面对社会中的缺陷，予以解决是社会的责任。各个民族的同胞在社会中都应当享受到平等的权利与公平对待，当社会中出现不公平时，政府以及社会团体应当积极主动地伸出援手，让社会朝着公正平等的方向发展。

作为社会研究者，我们需要在这一全新的历史方位之中寻找专业的发展空间，立足于新时代的现实需要，从多方面入手，解决现实挑战，推动多民族地区发展。

城市青年家庭住房产权归属与夫妻权力关系
——以重庆市为例

陈璐珉*

对于国人而言，住房是安身立命之所，婚房更是一个新家庭成立不可或缺的必要条件。住房关乎着人们的角色、地位、情感和价值观念等，婚居模式及房屋的产权归属折射出夫妻双方的相对地位与权力。在中国传统的性别文化、父权文化与父系家庭制度的建构之下，传统的家庭夫妻关系格局呈现出男强女弱的鲜明特征，家庭角色分工亦是男性养家、女性持家。近年来，随着社会经济的飞速发展与社会结构的急剧转型，女性的社会经济地位不断上升，家庭权力结构从过去的夫权转向平权，家庭内部夫妻双方的资源差距逐步缩小，势必会打破传统的男强女弱的家庭格局。婚房，是新家庭成立最为重要的资源，过去通常由男方及其家庭提供。那么当下的城市社会中，"婚房"购买的性别分工究竟是怎样的？房屋产权归属是否会影响家庭关系？由女性购买婚房所形成的资源反超会给家庭格局带来什么样的影响？

一 文献回顾

自 1960 年布拉德和沃尔夫 *Husbands and Wives：The Dynamics of Married Living* 著作出版，夫妻权力研究开始成为社会学界的热门研究领域，涌现了一大批富有影响力和解释力的研究成果。既有研究主要集中在两个方面，一是对夫妻权力的测量与评价，二是夫妻权力的分配情况及其影响因素。

在夫妻权力的测量与评价方面，多数研究者如布拉德、森斯特等建构

---

* 作者简介：陈璐珉，四川外国语大学社会与法学院讲师。本文为四川外国语大学校级科研项目"社会公平视角下城市住房消费与社会阶层分化研究"（Sisu201769）的阶段性成果。

了多维度的测量指标并以家庭决策的结果来考察家庭权力。① 也有研究倾向于从权力三要素即权力基础、权力的实施过程、决策结果来考察;② 或是从权力类型上来研究家庭内部的权力格局,如考姆特将夫妻权力分为明显的权力、潜在的权力和无形的权力。③ 国内学者认为中国家庭与西方家庭的情况不一致,应采取更本土化的测量方式。左际平明确指出中国城市家庭内部夫妻的平等问题要放到中国的历史、文化、经济和社会背景中综合研究。④ 与国外学者相比,中国学者更为关注家庭权力中的事务决策和家务分工,并且进一步将家庭权力分为家庭事务决策权与个人事务自主权,使得夫妻权力指标体系的变量愈加多元化。

关于夫妻权力的分配情况及影响因素,常见的理论解释包括资源决定论、文化规范论、交换理论、相对的爱和需要理论等。其中最主要的是资源决定论和文化规范论。资源决定论认为占有资源较多的一方在家庭中具有更大的权力,是以夫妻所拥有的资源的差距来解释双方相对权力的高低,这一观点长期占据着主导地位,为众多学者所推崇。文化规范论将夫妻间的权力关系与特定文化对于男女两性的性别规范联系在一起,认为夫妻相对权力的高低主要受社会文化影响。众多学者在探讨中国传统社会的家庭结构时往往采用文化规范论,认为中国传统的父权文化和夫权文化建构了以夫权为主导的家庭格局。

在学者看来,中国以夫权为主导的家庭格局的形成还受到传统婚居模式的影响。以从夫居为主导的婚居模式进一步固化了将男性作为"一家之主"的性别角色分工及男强女弱的家庭格局。而社会经济的发展和现代化的进程推动了家庭权力从父权到夫权的变迁,⑤ 也赋予了妇女在居住模式方面更大的选择,并对传统的家庭权力格局造成了冲击。已有研究证

---

① Blood, Robert O. Jr. and Donald M. Wolfe, *Husbands and Wives*. New York: The Free Press, 1960.

② McDonald, Gerald W., *Family Power: The Assessment of a Decade of Theory and Research*, *Journal of Marriage and the Family*, 1980, 42(4).

③ 埃弗克·考姆特:《婚姻中被遮掩的权力》,载熊郁主编《面对21世纪的选择——当代妇女研究最新理论概览》,天津人民出版社1993年版,第263—270页。

④ 左际平:《从多远视角分析中国城市的夫妻不平等》,《妇女研究论丛》2002年第1期。

⑤ 亢林贵:《从父权到平权——中国家庭中权力变迁问题探讨》,《陕西青年管理干部学院学报》2010年第1期。

实，从妻居作为对从夫居传统的颠覆实现了妻子在生育选择、家庭决策上的更多自由和权力。① 显然，婚后的居住模式关系到家庭结构、家庭生活及家庭权力关系，现代社会核心家庭比例日益上升，新婚夫妻更多的是在婚后离开父母重新组建新家庭，新家庭的组建离不开婚房的购买，婚房的产权归属势必成为夫妻权力关系的影响因素，但已有研究较少涉及。故此，本文在资源决定论与文化规范论的理论指导下，对 16 对由女方购买婚房、房屋产权归属于女方的青年夫妻进行了访谈，重点考察家庭中最为重要的资源——住房的出资与产权归属与家庭权力之间的关系，特别是女性提供资源的反超对于家庭权力的影响。

二　从新居模式下婚房购买的性别分工

（一）传统父权文化下传统的婚房购买者——男性

传统中国社会是一个父权制的社会，强调"男女有别"，在父权文化的影响之下整个社会呈现男尊女卑、男主女从、男强女弱的格局，人们的思想观念亦深受影响。性别角色差异导致的社会劳动分工在家庭方面的体现便是形成了"男主外女主内"的家庭格局，认为女性在家庭中发挥的主要功能应当是生育、教养后代、操持家务，而男性则主要发挥经济功能。于是男性便成为家庭的经济支柱，住房这一类大额消费更是男性的专属职责，男娶女嫁，结婚时由男方提供婚房成为一种约定俗成的定例。传统的"从夫居"婚居模式就是父系家庭制度下的一种典型居住模式，在维系男性的强势地位方面发挥着重要作用，② 夫妻婚后女方嫁入男方家与男方家人同住。随着核心家庭比例的日益提高，从妻居取代从夫居成为主导的婚姻居住模式。但受传统观念影响，男性及其家庭一直是婚房购买的主力军，男性购买婚房长期以来都被视为婚姻缔结的第一要件。

"买房子肯定是男方的事情，大家都这样，没有房子拿什么结婚？丈

---

① 许琪：《探索从妻居——现代化、人口转变和现实需求的影响》，《人口与经济》2013 年第 11 期。

② 李慧英：《男孩偏好与父权制的制度安排——中国出生性别比失衡的性别分析》，《妇女研究论丛》2012 年第 2 期。

母娘也不会同意把女儿嫁给你不是？"（男，30 岁，地产销售）

"房价高归高，该买还要买。我们那都是男的买房、出聘礼，女的呢，条件好一点的陪（嫁）个车或者出点装修钱。"（男，27 岁，公务员）

"这个没什么好犹豫的，买房子肯定是男人的事情。要不怎么说我负责赚钱养家，你负责貌美如花呢？"（男，29 岁，私企职员）

受传统的婚俗和观念影响，多数男性将购置婚房视为自己的责任与义务，男性的父母也往往以为孩子准备一套房为必须完成的目标。住房作为一种看得见的固定资产，成为一种能够帮助适婚女性及其家庭判断某个男性的社会经济地位的外显符号，是否拥有房产、拥有什么样的房产某种程度上决定了男性是否能够在婚姻匹配竞争[①]中获胜。廉思通过对北京 5965 名 20—36 岁的青年的调查发现，82.05%的青年认为拥有房产更容易找到配偶。[②]

住房，既是安身立命之所，"没有房怎么'成家'？"，也关乎着脸面，生育了男孩的家长都笃定必须要准备一套房子供儿子将来结婚，"我们家现在就一套房子，始终都还要再买一套的。要为大牛考虑，不能让他以后结婚没有房子，会被媳妇决死的。"（女，29 岁，小学教师）但在房价高居不下的当下，购买婚房并不是一件容易的事情。有研究证实，房价的波动会影响青年的婚姻决策，房价的上涨会造成初婚率的下降。[③] 近几年，各地房价一路飙升，高额房价令不少人望而却步。对于处于事业起步或发展期的大多数适婚青年来说，靠自己买房基本是不可能的，不得不依靠父母形成新的"住房啃老"，购房首付就足以掏空一个家庭父辈与子辈两代人的积蓄。但是"筑好巢才能引好凤"，买好房才能在婚姻匹配竞争中获胜，才能维系男性的尊严与地位，"没有房子会被媳妇看不起的，结婚了也抬不起头来"。

（二）她时代下婚房的新晋购买者——女性

新中国成立以后，女性的劳动参与率、受教育程度、社会经济地位都

---

① 李斌、蒋娟娟：《丈母娘经济：婚姻匹配竞争对住房市场的非线性冲击》，《天津财经大学学报》2018 年第 12 期。

② 廉思、赵金艳：《结婚是否一定要买房？——青年住房对婚姻的影响研究》，《中国青年研究》2017 年第 7 期。

③ 洪彩妮：《房价波动影响结婚决策的研究》，《当代青年》2012 年第 2 期。

在不断提高，过去男主女从、男强女弱的性别偏见已被打破。女性在社会、家庭中发挥的功能也越来越多元化，近年来女性消费更是推动了"她经济"的发展。近年来女性消费浪潮开始从日常居家消费等小额消费向房、车等大额商品延伸。贝壳找房对其平台上2018年的67724笔房产交易分析后发布了《2019年女性安居报告》，发现女性购房者的比例达到了46.7%，为近7年来的最高值，与男性购房者比例已经十分接近。婚房的购买者也不再完全是男性。

"我们大一的时候就谈恋爱了，他们家什么条件我也很清楚。我跟我爸妈说过他家的情况，结婚时候他家能拿十万就不错了。后来我爸妈就给我买了套房子，写的我一个人的名字。"（女，33岁，事业单位职员）

"他们家是区县的，之前他爸妈用攒了一辈子的钱给他在广安买了套房子，那我们不可能回区县去吧，在主城也不可能一直租房子啊。我爸妈就把攒的钱都拿给我了。"（女，29岁，小学教师）

在传统的婚姻家庭观念里，男性承担最主要的经济功能是为家庭提供经济支持，而女性则处于"相夫教子"的弱势和依附地位。有研究表明，夫妻间的相对权力来自个人的相对资源，夫妻中拥有更多资源的一方在家庭决策过程中拥有更多权力。[①] 住房，作为家庭最为重要的大额资产，在家庭资源中占有极其重要的位置。显然，由谁购买婚房必然影响夫妻双方的相对权力，也势必会对家庭关系产生影响。从买房是男性的责任和义务，到女性提供婚房，表面上看是社会消费结构与主体的变化，其背后也可以窥见家庭社会生活的重大变迁。

三 女性购买婚房家庭中的夫妻权力格局

（一）女性购买婚房家庭中的男性弱势

传统的中国家庭制度以父系家庭制度为主，家庭内部夫权为主导，对性别角色的分工是将男性视为"一家之主"，作为一家之主的男性则需要挑起家庭的重任。历史上，中国婚姻一直伴随着"彩礼""嫁妆"等交换

---

① Lackman & Lanasa, *Family Decision-making Theory: An Overview and Assessment*, *Psychology and Marketing*, 1993.

行为，其中既包括相互馈赠，也包括男方以劳役、实物、金钱等方式向女方家庭支付"新娘价格"的行为。[①] 时至今日，城市地区对于"彩礼"的要求已经越来越淡化，住房取代了实物、金钱成为"聘礼"的另一种体现。但在高房价时代，一房难求已然是社会现实。经济条件成为横在经济基础薄弱的男方及其家庭面前的一条拦路虎。面对由女方及其家庭提供的婚房，男性往往存在莫大的压力。

"我老婆认识我以前她们家给她买了一个一室一厅的小房子，结婚前一直住着，结婚后也还先住着。我家条件不太好，赶上重庆这一波涨幅更没能力买……一般也不会叫同事来家里，也不好意思让父母亲来住，我爸妈呢也不会来，毕竟不是自己家房子。"（男，30 岁，金融公司职员）

"我家是哈尔滨的，在重庆上的大学找的工作。前两年家里付了首付在回兴买了个一室。但是她家觉得房子太小了，自己姑娘住着委屈。直接出了套房子在江北，三室的。我觉得住着不踏实，也不会给亲戚说，在北方会被叫作吃软饭的。"（男，31 岁，公务员）

在我国传统社会中，男子娶妻入门、女子嫁人后随夫家居住是主流的婚姻模式，这种传统的从夫居模式实质上使得男性在家庭中的主导地位以及女性在家庭中的从属地位被不断加强。与主流婚姻制度相悖的是"入赘婚"，入赘婚的男方多是迫于无奈，或处于家穷出不起聘礼，或家中兄弟众多无多余房舍安顿。[②] 作为一种男"嫁"女"娶"的特殊婚姻形态，[③] 赘婚的家庭地位往往较低，呈现出"女强男弱"的家庭格局。而从访谈中可以发现，男性提供住房的传统观念和无法提供满足要求的婚房的现实之间的矛盾使得在女方购买婚房的家庭中，男性往往带有较大的心理压力。他们认为住进女方提供的婚房意味着自身的相对弱势，有损脸面和尊严，"有点不敢大声说话，就是感觉在她爸妈面前有点气短""有朋友开玩笑说我命好，其实我觉得一点都不好笑""有点像入赘吧，当然孩子还是跟我姓。不踏实，也觉得亏欠。"固然，当前城市地区已经少有入赘

---

① 方丽、田传浩：《筑好巢才能引好凤：农村住房投资与婚姻缔结》，《经济学》2016 年第 2 期。

② 郭松义：《从赘婚地位看入赘婚的家庭关系》，《清史研究》2002 年第 4 期。

③ 谌鸿燕：《入赘改婚与三辈还宗：招赘婚的父权制意蕴》，《云南社会科学》2015 年第 6 期。

婚一说，但由于女方提供婚房与传统的婚姻方式和约定俗成的嫁娶方式有悖，男性无可避免地感受到压力，这种压力一方面来源于某种程度的自我否定，另一方面来源于周边亲友的评价。

出于婚房亏欠的补偿心理，入住女方提供的住房的男性往往会让出一部分的家庭权力，如家庭经济的支配权、家庭事务的决策权等。"买房子她们家拿了大头，我们家给的小部分。结婚以后家里大大小小的花用基本也是我在给，我也体现了自己的价值了吧。"有研究认为，中国城市家庭中夫妻的交换是通过为家庭做贡献的间接方式来实现，夫妻的平等观念主要不是建立在夫妻各自拥有的经济资源的对等交换上，而是建立在夫妻双方对于家庭的各自贡献上。[1] 对于男性来说，承担婚后家庭开支、工资上交、顺从妻子等都是对家庭的贡献，是对未能提供婚房的某种补偿。这种补偿和退让既有主动的，也有被动的。"时不时会抱怨我没能耐，要不是她，我连个房子都没有。家里户口本上写的户主是她，有时候吧说话的口气是命令式的。"住房是大多数家庭最为重要的家庭资产，是婚姻和家庭的基石，2014 年北京家庭幸福调查表明，包括收入和住房在内的家庭经济因素对于家庭幸福感影响是显著的。[2] 而在家庭内部，住房由谁提供在一定程度上决定了家庭话语权的归属。

由于种种原因未能提供婚房的男性很难得到心理上的满足感与成就感，面对妻子时总带有主动或被动的亏欠感，使之在家庭内部处于相对弱势的地位。而相对于家庭决策权而言，这类家庭中男性的个人自主权特别是消费自主权更是受到了削弱。"我也没什么其他爱好，不抽烟不喝酒，对衣服也不在意，我就喜欢各种球鞋。但是家里不让买，一买就会念这个鞋多少多少钱，买房买不上还把钱拿去买鞋……"（男，30 岁，国企职员）由于在婚房上对妻子具有亏欠，不少男性很难完全依照自己的意愿进行消费，尤其是较大额的消费会受到来自妻子的埋怨。

（二） 女性购买婚房家庭中的妻子"强权"

在现代社会，住房是大多数家庭最为重要的固定资产，是成家的必要

---

① 左际平：《从多远视角分析中国城市的夫妻不平等》，《妇女研究论丛》2002 年第 1 期。

② 杨凡：《家庭经济因素对家庭幸福感的影响研究——基于北京市调查数据的实证分析》，《人口与发展》2015 年第 6 期。

条件。传统观念认为，提供婚房是男性的职责，由女方及其家庭提供住房显然是女性职责范围之外的。那么，提供了婚房的女方及其家庭显然对新家庭具有重大的贡献作用，这一行为会给女性带来极大的贡献感、成就感和自豪感。

"婚房首付花了 50 多万元，基本上都是我家拿的，他们家也就给了一点点装修钱吧。那他们自己也知道，也没什么资格在我面前说大话。"（女，32 岁，大学教师）

"从结婚到买房，他家一共就出了八万块。一直说等拆迁房下来了就给我们钱，都好几年了。原来住的我的小一室，后来我爸妈贴了钱买了个两房，我的房子我做主，那肯定是听我的。"（女，29 岁，社会工作者）

之所以"没有资格说大话"是因为女方提供了职责范围之外的住房，而男方由于种种原因未能履行自己的职责，于是女方往往具有心理上的优越感与自豪感。有研究表明，婚前家境较好并承担主要结婚费用的一方在婚后有更大的概率拥有家庭实权。[1] 女性购买婚房的家庭中往往呈现"女强男弱"的家庭格局，形成一定程度的妻子"强权"，主要体现在家庭重大事务、家庭日常事务的决定权和个人自主权三个方面。其中家庭日常事务决策权主要体现在家庭日常开支方面，家庭重大事务决策包括购买大件商品、是否要孩子、投资或贷款等。从全国妇女社会地位调查来看，妻子拥有较多的家庭日常开支决策权，丈夫则拥有较多的家庭重要事务决策权，即妻权多集中在"小事"而夫权多体现在"大事"上。[2] 而在女方购买婚房的家庭中，妻权不仅仅是在日常事务领域，更体现在家庭重大实务决策方面。

"买房主要是我们家出的钱，从地段到户型、面积这些，基本上就是我们家决定的。后来装修、买家具家电虽然是我老公出的，但也主要是我来决定。"（女，35 岁，会计）

"我婆子妈呢肯定是希望我早点生孩子，但我还想玩两年。因为现在住的房子是我们家买的，那我婆子妈肯定也不好意思当我面说，就是给我老公说。我老公呢肯定是听我的。"（女，28 岁，医生）

---

① 徐安琪：《夫妻权力模式与女性家庭地位满意度研究》，《浙江学刊》2004 年第 2 期。

② 王金玲：《家庭权力的性别格局：不平等还是多维度网状分布?》，《华中科技大学学报》（社会科学版）2009 年第 2 期。

　　显然，由于女方提供了最为重要的物质资产，妻子在家庭中对于重要事务有着更大的决策权，无论是家居设计、家庭经济支出还是是否生育孩子都可以享有更大的话语权。这种话语权源于女方对家庭经济作出的巨大贡献——住房。亦有男性出于对女方的婚房亏欠而主动或被动上交家庭经济大权，"房子买不上，那至少每个月工资得上交吧，不然要老公有什么用……"女性的家庭地位并不一定取决于妻子的相对权力，还包括个人的自主权。"想买什么买什么啊，一般花自己的工资，偶尔刷老公的卡。有一回我婆婆也在，看到我收了很多快递有点不高兴但也没说什么，估计也是不好开口吧。我自己的房子我腰板直。"有研究认为，个人消费自由权对女性家庭地位满意度有较大的直接影响。[①] 在女方提供婚房的家庭中，无论是男方还是男方父母都对女方持有更高的宽容度。

　　对于女性而言，女方提供婚房更意味着安全感和踏实感。在传统观念和社会实践中，多是由男方购买婚房并拥有住房产权。2011 年《最高人民法院关于适用中华人民共和国婚姻法若干问题的解释（三）》出台，明确婚前贷款购买的不动产应归产权登记方所有，不因婚姻关系的延续而转化为夫妻共同财产，另有约定的除外。于是房屋的产权归属能够带给所有者更多的归属感和安全感，更是房屋出资者与所有者在家庭冲突中的有力武器。"以前房子是男的买的，搞不好就被扫地出门了。这是我的房子，那吵架吵急了他也不能跟我说让我出去，要走也是他走。"俗话说"人在屋檐下，不得不低头"，住在自己家出资购买的房子中，妻子往往能以婚房为资本在家庭冲突中对男方进行某种程度的压制或是以婚房的名义提醒男方自己对于家庭的贡献。

四　结语

　　通过对数十对女方购买婚房的家庭的访谈发现，婚房的购买与产权归属会影响夫妻双方在家庭权力关系中的地位。受中国传统的父权文化和男娶女嫁习俗影响，男性及其家庭依然被认为是婚房理所当然的购买者。住房被认为是男性在婚姻匹配竞争中获胜的重要筹码，是体现男性财富、能力、地位的外显符号。而在房价令人望而却步的当下，随着女性社会经济

---

① 徐安琪：《夫妻权力模式与女性家庭地位满意度研究》，《社会学研究》2004 年第 2 期。

地位的提高，出于经济等客观原因或女性自主意识的提高等主观原因，女性成为房产的新晋购买者。在由女性购买婚房或房屋产权归属于女性的家庭中，男性往往具有"男上女家"的心理压力，更出于"婚房亏欠"而将家庭事务决策权让渡于妻子，个人自主权也颇受限制。而提供了家庭重要资源、对家庭作出巨大经济贡献的女性则往往在家庭权力关系中地位较高，掌握了大部分的家庭事务决策权与个人自主权。显然，在女性购买婚房的家庭中，由于婚房的产权归属使得家庭权力关系呈现出与传统相反的"女强男弱"家庭格局。

实质上，家庭权力关系受到诸多因素的影响，如夫妻相对文化程度、相对收入、相对职业等相对资源，本文仅选取了性别文化、房屋产权来探讨其对家庭权力的影响，也存在一定的局限。因此，本文只是初步验证了婚房由女方购买时女方能够在提供家庭资源反超男方的基础上实现家庭中的妻子强权。那么，双方共同出资购买婚房、房屋产权归属于夫妻共同所有时夫妻双方是否会在家庭资源相对平等的基础上实现权力平等则有待进一步探讨。

豫中农村丧葬礼仪中的性别分工
对生育意愿的影响
——以许昌市五女店桃杖村为例

周爱华　蒋亚丽*

文化是人类不断创新和实践的产物，文化的多样性是由全世界不同地域的不同民族所创造的，并且也是人类生存与发展的动力。俗语道："十里不同风，百里不同俗"，丧葬习俗也不例外，虽然都是追悼死者，但不同的地方有着不同的表现形态。因此，不同的地理环境决定不同的生活方式，同时也就有着不同的风俗文化，体现着一定的伦理观念，蕴藏着浓厚的性别文化，而丧葬礼仪中的性别分工深深影响着农村人的生育观念。

一　桃杖村的丧葬习俗状况

桃杖村的丧葬方式还是土葬，在 20 世纪 90 年代，进行了普遍的丧葬改革，主要是由土葬改为火葬，但由于传统的死亡观念的影响，没有从思想上改变人们的态度，所以改革在农村遭到夭折，改革力度过猛也是原因之一。当时出现了偷埋的现象，从表面上看这一现状达到了节约经济的效果，因为偷埋，花费只是棺材和寿衣，删掉了几乎所有的丧葬礼仪，甚至连哭丧都偷偷地小声哭。

最近 10 多年来，桃杖村的丧葬方式仍然是土葬，许昌市现有人口430 多万人，人均耕地低于全国水平，仅有 1.5 亩。全市平均每年亡故21000 人左右，如果是实行土葬，要占用土地 350 亩，相当于每年有 300

＊ 作者简介：周爱华，四川外国语大学社会与法学院教师。蒋亚丽，四川外国语大学社会与法学院，副教授，博士。

多人失去了赖以生存的土地。① 这就是所谓的"死人与活人争地"现象，这种现象同时也加剧了人多地少的矛盾。具体到桃杖村，全村约有 1900人，耕地 2000 多亩，人均耕地 1.5 亩，墓地约有 70 亩，这一现象值得我们深思。由于经济的发展和消费观念的变化，在丧葬习俗方面有了很大的改观。传统的礼仪仍然存在，使人们精神上得到了慰藉，但在物质消耗上，已经节约了很多，除了个别大家族中有特别年长的人去世，会举行隆重的葬礼外，一般情况都不会大操大办，选择尽量从简，这样既传承了传统的丧葬文化，体现了传统的道德观念，又节约了经济。

二　豫中农村丧葬礼仪中的性别分工

仪式通常被界定为象征性的、表演性的、由文化传统所规定的一整套行为方式。② 而礼仪却有着更为丰富的内涵，它不仅包括具体可见的仪式，还能反映出行为背后的各种文化意义。从这个层面上讲，丧葬仪式，即埋葬死人的具体活动，只是我们所述的丧葬礼仪的一部分，更重要的是其背后所蕴藏着的道德内涵和伦理观念。"一个民族关于死亡的礼仪与习俗是其社会生活和整体文化结构的组成部分。我们民族民间的丧葬礼俗是民族文化传统中最具保守性的部分之一。"③ 随着社会的变迁，丧葬礼仪也在不断地发生着变化，但无论经历了什么样的风波，豫中农村的丧葬礼仪基本上沿袭了传统的习俗，有着明显的性别角色观念。性别观念，又称性别角色观念，是指人们对男女性别角色总的看法，是一种关于性别角色的价值观，是对男女应当遵从怎么样的社会规范、社会角色分工、性别关系模式及行为模式等的态度与看法。

（一）豫中农村丧礼中的性别分工

《周礼·春官·大宗伯》："以凶礼哀邦国之忧，以丧礼哀死亡。"《礼

---

① 董跃民：《河南农村殡葬工作的现状及改革发展趋势探析》，《全国商情》（经济理论研究）2011 年第 3 期。

② 郭于华：《仪式与社会变迁》，社会科学文献出版社 2000 年版，第 2 页。

③ 郭于华：《死的困扰与生的执着——中国民间丧葬礼仪与传统生死观》，中国人民大学出版社 1992 年版，第 19 页。

记·曲礼下》："居丧未葬，读丧礼。既葬，读祭礼。"因此，丧礼指的是从死者临终到尸体落葬之前的仪式行为。在此期间，不同的性别有着不同的分工，也有着异样的行为规范。

临终关怀：弟子规曰：亲有疾，药先尝，昼夜侍，不离床。对于临终者，活着的亲人会千方百计地用药挽救，这也表达对临终者的敬爱与不舍之情。但面对死亡即将成为事实的时候，亲人们还会做更多的临终事项。理发，洗头，洗脚，净身，剪手指甲、脚趾甲，目的是让死者干干净净地走入阴间。在断气前会为他（她）穿上送终的衣帽鞋袜，死者是男的，洗澡穿衣由儿子来完成；死者是女的，要由女儿或者儿媳妇来料理此类事情，体现了男女差异。

停尸：在尸体被装裹之后，入棺之前，要停放尸体。把尸体抬在正当门（三间房的正中间，正对房门），头向房门，脚朝后墙，寓意是使死者想到阳间的话，无门可走；尸体照肚脐上方放一犁铧，防鼠猫等小动物在尸体上过时借阴还阳。尸体在屋内停放时，村上左邻右舍拿纸到家，在尸体前烧纸，表示哀悼，死者女儿跪在尸体前以哭来表示悲哀和谢意，如果没有女儿，就由儿媳妇来替代。

报丧与奔丧：人死后，死者的晚辈向外婆家（娘家）、女儿、儿媳妇的娘家报丧，告知死讯及葬礼日期，以前到家磕头报知，现在距离远的话会电话告知。而男性亲属一般都是父系亲属，都是主动过来帮忙办丧事。

入棺：在出殡之前，要把尸体放置到棺材内即入棺。死者入棺出殡时晚辈头戴白布，身穿白布，鞋粘白布，腰系麻绳，脚脖扎麻绳，表示尽孝尽忠送进坟。所有的女性晚辈都要手持哀仗棍，拿哀仗棍的人多，说明人丁越旺，哀杖棍一般用高粱秆做成，秆上糊有烧纸，烧纸被剪成连续不断的纸条，纸条向下，表示子辈追丧哀悼。尸体入棺，在棺材内放九根香和九枚一分钱，表示在阴间永远烧香行善，九是个吉利数，并且是吉利数的最大值。尸体下面铺黄色的褥子代表金，上面白色的被子代表银，又叫铺金盖银。尸体下面铺金，上面盖银，表示对死者到阴间生活的祝福。盖棺之前，由长子而非女儿或儿媳负责拿掉蒙脸纸，最后一次给死者洗脸。

发孝布：殡人的当天12点以前把孝布发出去，先给死者的娘家人发，女的是娘家人，男的是发给外婆家来的人，然后再给晚辈发孝布，表示尊敬娘家人，给外婆家来的人或者娘家人发时，要有长子和长儿媳妇头顶孝布跪下磕头。子女、侄子、侄女发白布孝，曾孙子、曾孙女发蓝布孝，用白蓝分出辈分。儿子3.5尺，女儿16尺，儿媳6尺，孙子1.2尺，孙女6尺。这一礼仪体现了浓厚的家族观念和男女有别的传统道德。

（二）豫中农村的葬礼中的性别分工

"葬"在《说文解字》中的解释是"葬，从死草中"，而《吕氏春秋·孟冬纪》则曰："孝子之重其亲也，慈亲之爱其子也，病于肌骨，性也。所重所爱，死而弃其沟壑，人之情也不忍为也。故有葬死之义，葬也者，藏也。"韩国学者具圣姬著《汉代人死亡观》中认为："人类将死者的尸体或尸体的残余按一定方式放置在特定的场所称为'葬'。"① 可见葬礼是指丧礼仪式以后的礼仪，它包括对死者的葬法和落葬时所举行的各种仪式及祭祀，另外，下葬之后对死者的祭祀仪式也包括在内。在豫中农村的葬礼包括出殡、祭奠、抬灵柩、打墓、下葬以及殡后的祭祀。

出殡：出殡是指把灵柩或者说是棺材移运到墓地或者是殡仪馆，在桃杖村，殡葬的形式还是土葬，所以是送到墓地。出殡的时间一般是下午3点后，这时，木工在棺材上钉扣，即封棺，同时，孝子们嘴里叫着"某某，躲钉吧"，"某某"是孝子们对死者的称呼。另外，用少量的麦麸放在棺材上，由所有的孝子用小扫帚，从前向后扫，从上向下表示请死者给后代留下福气。然后是起灵，把棺材从家抬到大街上，再次祭奠，又称烧纸儿，祭奠完毕。此次祭奠，由村上的理事主持，祭奠人都为男子，先是女主人的娘家人，然后是女婿和其他亲朋好友，最后是儿子，因为女主人的娘家在葬礼中有着最重要的地位。祭奠的桌面上放有在尸体前曾摆放的贡品。

祭奠：租用灵棚，将棺材放在灵棚内，棺材前放一张桌子，写上死者的牌位，享年多少岁，桌上放有遗像和贡品，上午12点前要在家祭奠一次，又称烧纸儿，以前行跪拜礼，现在都行三鞠躬礼。下午3点左右在街道上再次祭奠，该次祭奠与上午的过程一样。祭奠之后，长子要摔劳盆，意思是继承死者家产。转灵也是葬礼中的一个重要环节，把棺材灵柩抬起，在大街上比较宽敞的地方停下来，国乐队围绕灵柩吹打转灵，表示他们哭丧和追丧。一般都由女儿和侄女出钱请国乐给死者转灵，钱并不多，现在也就10元一个转灵，一般都是女儿、孙女出钱，这是女性祭奠的方

---

① ［韩］具圣姬：《汉代人的死亡观》，民族出版社2003年版，第51—53页。

式。同样，转灵多也是家族的一种荣誉。

抬灵柩：在村里又叫"抬重"，请村上（一般都是与死者同一姓氏或本家）男青壮年16人，前面8人，后面8人，现在一般用车拉，以前有八抬大轿的说法，用16抬意味着比把八抬大轿更为隆重，更为敬重。

打墓：打墓前儿子在墓地的四个角各挖一下，叫开墓，然后是请村上6位青年或中年男人挖墓坑，6和16都是吉利数。墓坑1.5米宽，2.5米长。墓坑深度以前是观察土的颜色，挖到土色变化为止，现在都是1.5米深。大多数头朝西北方向，脚朝东南方向，但并不完全一致。死者墓地按男右女左来分，这仍然体现了男女不同。

下葬：是葬礼的最后一个礼仪，即封埋灵柩。所有的孝子都要到墓地，男孝子跟在灵柩后面走，女的坐在借来的车上，在最后一辆拉孝子的车上放有柳橼（柳树枝），上面挂有用纸剪成的中空小纸钱，被叫作摇钱树。是对死者在阴间物质生活的祝福。埋棺时，把柳枝插在脚蹬的棺材外头，让死者坐起就能摇钱花，柳枝不能在阳间活，只能供死者在阴间使用。抬灵柩的人也负责封埋灵柩，但死者的晚辈在最后也要添土，此时，死者的晚辈，尤其是儿媳妇要围绕坟墓正反转三圈，每圈抓土四次，带回家放在屋门后留作纪念，是死者留给子孙的福。灵柩下到墓坑后，再次烧纸祭奠。

殡后三天，晚辈添墓后到外婆家或者舅舅家谢孝，表示对死者已经尽忠尽孝。殡后，每七天到坟前烧纸，一般烧到五七。五七时用纸扎的房子烧给死者，表示追丧。

由儒家孝文化的影响和根深蒂固的丧葬道德观念，豫中农村的丧葬习俗总体上保持着传统的仪式和礼仪，没有根本上的变化。但随着经济的发展和消费观念的变化，豫中农村的丧葬仪式比以前还是简化了很多，在性别行为上也有了更为灵活的安排。

三　丧葬礼仪中性别分工
对生育意愿的影响

农村丧葬礼仪的各个环节，都展现出性别分工的差异。首先，体现对性别本身的尊重。中国有男女授受不亲的传统观念，无论死者是男性还是女性，为其净身更衣者一定是同性别子女，若无儿子或者女儿，就是本家族的同性晚辈，异性子女在旁起辅助作用。其次，在丧葬礼仪中男性独特的角色行为多体现在对死者的"礼"和对家族精神及物质的继承上。诸如祭祀、摔劳盆之类的行为，女性不具备资格，若是没有儿子，此环节宁可被省略或由其他男性晚辈取代，这也体现了中国传统所谓的子承父业的说法。最后，在丧葬礼仪中女性角色多体现在感情表达上。女儿或者儿媳的哭声或哭诉的内容就表达了对死者的悼念，此哭声哭给自己、哭给死者，更是哭给来参加葬礼的人看。因此，不同的丧葬礼仪环节，男性、女性各有不可替代的角色作用，这种性别分工深深影响着豫中农村家庭的生育意愿。

（一）丧葬礼仪中性别分工影响生育与否的意愿

家庭是中国传统社会的核心，承载着生育功能。农村丧葬礼仪中的各个环节都离不开子女，因此，每个家庭必须生育孩子，不存在城市一度流行的丁克家庭。即使个别家庭因身体客观原因不能生育，在农村是不能接受的现状。如果是男性因身体不能生育，就会想方设法领养，大多会选择领养儿子；如果是女性因身体不能生育，就会选择领养孩子或者离婚重组家庭，且因女方不能生育而离婚亦能得到女方家庭的谅解。养儿防老防的不只是晚年的衣食住行，防的亦是有人送终，因此丧葬礼仪对每个家庭必须生育孩子的强烈意愿有着正向影响。

（二）丧葬礼仪中性别分工影响生育数量的意愿

在桃杖村的丧葬礼仪中，男女所扮演的角色和表达的道德意蕴各有不同。丧葬礼仪是村里公开的一种大型的、隆重的仪式，仪式的正式程度超越了农村其他任何仪式。举办丧葬礼的主家都会把丧葬仪式办得排场并得到广大村民的认可，未去世或即将去世的老人大多都有自己百年后儿孙能为自己办得一场排场的葬礼的意愿。那么所谓的排场首先是孝子多，这里的孝子指广义的孝子，包括儿子、女儿、孙子、孙女以及其他晚辈亲属。孝子多，仪式的声势就大，显得尤为排场。另外，在村民的意识里，子孙多，力量大，财力就不会差，仪式就不会差。因此丧葬礼仪风俗正向影响着村民多子多孙的强烈欲望，也就影响着村民对生育子女数量的观念。

（三）丧葬礼仪中性别分工影响生育性别的意愿

在丧葬礼仪中，男性主题角色具有不可替代性，女性扮演从属角色。"坟地留棵苗""某某是某家的独苗"等类似的表达，都是在葬礼影响下对生育男性意愿的表达。"嫁出去的姑娘，泼出去的水。"在当地这种说法男女老少皆知。女人去世无论如何都不可以埋葬在娘家的坟地，如果是未婚的，女子就埋在野外。如果是已婚妇女去世，必须埋葬在婆家坟地。即嫁到谁家，生是他家的人，死是他家的鬼。如果没有儿子，从此将没有后代埋葬在这家的坟地，继而不再有人来这里祭祀，坟地里没有了"苗"，没有人来祭祀，也即断了香火。农村家庭必须生育儿子，丧葬是其重要原因。当然，死者有人哭，也是死者生前的愿望之一，感情表达的角色多为女性，因此像中豫农村又有儿女双全的愿望。在二者必须选择其一的情况下，依然会选择生儿子作为继承人，哪怕家里一贫如洗，也是继承人，继承的未必是财产，而是香火。

农村丧葬仪式的性别差异不仅表现在死者是男是女的不同，也表现在参加丧葬仪式者是男是女的不同，无论哪种不同，都受着深入村民内心的尊重性别差异和性别不平等的道德观念的影响，而这种植入骨子的道德观念又深刻地影响着村民的生育观念。村民都有着多子多孙、儿女双全的愿望，再不济也要后继有人，这类观念都深受农村丧葬文化的影响。因此要转变农村性别平等观念，形成健康的生育观念，丧葬仪式的改革不可避免。

《红处方》中的女性意识

杨文佩[*]

毕淑敏是一位同时有多重身份的女性作家，她早期在西藏的部队当兵，随后又从医，从文，并成为一名心理学博士。《红处方》在出版当年，就被《南方周末》选为该年度最有影响力的十本书之一。戒毒医院院长简方宁优雅大方，她靠自己的努力，从护士成为医生，又从军医转变为院长，她醉心于自己的事业，却遭到了吸毒者庄羽的暗算，不幸染上了毒品"七"，在欲望与尊严之间，她毅然选择了以放弃自己的生命为代价，向世人证明人类可以战胜欲望。小说从简方宁的好友沈若鱼的视角出发，以沈若鱼伪装成戒毒者潜入医院为背景，揭示了形形色色的戒毒人员背后的故事。简方宁死后，沈若鱼继承好友遗志，接手戒毒医院。

从英美的"经验主义"和法国的"表现论"来看，以女性独特的生命体验为写作蓝本，必然会创作出优秀的作品，那么此时，女性独特的叙事特点也会体现出来。[①] 女性主义叙事学结合了女性主义理论和叙事学的特点，又将性别政治和结构主义联系其中，使女性主义叙事学成为一门独立的学科，主要代表学者有罗宾·沃霍尔、苏珊·S.兰瑟、艾丽森·凯斯等。香港学者陈顺馨老师在《中国当代文学的叙事与性别》中将女性视点叙事归结为以下几个特征：第一，重视内在感情、心理的描写；第二，女性形象放在主题和看的位置，她是选择自己生活道路的主动者；第三，肯定女性意识和欲望的存在。[②] 从女性主义叙事学方面分析《红处方》，探讨叙述声音、叙述视角、叙述时间对叙述权威和女性意识的影响，体会女性独特的身体以及生理体验，这对我们重新认识这部小说有很大的帮助。

---

* 作者简介：杨文佩，云南民族大学中国现当代文学硕士研究生。

① 陈顺馨：《中国当代文学的叙事与性别》，北京大学出版社1995年版，第25页。

② 陈顺馨：《中国当代文学的叙事与性别》，北京大学出版社1995年版，第26页。

一　叙述声音和权威意识

苏珊·S.兰瑟在《虚构的权威——女性作家与叙述声音》中将女性作家的叙述模式分为了三种：作者型、个人型和集体型。在苏珊的分类中，她认为："作者型叙述被理解为虚构，但其叙述声音又显得具有可信度；而个人型叙述往往被当做自传体，但其叙述声音的权威又往往名正言顺。然而这种对立绝非永恒不变。"① 至于集体型则是群体声音的一种表达。这三种叙述模式对于叙述权威的确立都有各自的特点。

具体来看，第一种叙述模式作者型的叙述是将作者等同于叙述者，而它的叙述对象相当于读者，在这种叙述模式下，作者的叙述声音会处在优先地位，进而被加强，叙述权威也会更为凸显。作者通过女主人公的行为和声音表达自己的想法，同时借助叙述介入，对对象直接发表评论，不仅表达了自己的想法，又加强了叙述权威。在男权统治的社会中，早期女性被认为应该服从男性，她们的话语权由男性赋予，话语更是男性理想下的话语，这种现象反映在小说中时，女性形象便失去了自己的特点，失去了自己的话语权，男性作者控制了女性的声音；为了争夺话语权，由女性作家将自己伪装成男性作家进行写作，借助匿名身份来表达自己的观点。当小说没有明确表明叙述者的性别时，我们就默认叙述者性别与作者性别应保持一致。毕淑敏作为女性作家，其作品《红处方》不仅写的是众女性的故事，更是让笔下的女性讲述自己的声音，解构了男性的话语权，建构了女性的叙述权威意识。毕淑敏作为女性作家的一员，虽然并不是第一位运用此种叙述手法的女作家，但她从女性叙述声音的角度引起了人们对女性自我价值追寻的思考，这一点仍是值得我们赞扬的。

《红处方》运用的是作者型叙述声音。在作者型的叙述声音中，作者以俯瞰的角度讲述"异故事"，这种形式使叙述者建立了自己的叙述权威，"我们必须视偏离程度的不同而为每个故事建立（或者推导）出一套相应的原则，以便使得读者把该叙事当成'完全可能发生的'故事并把

---

① ［美］苏珊·S.兰瑟：《虚构的权威——女性作家与叙述声音》，黄必康译，北京大学出版社 2002 年版，第 22 页。

它也纳入某种'世界观'体系之中"①。也就是说，女性作家采用作者型的叙述模式时，是为了抛开社会对女性的束缚，建立叙述权威，因为对于一些社会文化，女性讲述故事尚可，但是如果她们和男性作家争夺叙述权力，通过叙述者的叙述来获取权威则是不妥的。

作者型的叙述声音具有驾驭话语的权威，这些不同叙述者的叙述都是由沈若鱼在医院的时间轴相连的，而且这些叙述相互联系，时间线交错有序。总的来说，在作者型的叙述模式中，这位"隐形的叙述者"冷静地讲述主要人物的故事，作品负载着更为有效的公众权威，叙述者不仅承载着串联故事的功能，而且也明显地行使着作者的功能，叙述者与作者都成为作品中不可或缺的一部分。这样，在这个"异故事"中，叙述者达到了构建女性话语权威的目的。

弗洛伊德学说是从男性叙述声音出发的，在他们看来，男性是问题的中心，而女性作为"被阉割的男性"是男性的附属，是男性告别俄狄浦斯情节的存在，因此，创作欲和讲故事的权利只能为男性特有，但是在《红处方》中，毕淑敏以女性叙述为主，没有让男性作为讲故事的主题，相反，女性讲述自己的故事占了小说内容的很大一部分，使女性有了自己的生命本能，体现了女性的"力比多"。

小说中的故事大部分都是从女性的叙述声音，由女性讲述的，女性们从她们的视角来看待自己身边发生的事情，同时她们又用自己的声音将故事讲了出来。庄羽刚进医院没多久，就向沈若鱼讲述了自己吸毒的故事，"嘿！这算什么打搅？我乐意给你讲我的故事，比你的好听多了。要是编成电视连续剧，保证能演50集！""庄羽极强的表现欲被催得如火如荼。"② 即便是负责送饭刷碗的独角兽老太也要讲故事，"老太说了很多话，就像一个老树，有许多分权，你不知道哪一枝上面有鸟窝，只有耐心地听"③。女性自我意识的实现，离不开讲故事的欲望，这是一种自我实现的需求，是一种欲望的表现。在"话语"层次上，沈若鱼和讲故事的女性为主要叙述视角，小说中的男性不能窥探沈若鱼以及这些讲故事的女

---

① ［美］苏珊·S. 兰瑟：《虚构的权威——女性作家与叙述声音》，黄必康译，北京大学出版社2002年版，第19页。

② 毕淑敏：《红处方》，江苏文艺出版社2012年版，第92页。

③ 毕淑敏：《红处方》，江苏文艺出版社2012年版，第249页。

性的内心活动，不能凌驾于她们之上，而且话语较少，毕淑敏的这一写作方式虽然不具有"颠覆性"，但也是对传统权利的争夺。

二　叙述视角与女性意识

沃霍尔在《眼光，身体和女主人公》这篇文章中指出："看"与"被看"是一种身份权利的象征，它们带有性别色彩的权利之争。所以当女性具有"凝视"的功能时，男性话语正在被解构，女性话语正在重建。申丹教授也认为"男作家与女作家出于何种社会历史原因而选择了特定的视角模式构成一个关注焦点。叙述视角（聚焦者）与观察对象（聚焦对象）之间的关系往往被视为一种意识形态关系"①。如果聚焦者是女性，女性主义批评家就会去关注女性在小说中的意识流动，以及女性独特的生命体验。

《红处方》采用的是全知全能的视角，但是这个全知的视角没有凌驾于整篇小说之上，而是偶尔在故事之外发表自己的观点，起到了串联小说情节的作用。小说运用了交叉穿梭的叙述视角，并在一开始就告诉了我们结局：简方宁死了。作者为了把简方宁成为院长，和到最后染上毒品自杀的历史讲述清楚，为了向我们展示戒毒医院不为人知的一面，使书中的主要人物分别登台，从不同的视角向读者揭示谜底。《红处方》整体是由多个叙述视角构成的。从第三章景天星教授回忆与简方宁的相遇开始，到第八章沈若鱼回忆与简方宁的相遇相识，再到第十一章沈若鱼假扮吸毒人员潜入戒毒医院了解吸毒者的故事，其中还有简方宁说服沈若鱼潜入医院的经历，以及简方宁中毒的前因后果，小说不仅包含了沈若鱼的视角，还包括了医院的医护、病人、陪床的视角……简方宁的一生以及其他吸毒者最重要的事情，都通过不同的叙述视角，不同叙述者的一一叙述呈现在读者面前的。张大光膀子是一个难缠的病人，他初次登场的情景，就是以沈若鱼的视角表现的："简方宁开门。沈若鱼自觉退到一旁，从现在开始，她又缩回范青稞的面具后面。"② 除了沈若鱼在"看"，其他的女性也在"看"；栗秋一边以护士的身份穿梭于各个病房，一边又在寻找着合适的男性戒毒者作为自

---

① 乔国强：《叙事学与文学批评：申丹教授访问录》，《外国文学研究》2005 年第 3 期。

② 毕淑敏：《红处方》，江苏文艺出版社 2012 年版，第 148 页。

己未来的丈夫，于是栗秋便对 14 号病房的人进行观察，"她看了 14 号病室的病例，仔细研究了靠窗户的那个儿子，态度之庄重，比院长会诊还要字斟句酌。经过再三权衡比较，觉得北凉可被列为候选名单"①。

在《红处方》中，那些第一人称的叙述是通过沈若鱼的"看"传达出来的，景天星教授回忆简方宁，简方宁当上戒毒医院院长的原因，庄羽吸毒的前因后果，以及医院里的滕医生、蔡医生、栗秋等医护和戒毒人员及其家属的所见所闻和故事都是由沈若鱼记录的。在他人讲故事时，沈若鱼仿佛只起到穿针引线的作用，将各个故事连接起来，而这些人在讲述故事的同时沈若鱼也只是作为听众，没有对这些故事进行干涉。

作为"观察"这个动作的发出者，她们从自己独特的女性视角出发，观察着自己身边的男性，男性们的行为、气质，以及他们的意识、思想，甚至灵魂都接受了女性的拷问，女性的自我意识得以表达，女性的思想得以升华。

三　叙述时间与女性体验

《红处方》的叙述时间不是直线式的，叙述者在叙述的过程中按照叙述需要将事件的顺序重新组合。小说中故事时间最开始的起点是沈若鱼作为高原部队的军医助理到野战医院实习，在实习的过程中认识了简方宁，但是在小说开始作者就告诉了我们简方宁自杀的消息，紧接着，叙述者将各个事件分成各时间段，又将这些时间段进行切分，运用倒叙、插叙、补叙、追叙等手法，将所有事件连起来，例如小说第三章是景天星教授对简方宁的回忆，到了第四章就是沈若鱼初进医院的场景。第八章和第九章是简方宁正在劝说沈若鱼乔装成吸毒病人潜入医院，第十章却是沈若鱼回忆自己和简方宁的相识过程。从现在到过去，再从过去到过去，叙述者打破传统的时间线，小说的情节丰富起来。

除了时间线的重新组合，叙述时间与故事时间也非传统组合。例如，在庄羽讲述自己的故事中，作者拉长了庄羽的叙述时间，读者可以在庄羽的叙述中体会到庄羽作为女性对传统权利的不满与反抗，庄羽不服从父母安排而成为体育生，又对传统的选拔方式深恶痛绝，后来庄羽在商界如鱼得水，即

---

① 毕淑敏：《红处方》，江苏文艺出版社 2012 年版，第 256 页。

使得到了成绩，庄羽也不满足，她渴望被关注，渴望自我，于是便染上了毒品，作者将庄羽吸毒的前因后果讲述得非常详细，但是对于庄羽的丈夫支远的吸毒原因寥寥带过。第三十二章是温嫣和柏子的故事，温嫣向沈若鱼讲述了自己与柏子相识相恋的过程，以及柏子染上毒品的原因，对于柏子，作者让他"沉睡"，直到温嫣讲完才"伸了一个懒腰"。这样，读者就可以更多地了解到这些女性的经历与处境，增强了读者对她们命运的关注。

女性主义所要求的不是占有或者征服，因为这样会形成新的强权，我们需要的是权力或者说权利，是与男性平等分享的权利，重视女性基本的生命体验，以及作为社会成员的价值需求。"一旦把自觉自为的生命视为人的最高价值，人的有目的的价值选择活动就会把人自身奉为目的从而使人的活动凸显出人的生命活动的实质。"[1]

女作家的文学创作活动"从根本上说就是一种寻求和争取话语权力的活动，女性作家们的女性写作、女性主体言说，说到底是要改变女性千年如一日的沉默无语，要发出自己的声音，说白了就是要发表作品，要出版书，要被读者看到和接受"[2]。女作家采用具有女性主义叙述特质的叙述方式，一方面是对读者接受能力的考量，另一方面也是对传统叙述时间的束缚的摆脱。她们在思考获取叙述权力和权威的同时，也希望读者可以更多地关注女性独特的生命体验。

总之，《红处方》从心理层面入手，讲述吸毒人员与戒毒医生的生存现状和心理状况，沈若鱼以及书中其他女性的所见所闻作为读者和小说的媒介，引起了我们对于各阶层各身份的女性生存与自我价值探求的思考。灵活的叙述时间将过去与现在相连，构建了一个以女性为主体并可以自由活动的空间，女性的叙述声音和叙述视角，将小说的意识形态和作者的创作意图相结合，传达出了女性对话语权威的渴望、女性意识的觉醒以及女性的独特生命体验。

---

① 张曙光：《生命哲学：哲学人学的基石和核心》，《长春市委党校学报》2000 年第 3 期。

② 刘思谦：《女性文学的语境和写作身份》，《南京师范大学学报》2004 年第 4 期。

中篇：教育与社会性别

公众受教育水平的提高，并在教育中纳入社会性别视角，是推动性别平等观念普及和发展的重要手段。

中国妇女报社副总编辑、女性文化研究学者禹燕做题为《推进性别研究成果新闻化传播的思考与实践》的主旨发言，探讨了学术研究与学术新闻化传播有效互动的重要性与现实价值。她通过梳理中国妇女报《新女学周刊》等媒体的探索与实践，回答了"为什么要推进性别研究的新闻化传播""性别研究新闻化传播的路径与策略""谁来推进性别研究的新闻化传播"这3个问题，探寻合力推动学术成果传播的共识和机制，积极呼吁新闻人与学人联手、新闻机构与研究机构合作、新闻媒体与学术媒体协作。

有的学者重点探讨了女童保护和教育问题，从实践行动来看，在反性侵女童保护中，女性可担任"参与者""倡导者""传播者""教育者""使能者""觉醒者"等多重角色，具有一定优势，但是在未来的保护行动中，还应提高男性的参与意识。有的将女童保护问题范围缩小，探讨了民族地区中小学女生校园侵害的安全防御策略。有的用社会性别视角剖析了中学生的校园欺凌行为，得出了与以往不同的结论：欺凌行为也体现出性别差异，充分认识到这一点才能防治校园欺凌。有的学者则探析了教育研究中的男性视角，呈现了男生在受教育过程中面临的不平等问题，认为应该明确同样重视两性的性别研究新观念，推进男性和女性的共同进步。有的分析了农村妇女陪读的影响因素。有的提出教育对政治信任与财富分配公平中也存在性别差异。有的则从在文化和范畴的两种理论维度上，分析了性别的社会建构性，并发现"gender"一词的使用对性别建构论的分化具有关键影响，形塑了当代西方性别理论。

推进女性研究学术成果新闻化
传播的思考与实践

禹　燕[*]

　　学科意义上的女性研究作为一门跨学科，在我国已走过 40 多年发展历程，对推进性别平等知识传播、促进性别平等制度设计、推动女性全面发展发挥了特殊作用。女性研究不仅是思辨之学，也是实证之学、实践之学，其"知行合一"的学科特性，使得其应进一步扩展传播效能，而学术的新闻化传播，即在新闻媒体上以新闻视角和新闻方式传播学术成果，是扩展其传播时度效的必由之路。

一　推进女性研究学术成果新闻化传播之必要性

(一)　性别研究的学术特质及其传播价值

　　女性研究不同于一般的传统学科，它具有三大特质。

　　第一，女性研究是思辨之学，要从哲学上回答女性存在的根本问题：何为女性，女性"为"何，女性何来，女性何往。为此，它以"人"作为思考的出发点和回归点，立足于从哲学意义上论证人的存在结构、人的存在本质和人的存在之终极价值，并从人的存在出发论证女性作为人的完整存在，追问女性存在的本质和终极价值。

　　第二，女性研究是实证之学，注重用事实和数据分析、阐释性别问题。女性学具有跨学科性质，涉及社会学、心理学、人类学、经济学、管理学、法学、历史学、生物学、医学等多个学科领域。一方面，它要运用这些学科的研究方法和研究成果丰富自身的学科架构；另一方面，它要以女性研究的独特视角重新阐释已有学科中存在的偏狭与缺失。

---

　　* 作者简介：禹燕，中国妇女报社副总编辑、高级编辑。

第三，女性研究是实践之学，旨在以学术成果推动社会变革。女性研究既是一种思考方式，也为性别平等提供多种社会实践方案，它不仅致力于促进政策法规的变革与完善，也致力于促进社会性别观念的变革与进步。

女性研究的学术特质，特别是其实证性与实践性决定了其传播扩展的必要性，而新闻化传播是一种重要路径。

（二）学术研究新闻化传播的重要性

女性研究成果既要在专业媒体上呈现，也要在新闻媒体上呈现，因为二者面对的受众不同，传播效果也不同。学术研究和新闻化传播互动的以下作用应予重视。

第一，新闻化传播的时效性有利于研究者之间及时分享交流，包括女性研究学者之间及与其他学科学者之间的交流与信息分享。

为了更好地关注女性/性别研究的新趋势、新发展，更快捷地传播各界学人的新思考、新观点，更多元化地展现女性发展的新实践、新成果，《中国妇女报》作为我国唯一一份女性主流大报，于2012年1月10日创办了理论周刊《新女学周刊》，旨在推进女性/性别相关的学术研究、知识传播与社会实践，推动女性/性别研究在中国的本土化。由该周刊率先提出的"新女学"这一概念也为学界广为知晓，创办7年来，《新女学周刊》以传播的及时性、理论的前沿性、观点的新锐性、态度的包容性、表达的策略性，成为中外学者们交流的重要平台。并努力成为"女学知识的传播者、女学智库的建构者、女性发展的见证者、性别平等的推动者"。

第二，新闻化传播的可达性有利于使学术成果向决策层通达，促进研究成果向性别平等政策有效转化。

学术研究的一个重要职能是为社会现实服务，促进性别平等意识纳入决策主流，而让决策者及时、准确地了解学术成果，媒介的快捷传播和精简解读非常重要。

中国女性人口生存发展的总体状况、群体特点和变化趋势如何？这是深入认识和准确判断中国妇女发展问题的基础，也是制定具有社会性别视角、惠及更多民众的社会发展政策的重要考量因素。第六次全国人口普查为此提供了难得的定量分析资料，但是由于学者们所写的报告专业性太强，篇幅过大，不利于政府相关决策层把握精要，为此，《新女学周刊》2013 年与全国妇联妇女研究所研究团队合作，推出了"关注中国女性人口状况"系列文章，把每篇一两万字的论文精编为三千字左右的文章：《中国女性人口发展变化大趋势》《女性就业现状及行业与职业分布性别差异》《老年妇女生存发展应予特别关注》《中国女性人口流动与变化趋势分析》《女性受教育状况的纵向变动及其性别比较》《解析中国女性婚姻与生育现状》《中国女童状况及应特别关注的女童群体》。其中《中国女性人口发展变化大趋势》总括性地描述了 2010 年中国女性人口的总量与性别比、空间分布、年龄结构、民族结构等基本情况，并将"六普"数据与"四普"和"五普"的相关数据进行对比分析，以期历史地认识中国女性人口的现状、问题和发展过程。这一系列文章连续刊发后引起决策层的高度重视，为政府决策提供了重要的参考依据。

第三，新闻化传播的广泛性有利于研究成果社会化大众化，推动性别平等理念传播。

除主流女性媒体积极介入性别研究成果的传播外，在新媒体时代，一些新媒体平台也以其独特的影响力助推着性别研究成果的社会化。橙雨伞公益微博《2018 年全球性别差距报告》中文版的传播就是一个代表性的案例。该报告的英文版发布后，橙雨伞在国内最迅速地翻译出中文版，成为最早的信息源，并且通过将报告中"不寻常"的发现加以凸显进行二次讨论，链接 KOL（关键意见领袖）进行扩展性传播，达成传播受众裂变。截至 2019 年 7 月，该条微博阅读超 1165 万人，转发 20789 次，评论4907 条，点赞 5748 次，在 2018 年研究报告类传播表现（浏览及互动量）最好。尽管对原报告内容本身学界有不同的理解和解读，原报告中也确实存在一些数据错漏，但该报告在新媒体平台的广泛传播，无疑对唤起社会公众对性别平等的关注具有积极意义。

第四，新闻化传播的关联性有利于促进研究界和传播界的互动，提升传媒体界的性别敏感。

性别平等的推进既需要决策层的政策倡导，也需要社会各界的实践推进，是一个系统工程，而其中的每一个环节都需要媒体的传播助力。促成媒体的有效传播，要提升媒体决策者与高层管理者的性别意识，要强化广大媒体从业者的性别敏感，也要加强媒体公众传播的融合与联动。而通过把新闻事件和学术议题相融合，对新闻事件进行深度探讨，有助于提高媒体管理者和从业者的性别敏感。"年度性别平等十大新闻事件评选"就是一个很好的案例。

"年度性别平等十大新闻事件评选"由中国社会科学院新闻与传播研究所、中国妇女报社和中国妇女发展基金会妇女新闻文化基金共同发起，自 2013 年启动以来，已经连续举办七届。这一活动旨在联合主流媒体共同倡导男女平等基本国策，宏观反映我国推进性别平等的年度进程。评委来自人民日报社、光明日报社、经济日报社、科技日报社、工人日报社、中国青年报社、中国妇女报社、农民日报社、法制日报社、中国新闻社，多为媒体高层管理者，还有部分评委为女性研究领域的专家学者。这种评委阵容，不仅增加了评选的专业性与权威性，也有利于学界与新闻界的交流，加大性别平等议题的传播力度。目前，该评选已产生了广泛而持续的社会影响，并得到了新闻宣传主管部门的重视与肯定。

二　女性研究学术成果新闻化传播的路径与策略

学术的新闻化传播，即在新闻媒体上以新闻视角和新闻方式传播学术成果，那么，如何才能达成学术传播的时度效？需要从以下几个方面着力。

(一) 把握学术议题的新闻时间节点使传播效果最大化

2017 年，党的十九大是举世瞩目的重大新闻事件，也是媒体展现竞争力、扩展影响力的重要契机。在党的十九大召开之前，《新女学周刊》推出的"治国理政新理念新思想新战略与女性发展"系列文章，对"五大发展理念"融入女性发展实践的深刻内涵及重要意义进行了深度解读。《创新是引领中国女性发展的原动力》强调，女性发展需要理论、制度、科技和文化方面的创新。其中，理论创新是牵引，制度创新是保障，科技创新与女性发展相辅相成，文化创新是软实力。《男女协调发展是践行协调发展理念题中应有之义》指出，推进男女协调发展，应保证男女两性都能从社会发展中受益，反对顾此失彼的发展模式，增强发展的均衡性。《推进绿色发展，为女性赋权增能》认为，在绿色转型中纳入性别视角，对促进经济增长、性别平等和社会公正具有重要意义。《开放发展是实现性别平等的必由之路》强调，加强妇女对外交流是开放发展的直接行动，在开放发展理念下推动妇女发展、实现性别平等要坚持统筹国内国际两个大局。《共享发展：全面激发推动男女平等正能量》认为，"共享发展"揭示了男女平等基本国策的本质要求，优化了妇女发展的社会环境，调动了广大妇女参加中国特色社会主义建设的积极性，激发了实现男女平等的正能量。这一组文章的刊发，因为把握住了十九大召开这一重要时政新闻节点，所以产生了不同凡响的传播效果。

每年9月10日的中国教师节都是公众关注的新闻节点。2012年以来，《新女学周刊》连续推出"中国女教师发展报告"，扩展学术议题的传播效果。该系列报告全面聚焦中国女教师群体，针对高校女教师、中小学女教师、乡村女教师、特教女教师、幼教女教师的发展现状，从多维度关注思考教师结构的性别失衡问题，以及女教师在职业生涯中遭遇的种种障碍与挑战，探寻女教师发展困境的破解之道。每年主题分别为：《追寻均衡与公平：中国女教师发展报告》（2012），《追问与求解：中国女教师发展报告》（2013），《失衡之忧与变革之策：中国农村女教师发展报告》（2014），《直面性别隔离：中国高校女教师发展报告》（2015），《"特岗计划"十年：中国特岗女教师发展报告》（2016），《观察与求解：教师职业性别不平衡的国际比较》（2017），《蓄势与突破：中国女校长及女性领导者发展报告》（2018）。

2012年首次推出的报告，以武汉大学妇女与性别研究中心所做的《中国高等院校知识女性发展现状分析——基于湖北省10所高校的调查统计》为主报告，并全面观照各个女教师群体，报告一经推出即引发社会广泛关注，并在女教师中产生强烈共鸣。其反响之强烈，在《中国妇女报》后续报道《女教师发展：写在教案之外的诉求》中留下了详细记录。2017年的《观察与求解：教师职业性别不平衡的国际比较》，独家编译经济合作与发展组织《教师职业性别不平衡报告》，呈现了经合组织成员国教师职业的女性化趋势及女教师在职业晋升中面对的不平等问题，并邀请专家对中外教师职业性别差距进行比较分析。其国际化的视角，中外比较分析的方式，对研究和改善中国教师职业性别不平衡问题具有启示意义。

（二）以新闻的方式来呈现学术成果

口述实录体新闻、解释性报道等是新闻深度报道的常用方式。口述实录体新闻，是通过对人物的采访，将人物口述的新闻事实、观点和主张等作实录报道的一种新闻样式，具有较强的真实感和亲近感。利用这一文体讲述学人的学术经历和治学故事是一种很好的学术普及方式。

2015年，在世妇会召开20周年之际，《新女学周刊》推出了"纪念北京+20·20年20人"系列口述史，让世妇会亲历者或后继者讲述20年来在性别研究、立法推动、社会参与方面的所思所为。以《李慧英：为让中央党校开设社会性别课，我蛮拼的》为开篇，由中央党校李慧英教授讲述她力推中央党校开设社会性别与公共政策课程的艰辛历程，以及如何通过培训中央党校的学员干部，努力推动完善具有性别敏感的公共政策。此后，中华女子学院孙晓梅教授讲述了她与反家暴立法结缘的25年，从提交"反对对妇女暴力行为建议"提案，到当选全国人大代表后连续4次就反家暴立法提交议案与建议；北京大学马忆南教授讲述了她从女性主义角度观察法律，并担任妇女权益保障法、婚姻法、人口与计划生育法的起草组专家，为维护女性权益而理性建言；天津师范大学杜芳琴教授讲述了她加盟妇女研究，经历了从书斋走向农村研究、再回到大学推动本土妇女学发展的转变；中国妇女研究会副会长、中华女子学院原院长张李玺讲述了她传播北京世妇会的精神，进入中华女子学院管理层以后持续思考和解决"特色立校"的问题；云南民族大学杨国才教授讲述了自己关注和推动民族女性研究，通过多种方式向国内外展示云南少数民族女性的发展。鉴于推进性别平等离不开男性的积极参与，作为坚持性别研究的男性学者，福建江夏学院叶文振教授重点讲述了他提出的性别和谐论，主张男女两性建立平权、分享以及自由与全面发展的和谐关系；清华大学刘兵教授讲述了他如何开启对科学与性别国际研究的译介与本土研究，强调男性身份的意义需要反思性研究。——来自不同学科、年龄、性别、民族的20位学者的真诚讲述，亲切感人，知性温暖，"为历史存档，为梦想作证"，对性别研究的先行者是一种致敬，对后来者是一种激励。

（三）对新闻事件中的性别议题进行集纳式报道与评析

近年来，妇女儿童舆情呈现频发、高发态势，为此，中国妇女报社成立了网络舆情监测组，和全国妇联宣传部共同策划、定期出版舆情周报、专报、日报。为了分析妇女儿童网络舆情的年度发展轨迹，《新女学周刊》每年推出妇女儿童网络舆情年度报告，至今已5年。

2014 年度报告主题为《舆情"她视角"：多向度"围观"多声部表达》，报告指出：2014 年，有关妇女儿童类网络舆情的理性、多元声音进一步增加，妇女儿童议题的舆论表达渠道进一步拓展；同时，妇女网络舆情的娱乐化、社会性别认知偏差等挑战依然存在。这些变化对维护妇女儿童合法权益、促进性别平等提出了新的更高的要求，不仅需要政府、妇联组织等机构创新思路、切实履职，也需要社会组织和公众通力合作。2015年、2016 年、2017 年的年度报告分别以《在主流与边缘游走 挟理性与喧嚣表达》《网络多平台格局下妇女儿童舆情的多样态呈现》《泛众化时代妇女儿童网络舆情的复杂演进》为主题，从性别视角和新闻视角关注每一年度妇女儿童网络舆情呈现的新样态、新趋势，以及舆情引导的新思路、新举措。2018 年的年度报告主题为《网络传播新变局与妇女儿童舆情演进新态势》，除对 2018 年的网络舆情热点进行梳理分析外，也对2019 年的舆情热点进行了预测："妇女儿童网络舆情有可能仍将以女性、儿童权益受侵害，以及性别刻板印象和性别认知误区为引入点，通过情绪化表达和理性分析，共同建构多元复杂的舆论生态，推动公权力和公共政策回应。"该系列报告因其视角的独特性与分析的独到性，获得光明网、中国青年网的转发，进一步引导了舆论走向，扩展了相关部门、研究机构和社会公众对性别热点事件的关注。

（四）抓住热点新闻事件进行学术探讨

家暴、性骚扰、校园欺凌等新闻事件一直是社会热点，引发越来越多的公众关注和舆情热点，及时邀请学者、专家分析、建言，有助于推进对相关问题的深度思考和综合防治。

2014 年《新女学周刊》推出的"反性别暴力专题讨论"，重点探讨了与反性别暴力相关的立法进程、制度设计与实践经验。《加强制度建设预防和制止高校性骚扰》介绍了全国妇联和中国妇女研究会联合 22 所高校举办的"高校预防和制止性骚扰机制研讨会"的观点与建言。《预防和应对基于性别的学校暴力》介绍了亚太地区预防和应对基于性别的学校暴力的策略，明确了教育机构成为保护儿童权利推动力的重要性。《让"世界杯"成为反家暴新平台》则通过分享有关世界杯期间英国家庭暴力上升的报告，提出反家暴的新视角。

（五）以融合传播方式对学术议题多平台多元化呈现

在媒体融合时代，性别平等议题要获得更广泛的受众关注度，需要有效利用报、网、微、端、屏各平台协同发力。

《新京报·书评周刊》是一份高品质的文化周刊，其对性别话题的关注和对性别议题的精心策划可圈可点。2018 年 3 月 10 日，为纪念"三八"妇女节推出的"女性与历史"专题以"我们如何成为今天的女性"为主题，邀请了 4 位妇女史、性别史方面的女性学者，"以专业的视角和公共品格为基点，力求向读者还原中国社会中的女性观念、地位、教育、生存等历史。"通过追溯女性从秦汉到晚清的历史，来追溯当今女性的前世故事，解答女性如何成为今天的女性。专题以整整 4 个版的篇幅呈现，让人感到历史的厚重感，以及对女性学人的尊重。而该刊在两年前的"三八"妇女节之际，2016 年 3 月 12 日也曾推出主题策划《女性浮出历史地表》，邀请专家对近代女性生活与社会文化进行深入探讨，回望中国女性启蒙与抗争的历史，追溯女性追求自身权利走向自由解放的历程。

此外，《新京报·书评周刊》也十分重视新媒体平台的协同传播。上述主题报道经微信公众号传播均获得了较好的阅读量。此外，其微信还有不少好产品，《上野千鹤子："慰安妇"为何大多数都选择了沉默？》介绍了日本学者对"慰安妇"研究的最新进展，以及国外学者对战争中的性暴力的研究状况；《童书里的性别歧视我们都忽略了》，解析童书中的性别歧视现象，阅读 7.1 万人；《"强奸文化"越显著，强奸案件越频发》《永远不在男女的欢爱里：波伏娃逝世 31 周年》等均获 10 万+阅读。

三　合力推进女性研究学术成果的新闻化传播

学术的新闻化传播要形成一个良好的生态系统，需要学术成果的有效供给、传播平台的协同发力、目标受众的持续关注。因此，新闻媒体、研究机构、学者和受众需要各司其职，互相借力，彼此成就。

（一）新闻媒体应主动作为　　形成助推研究成果传播的有效机制

在媒体转型发展的当下，学术新闻化传播不仅具有社会价值，也是媒体智库化转型的重要策略。对此，媒体管理者要予以重视。

首先，要"借外脑"，"走出去""请进来"并重。通过采编人员广泛参与各类学术活动，了解学术研究的新趋势、新议题；与研究机构和专家学者建立良好的合作关系，并在此基础上为建立性别研究专家智库，为新闻媒体的深度报道与智库建构网络人才资源，提供智力支撑。

其次，要"强内功"，"建机制""育人才"并举。要重点培养具有性别研究学养的专家型记者、编辑，使其善于抓取具有新闻价值的研究议题，善于策划具有力度深度的性别选题，善于运用性别研究工具分析新闻后面的新闻。同时，在媒体进行全员培训，提升性别敏感，强化性别意识，使性别平等理念和相关研究成果具有更丰富的呈现平台。

（二）研究机构和研究者应提升学术新闻化传播意识并融入

首先，研究机构应善用新闻媒体，拓展研究成果。

《新女学周刊》之所以能在学术的新闻化传播上不断拓展，既得益于全国各地研究机构的大力支持，也得益于各研究机构对学术成果新闻化传播的重视。全国妇联妇女研究所、中华女子学院、武汉大学妇女研究中心、中国传媒大学媒介与女性研究中心、云南民族大学少数民族妇女与社会性别研究中心等，通过与中国妇女报的合作，以《新女学周刊》为平台共同展示了一大批高质量的研究成果，如每年的"中国女教师发展报告"，"关注中国女性人口发展"系列报告、"世界城市女性发展报告"等。

其次，学者应善用媒体平台，积极建言发声。

传播时效性强，媒体受众广，社会影响力大，是新闻媒体的几大特点，学者要善用媒体平台建言发声，一方面，这有助于推进性别研究成果的政策转化。《新女学周刊》刊发的关于男女工资差异的分析，关于性别与税收制度改革的建言，关于就业性别歧视的探讨等等就引起了决策层的高度重视。另一方面，可使社会问题的探讨更有深度。为深刻剖析"女德班"的危害,《新女学周刊》邀请专家撰写了《"女德":文化糟粕 腐朽本质》(2018 年 12 月 11 日),从历史、哲学、文化等多角度对所谓"女德"予以辨析,该文经《中国妇女报》官方微博转发后,人民日报客户端以《中国妇女报批"女德班":应以现代人眼光洞悉其腐朽本质》为题转发,澎湃新闻、新浪网纷纷跟进转发,仅人民日报客户端阅读量就达72 万人。环环相扣的传播链条扩展了学术思想的传播效果,也使更多学者认同了通过新闻媒体传播学术成果的价值。

(三) 新媒体平台可发挥独特优势　强化与研究界和主流媒体的合作

经过几年的历练和洗牌,新媒体领域已产生了一批具有性别意识和研究学养的新媒体人,在传播性别平等理念和性别研究成果上善思善为,颇有成效。2016 年 9 月成立的橙雨伞跨界媒体公益项目,关注性别暴力尤其是针对女性的暴力议题,着重进行普法宣传和意识倡导。作为一家新媒体机构,橙雨伞公益一直很重视研究的力量,不仅积极关注女性研究新资讯,而且致力于对研究成果的"可视化处理+社媒化解读"。通过可视化处理将研究报告中的发现处理成更有趣更直观的图像,让阅读门槛降低;通过社媒化解读使报告内容更具有广泛的受众吸引力。《北上广深流动妇女家暴报告》的传播,就第一时间使用可视化工具,对报告重要发现进行了可视化处理,"年龄越大越容易遭受暴力""每天见面的伴侣间暴力最少"等结论一目了然。橙雨伞公益微信推出的《"中国生育报告 2019"背后:女性的沉默"罢工"》,对《拯救中国人口危机刻不容缓——中国生育报告 2019》进行新媒体化呈现,阅读量也达到了 10 万+人,并获得581 条评论及 1634 条"在看"。

综之,为推进女性研究学术成果的新闻化传播,需要新闻人与学人联手,新闻机构与研究机构合作,女性媒体与各类新闻媒体协作,全方位多渠道强化资源整合,共同构建一个良好的学术新闻化传播生态系统。

教育对政治信任与财富分配
公平感的性别差异

蒋亚丽　周爱华[*]

一　引言

分配公平感，尤其是人们对收入和财富分配的公平感知一直是学者们关注的重点。按照人们对社会发展经验的认知，如果一个社会的收入不平等差距过大必然引起劣势群体的强烈不满，进而导致社会的动荡不安。[①]按照这一理论预设，转型期中国的收入分配差距，尤其应该引起人们的关注。中国由计划经济时代的收入和财产平均分配，到改革开放时期"允许一部分人先富起来"政策的实施，人们经历了由平均主义大锅饭到财富差距逐渐拉大的转变。无论是基尼系数还是泰尔指数，都显示目前中国的收入差距已经超过了国际警戒线，要时刻提防利益受损群体的不满和由此带来的一系列不稳定因素。

事实上，中国老百姓也意识到了收入差距的日益扩大和不平等。但社会主流价值观认为当前中国社会的这种不平等是公平的，可以接受的。[②]甚至越是社会底层，越是弱势群体对收入差距的不满程度越低。谢宇[③]对此作了进一步探索，他认为，民众对不平等的接受是建立在他们对社会竞争规则普遍接受的基础上的——人们通过自身努力向更高社会经济地位流动的可能性。加之中国传统文化中对收入差距的肯定也增加了普通民众对

---

* 作者简介：蒋亚丽，四川外国语大学社会与法学院，副教授，博士。周爱华，四川外国语大学社会与法学院教师。

① Heather J. Smith, Tom R. Tyler, "Justice and power: when will justice concerns encourage the advantaged to support policies which redistribute economic resources and the disadvantaged to willingly obey the law?" *European Journal of Social Psychology*, 1996, Vol. 26: 171~200.

② 怀默霆：《中国民众如何看待当前的社会不平等》，《社会学研究》2009 年第 1 期。

③ 谢宇：《认识中国的不平等》，《社会》2010 年第 3 期。

不平等状况的容忍程度。因此，中国的收入分配的不平等不太可能引起劣势群体的强烈不满而引发社会动荡。①② 反倒是受教育程度越高的人由于种种原因更多地表达了对收入分配的不公平感。③④

探索教育水平对分配公平感影响机制的研究成果也有一些，普遍接受的解释有社会结构地位论和相对剥夺理论，⑤ 以及在此基础上延伸出来的"局部比较"视角和"期望收入回报"视角。⑥ 教育不仅能提高人们的收入和社会地位，⑦⑧ 还能引起人们思维模式和社会感知能力的变化。⑨ 因此教育对人们收入分配公平感感知的影响路径也是多方面的，教育对政治信任的高低是否也是影响收入分配公平感的路径之一，男女两性是否存在着差异，目前还鲜有人进行研究。在此基础上本文意欲把教育对政治的信任，尤其是党政干部选拔程序的信任纳入教育对收入分配公平感的分析中来，通过考察教育的经济效应——社会结构地位模型和教育的非经济效应——对政治信任的影响，并采用群体相对剥夺理论的视角对教育和收入分配公平感的关系，进行进一步的探索和分析两性之间的差异。

二　理论回顾与研究假设

本部分在进行理论梳理时，先介绍分配公平理论的基础理论，奠定全文的理论基调。然后具体分析教育对分配公平感的影响机制有哪些，并在此基础上提出研究假设。

---

① 怀默霆：《中国民众如何看待当前的社会不平等》，《社会学研究》2009 年第 1 期。

② 谢宇：《认识中国的不平等》，《社会》2010 年第 3 期。

③ 李骏、吴晓刚：《收入不平等与公平分配：对转型时期中国城镇居民公平观的一项实证分析》，《中国社会科学》2012 年第 3 期。

④ 孟天广：《转型期中国公众的分配公平感：结果公平与机会公平》，《社会》2012 年第 6 期。

⑤ 王甫勤：《人力资本、劳动力市场分割与收入分配》，《社会》2010 年第 1 期。

⑥ 马磊、刘欣：《中国城市居民的分配公平感研究》，《社会学研究》2010 年第 5 期。

⑦ 刘精明：《劳动力市场结构变迁与人力资本收益》，《社会学研究》2006 年第 6 期。

⑧ 薛进军、高晓淳：《再论教育对收入增长与分配的影响》，《中国人口科学》2011 年第 2 期。

⑨ 李骏、吴晓刚：《收入不平等与公平分配：对转型时期中国城镇居民公平观的一项实证分析》，《中国社会科学》2012 年第 3 期。

（一）分配公平理论下的结果公平和程序公平

分配公平感实际上是人们对收入应当如何分配的一种主观判断。[①] 分配公平早在 20 世纪 60 年代就引起了学者们的关注，霍曼斯（Homans）最早在 1961 年提出分配公平（distributive justice）理论，亚当斯（Adams）也在 1965 年提出了公平理论（equity theory）。[②] 传统的分配公平理论普遍认为人们在衡量结果分配是否公平时秉承着"个人利益中心"的原则，并假设人们在社会交往过程中都期望获得个人利益的最大化。[③] 因此，人们在表达社会收入和财富分配公平感时，首先衡量个人投入的成本和所获的收益。[④] 这个衡量的基础和标准就是与周围人的比较，在与周围人的付出/所得比较中，人们获得自己所得是否公正的感知。他们比较所参照的周围人群体大都是与自己社会经济地位情况比较类似的当地人群体。[⑤]

目前研究中普遍意义上的分配公平感都是指社会劳动产品的结果分配公平。最近，国内外的一些学者也把视角转到了分配程序公平的研究上。程序公平理论认为，分配劳动成果的规则和程序同样是人们判断分配是否公平的重要基础。该理论强调程序公平和结果公平是相互独立的，不同于人们对结果公平判断标准的单一，人们对程序是否公平的判断基于很多因素。这些因素包括是否被平等对待、分配者是否公正如一，以及在程序执行的过程中人们是否有适时表达自身意愿的话语权。[⑥] 尽管如此，研究者

① 李骏、吴晓刚：《收入不平等与公平分配：对转型时期中国城镇居民公平观的一项实证分析》，《中国社会科学》2012 年第 3 期。

② Karen S. Cook, Karen A. Hegtvedt, *Distributive Justice, Equity, and Equality. Annual Review of Sociology*, 1983, 9: 217-241.

③ Taylor, D. M., Moghaddam, F. M.. *Theories of intergroup relations: International social psychological perspectives*. New York: Praeger Publishers, 1987: 35-39.

④ Adams, J. S., *Inequity in social ex-change. In L. Berkowitz（Ed.）, Advances in experimental social psychology*, 1965, 2: 267-299. Walster, E., Berscheild, E., Walster, G. W.. *New directions inequity research. J. Pers. Soc. Psychol*, 1973, 25: 151-176.

⑤ Norma J. Shepelak, Duane F. Alwin. *Beliefs about Inequality and Perceptions of Distributive Justice. American Sociological Review*, 1986, 51 (1): 30-46.

⑥ Ellen S. Cohn, Susan O., White and Joseph Sanders. *Distributive and Procedural Justice in Seven Nations. Law and Human Behavior*, 2000, 24 (5): 553-579.

们仍发现，人们对程序公平的判断直接决定了他们对结果分配公平的感知。当人们对结果分配感到满意时，他们不会过多关注程序是否公平。但当人们对结果分配不满意时，对程序是否公平的感知则变得至关重要。

（二）教育对收入和财富分配公平感的三种解读

本文对教育对人们收入和财富分配公平感知的影响，研究大致分为三种情况，教育对人们分配公平感的直接效应，教育通过社会经济地位中介作用对人们分配公平感的社会经济提升效应，以及教育通过政治信任对人们分配公平感的道德教化效应。

1. 教育对收入和财富分配公平感的直接效应

我们把教育本身对收入和财富分配公平的影响，视为教育对财富分配公平的直接效应。基于中国社会调查的研究结果显示，受教育程度越高的人对现有的财富分配制度越不满意。[1] 对于这一结果产生的原因，怀默霆[2]认为虽然物质上的优越更容易让人对社会显示产生较高的满意度，但受教育水平越高的人，越倾向于批判现有的一切，越有可能意识到社会中存在的偏见和不公平现象。李骏和吴晓刚[3]进一步分析道，受教育程度越高的人由于知识积累和认知能力的提升，养成了批判性的分析习惯，因此能够更多地了解社会的不平等现象。受教育程度较低的人因为理解他人生活境况的能力有限，反而低估了社会的不平等水平。

2. 教育对收入和财富分配公平感的间接效应——社会经济地位的提升效应

教育对收入和财富分配的间接效应主要体现在教育通过提升人们的社会经济地位来影响人们对财富分配公平的感知。虽然转型期中国社会打破了过去财富平均分配的格局，但人力资本收益率的变化并不与市场化的过程相一致，而是较多地受社会结构因素（单位行业、单位性质）的限制。[4] 在所有部门中，公共部门的教育收益率提高最快，国有集体经济部

---

① 李骏、吴晓刚：《收入不平等与公平分配：对转型时期中国城镇居民公平观的一项实证分析》，《中国社会科学》2012 年第 3 期。

② 怀默霆：《中国民众如何看待当前的社会不平等》，《社会学研究》2009 年第 1 期。

③ 李骏、吴晓刚：《收入不平等与公平分配：对转型时期中国城镇居民公平观的一项实证分析》，《中国社会科学》2012 年第 3 期。

④ 刘精明：《劳动力市场结构变迁与人力资本收益》，《社会学研究》2006 年第 6 期。

门次之。在私有部门中，只有受过高等教育的人群才拥有较高的教育收益率。虽然教育的收入回报随着部门的不同而有差别，但不可否认的是劳动力的收入随着教育程度的增加而提高。[①] 研究结果发现，改革开放以后的收入分配差距在很大程度上源于教育的差距，并出现了"穷人更穷、富人更富"的马太效应。[②] 经济收入、职业地位等客观社会位置的不同导致人们的生活经历也不同，从而影响人们的价值观和对公平的判断。[③] 受教育年限越多的人，由于拥有的文化、技术资本也越多，获得的经济回报也就越大，因而在新的改革收益上处于优势地位。[④]

按照"个人利益中心"理论的假设，处于社会优势阶层地位的人更倾向于认为财富分配是公平的，并试图以现有的分配制度维持其持续优势地位的获得。而处于社会下层的群体由于较少地享受到社会发展的成果，因而更倾向于认为财富分配制度是不公平的。当财富分配不公平感的两极分化到一定程度，就会爆发优势阶层维护自身利益、劣势阶层争夺社会资源的斗争。[⑤]

经验研究结果发现教育对分配公平的"个人利益中心"理论假设同样适用于中国社会。教育程度较高的人起初倾向于认为财富分配是公平的，[⑥] 但在认识到社会现实以后，他们又会具有更加批判的态度，从而超越狭隘的利己主义认为财富分配是不公平的。就单个因素而言，收入能显著地促进分配公平感。[⑦] 但受教育程度越高的人对教育回报的期望也就越

---

① 王甫勤：《人力资本、劳动力市场分割与收入分配》，《社会》2010年第1期。

② 闫健：《居于社会与政治之间的信任——兼论当代中国的政治信任》，《南昌大学学报》（人文社会科学版）2008年第1期。

③ 翁定军：《阶级或阶层意识中的心理因素：公平感和态度倾向》，《社会学研究》2010年第1期。

④ 刘欣：《相对剥夺地位与阶层认知》，《社会学研究》2002年第1期。

⑤ Cook, K. S., Lk Hegtvedt, K. A.. *Justice and Power*: *An exchange analysis*. In H. W. Bierhoff, R. L. Cohen and J. Greenberg（Eds）, *Justice in social relations*. New York: Plenum. 1986: 87-92. Homans, G. C.. *Social behavior*: *its elementary forms*. New York Harcourt, Brace, Jovanovich. 1961: 115-121. Kabanoff, B. *Equity, equality, power and conflict*. Academy of Mangement Review, 1991, 16: 416-441.

⑥ 李骏、吴晓刚：《收入不平等与公平分配：对转型时期中国城镇居民公平观的一项实证分析》，《中国社会科学》2012年第3期。

⑦ 孟天广：《转型期中国公众的分配公平感：结果公平与机会公平》，《社会》2012年第6期。

高，在比较付出与回报的差距后容易产生分配不公平的感知。因此，受教育程度越高，越认为财富分配的不公平。

3. 教育对收入和财富分配公平感的间接效应——政治信任下的道德教化效应

教育对财富分配公平感的道德教化效应主要考察，政治信任作为中介变量是否能影响不同受教育程度的人的财富分配公平感。本部分对政治信任的考察主要依据人们在评判结果分配公平时，程序公平在其中发挥的重要参考作用。

政治信任是指人们对政治系统运作能否产出与他们的预期结果相一致的信念和信心。① 人们在衡量公平感和政治信任的时候，一般倾向于以有没有政治权利表达自身的话语权作为衡量标准，而不管陈述和建议有没有被最终采纳。② 人们对程序公平的关注更多的是想获得跟自身社会地位相关的信息。③ 如果居民相信程序公平，他们会认为自身受到了尊重和重视，如果居民认为程序不公平，他们则会感到自身的权利受到了侵害并受到了社会的排斥。④

在中国这样一个具有权威主义统治历史的国家，人们对政府的信任不仅基于政府的表现，更基于人们对权威的崇拜和依赖。⑤ 因而，转型期中国的政治信任水平总体上相对较高。同时，社会转型改变了公民对政治机

---

① 马得勇：《政治信任及其起源——对亚洲 8 个国家和地区的比较研究》，《经济社会体制比较》2007 年第 5 期。

② Lind, E. A., Kanfer, R., Earley, P. C.. *Voice, control and procedural justice: instrumental and non-instrumental concerns in fairness judgments. Journal of Personality and Social Psychology*, 1990, 59: 952-959. Tyler, T. R. *The psychology of procedural justice: A test of the group-value model. Journal of Personality and Social Psychology*, 1989, 57: 830-838. Tyler, T. R., Lind, E. A.. *A relational model of authority in groups. Advances in Experimental Social Psychology*, 1992, 25: 115-191.

③ Lind, E. A., Tyler, T. R.. *The social psychology of procedural justice.* New York: Plenum Press. 1988: 32-36.

④ Tyler, T. R., Degoey, P., Smith, H. J.. *Understanding why the justice of group procedures matters: A test of the psychological dynamics of the group-value model.* Unpublished manuscript, University of California, Berkeley. 1994: 73-77.

⑤ 马得勇：《政治信任及其起源——对亚洲 8 个国家和地区的比较研究》，《经济社会体制比较》2007 年第 5 期。

构的认知，公民对制度化的机构赋予了比代理人更多的信任。① 政府及其代理人——政府官员制定的政策及其效果，在很大程度上决定着人们的信任。如果政府效率低下、政治腐败严重都会影响人们对政治的信任感。② 基于中国2019年的调查数据研究结果发现相比较于政府机构，居民对政府代理人——公务员的信任程度一直都是最低的，这与转型期严重的公务员腐败现象密切相关。③

在中国当前独特的市场经济制度安排下，市场能力、再分配能力、寻租能力共同决定着人们的收入。转型期中国在市场化过程中，政治上逐渐放权为其中一部分权力精英的"寻租行为"铺就了权力腐败的温床，使不同类型的权力精英在经济地位上仍处于优势地位。④ 财富分配是否公平一直以来都是影响政治信任的重要因素，财富分配越公平，政治信任的程度越高。⑤ 反过来，人们对政治的信任，尤其是政治程序公平的信任也会影响人们对收入和财富分配公平度的感知。

教育水平也是影响人们政治信任的重要因素。受教育程度越高的人会较少受传统政治权威主义的影响，更认同现代的民主制度，表现出较高的政治关注度。⑥但见证了公务员的腐败使他们对财富分配表现出强烈的不公平感，伴随着教育水平的提高，人们的政治信任也在逐级下降。⑦ 加上中国社会自古就有文人做官的政治制度，"学而优则仕"更是众多读书人的终极目标。受这样的传统影响，即便到了现代，一部分高学历高收入者

---

① 孟天广：《转型期的中国政治信任：实证测量与全貌概览》，《华中师范大学学报》（人文社会科学版）2014年第2期。

② 张文宏、马丹：《社会经济地位、民主观念与政治信任——以上海为例》，《江苏行政学院学报》2015年第1期。

③ 孟天广：《转型期的中国政治信任：实证测量与全貌概览》，《华中师范大学学报》（人文社会科学版）2014年第2期。

④ 刘欣：《当前中国社会阶层分化的多元动力基础——一种权力衍生论的解释》，《中国社会科学》2005年第4期。

⑤ 张文宏、马丹：《社会经济地位、民主观念与政治信任——以上海为例》，《江苏行政学院学报》2015年第1期。

⑥ 张文宏、马丹：《社会经济地位、民主观念与政治信任——以上海为例》，《江苏行政学院学报》2015年第1期。

⑦ 谢治菊：《政治信任的含义、层次（结构）与测量——对中西方学界相关研究的述评》，《南昌大学学报》（人文社会科学版）2011年第4期。

也会有意识地争取政治资源以谋求全方位的发展，扩大政治影响力。[①] 政府官员选拔的程序是否公平也必然成为他们表达政治信任的参考依据，对公务员腐败的现实认知，以及政府反腐败的力度都将影响他们对社会财富分配的公平感。

综合教育对财富分配公平感产生影响的三条路径，提出本文的第一个假设：

假设 1：教育对财富分配公平感有显著的负面影响，教育程度越高的人财富分配公平感越低。

假设 1 又可以细分为以下三个假设：

假设 1.1：教育本身能够对收入和财富分配公平的感知产生直接作用，受教育程度越高的人越认为收入和财富分配不公平，且没有性别差异。

假设 1.2：教育通过社会经济地位中介变量影响人们收入和财富分配的公平感，受教育程度越高的人越倾向于认为财富分配是不公平的，且没有性别差异。

假设 1.3：教育通过政治信任中介变量影响人们收入和财富分配的公平感，受教育程度越高的人政治信任水平越低，越倾向于认为财富分配是不公平的，且没有性别差异。

鉴于本文的研究主题是教育对财富分配公平感的性别差异，因此提出本文第二个假设：

假设 2：教育对男性和女性财富分配公平感的作用机制不同，男性的财富分配公平感更低。

三　数据来源与变量设置

（一）数据来源

分析数据来源于武汉大学社会调查研究中心（CSSR）所做的 2014 年武汉市社会状况综合调查的数据。武汉市社会状况综合调查[②]（China

---

① 黄秀华：《政治公平在社会公平实现过程中的地位和作用》，《理论与改革》2008 年第 2 期。

② 资料来源：《2014 年武汉市社会综合状况调查报告》，武汉大学 2014 年武汉市社会综合状况调查课题组撰写。

Social Survey Research），是武汉大学社会调查中心所发起的武汉市第一个综合性、连续性的覆盖整个武汉市的大型社会调查项目。目的是通过定期、系统地收集武汉人与武汉市社会各个方面的数据，包括对住户基本情况、个人工作状况、家庭经济情况、信任与社会支持等部分，以获取转型时期武汉市的数据资料，总结社会变迁的长期趋势，探讨具有重大理论和现实意义的社会议题。由于考察教育的直接和间接效应，因此采用结构方程模型进行，软件采用 SPSS17.0 和 Amos21.0。

（二）变量

1. 因变量

本文的因变量是收入和财富分配的公平感。在 2014 年武汉市社会综合状况调查的问卷中，让被访者评价我国收入及财富分配公平程度如何所列选项为："非常不公平""不太公平""比较公平""非常公平"和"不好说"。为了便于分析对结果进行了重新编码和合并，把比较公平和非常公平选项赋值为 1 = "公平"，把非常不公平和不太公平赋值为 0 = "不公平"。选择"不好说"的被访者一般都不认可正向的选项，但又觉得实际情况比负向的选项结论要好一些。根据实地调查经验，如果再三要求被访者给出明确选项的话，一般都倾向于负向选项。因此把"不好说"编码为 0 = "不公平"。

2. 自变量

性别。性别为核心自变量，且主要研究对女性的影响作用。因此在模型分析时，性别被处理成虚拟变量，女性 = 1，男性 = 0。

教育，在问卷中是以教育程度的方式呈现。考虑到结构方程模型对变量的要求，把受教育程度操作化为受教育年限，其中未上学 = 0，小学 = 6，初中 = 9，高中/中专/职高技校 = 12，大学专科 = 15，大学本科 = 16，研究生 = 19。

教育的经济效应，即社会经济地位具体操作化为收入、职业和单位性质三个变量。收入采用的是被访者个人 2013 年的全年收入，包括工资奖金还有各类投资利润和分红，包含了被访者的隐性收入，能很好地代表被访者的整体收入水平。职业阶层按照国家职业分类与代码表的分类，把职业划分为两个主要阶层。1 = "高级管理人员和中高级技术人员"，0 = "其他从业者"。单位性质中，把 1 = "党政机关、人民团体、军队"，2 =

"国有企业及国有控股企业"，3＝"国有/集体事业单位"，重新编码为1＝"国有企事业单位"，其余的集体企业、私营企业、三资企业、个体工商户等编码为0＝"私有企业"。

教育的非经济效应——对政治信任的影响。政治信任是一个很宽泛的概念，它包含很多层级，既有宏观组织层面的信任，又有微观个体层面的信任。大体来看，政治信任从宏观到微观可以分为政治系统的信任、政治制度的信任、政府官员和公务员的信任。根据问卷问题设计以及本文研究主题的限制，本文选取选拔党政干部的公平程度、政府官员的腐败现象、反腐工作效果三个变量分别代表制度信任、政府官员和公务员信任、政治系统信任考察居民的政治信任水平。选拔党政干部在问卷中以"您认为我国选拔党政干部的公平程度如何？"形式列出，选项分为"非常不公平""不太公平""比较公平""非常公平""不好说"五个等级。在重新编码的过程中，"非常不公平""不太公平""不好说"三个选项编为0＝"不公平"，"比较公平""非常公平"＝1"公平"。政府官员的腐败现象问题设置为"您认为目前我国社会中腐败现象是否严重？"，选项为"很严重""比较严重""不太严重""没有腐败现象""不好说"。选项重新编码为"很严重""比较严重""不好说"＝0"严重"，"不太严重""没有腐败现象"＝1"不严重"。反腐工作效果的问题设置为"您认为目前党和政府的反腐败工作效果明显吗？"，选项设置为"很明显""比较明显""不太明显""很不明显""不好说"。重新编码为"很明显""比较明显"＝1"明显"，"不太明显""很不明显""不好说"＝0"不明显"。

3. 分析路径

本文主要考察教育对居民财富及收入分配的公平感的影响，中介变量为社会经济地位和政治信任，因此采用结构方程模型，共设计三条分析路径。第一条路径分析教育对财富及收入分配公平的直接效应；第二条路径是教育→社会经济地位→财富及收入分配公平；第三条路径是教育→政治信任→财富及收入分配公平。社会经济地位隐变量又由三个显变量——收入、职业、单位性质得出；政治信任隐变量由选拔党政干部公平度、官员腐败现象、党和政府反腐败工作效果三个显变量得出。所有变量缺失值的比例都在2%以下，在纳入结构方程模型前对缺失值都做了替换。教育年限和收入显变量为连续变量，其他分类变量被重新编码为虚拟变量。符合做结构方程模型的基本要求。初步的二元逻辑斯蒂回归模型分析显示人口学变量虽然对财富分配的公平感具有显著作用，但只解释了不到2%的方差。因此为了使分析途径更加清晰，结构方程模型中并没有纳入基本的人口学变量。

四　数据分析结果

数据分析结果共分为两部分，一部分是变量的基本描述性分析，另一部分是结构方程模型。

（一）基本的描述性分析（见表1）

表1　　　　　　　　　　各个变量的描述性分析

变量名称	描述性统计特征
核心自变量	
性别	0＝"男性"（46%），1＝"女性"（54%）
受教育年限	区间介于［0，19］，均值＝10.84，标准差＝4.15
间接效应——社会经济地位自变量	
收入	区间介于［250，160000］，均值＝39682
职业	1＝管理人员和中高级技术人员（18.2%），0＝其他从业者（81.8%）
单位性质	1＝国有企事业单位（28.6%），0＝私有单位（71.4%）
间接效应——政治信任自变量	
选拔党政干部	非常不公平（14.8%），不太公平（37.8%），比较公平（28.7%），非常公平（2%），不好说（16.7%）
腐败现象	很严重（39.5%），比较严重（41.9%），不太严重（12.2%），没有腐败问题（0.1%），不好说（6.3%）
党和政府反腐败效果	很明显（29.8%），比较明显（45.1%），不太明显（17.7%），很不明显（1.6%），不好说（5.8%）
因变量	
财富及收入分配公平度	非常不公平（18.8%），不太公平（44.3%），比较公平（27%），非常公平（1.9%），不好说（8%）

由表1可以看出，被访者最基本的性别构成。男性占46%，女性占54%。接收访问的女性总体多于男性。职业变量中，武汉市居民的平均受

教育年限为 11 年，相当于高中二年级水平。其中，只有不到 1/5（18.2%）的人从事着管理和中高技术的工作，基本上可以被划为社会的中上阶层，其他从业者从事着中低层次的工作。职业结构基本上可以被描述为上窄下宽的金字塔形。在国有企事业单位工作的从业者比中高技术和管理人员从业者的比例稍微大一些，占到了 28.6%。

关于政治信任的三个变量，有一半以上（52.6%）的被访者认为选拔党政干部是不公平的，有 28.7% 的居民认为比较公平，只有 2% 的人认为非常公平。另外还有 16.7% 的人选择了"不好说"选项，根据当时实地调查的经验，选择该选项的被访者大多对涉及政治的题目比较谨慎。因此在处理变量时，把"不好说"归为"不公平"。当问及整个社会腐败问题时，39.5% 的人认为腐败现象很严重，另有 41.9% 的人认为比较严重。只有 12.2% 的人明确表示腐败现象不严重或者不太严重，在可以容忍的范围内。虽然社会的腐败现象很严重，但党和政府反腐败的一系列政策也让民众看到了国家的决心和成效，接近一半（45.1%）的被访者表示反腐败工作效果非常明显，另有 17.7% 的人认为反腐败工作成效不够明显，还需继续努力。只有 7.4% 的被访者表示反腐败工作没什么成效。

当问及整个社会财富和收入分配是否公平时，有 18.8% 的人表示非常不公平，44.3% 的人表示不太公平，只有 28.9% 的人表示财富分配比较公平，自己的付出得到了平等的回报（见表1）。

表 2　　女性样本中教育程度与政治信任及财富分配各变量交叉分析 单位:%

受教育程度	选拔党政干部		腐败现象		反腐效果		财富分配	
	公平	不公平	严重	不严重	明显	不明显	公平	不公平
小学及以下	25.5	19.3	21.6	28.8	20.3	28.1	28.6	19.9
初中	28.4	25.4	26.3	30.1	27.9	24.2	27.0	26.7
高中/中专/职高技校	28.7	26.6	27.3	29.5	28.0	27.0	28.3	27.5
大学及以上	17.4	28.7	24.8	11.6	23.8	20.6	16.0	25.9
合计	100							

表 2 是只针对女性样本所做的受教育程度与各主要变量间的交叉分析。结果显示：认为党政干部选拔程序公平的女性中，高等学历层占比是最少的，仅有 17.4%，认为不公平的接受过高等教育的女性占比最多，

占到了 28.7%。认为当今腐败现象比较严重的被访者中女性各学历层次比例差别不大，认为腐败现象不严重的高学历女性的比例是最少的，只有11.6%。对于反腐败效果的评价，认为明显的比例最高的是高级中等学历层，占到了 28%。同时认为反腐效果不明显的也是高中及同等学历群体，占到了 27%。关于财富分配选项，认为财富分配公平的女性中，只有16%的人接受过高等教育。认为财富分配不公平的几个教育层次群体的比例相当。可见，随着女性越来越多地走出家门参加工作，她们对社会现象和社会公平正义都有自己的见解和认知。学历越高的女性的政治信任度越低。

（二）教育与财富分配公平感性别差异的结构方程模型（见表3)

表3　　　教育对财富分配公平影响性别差异的二元逻辑斯蒂回归模型

	全样本	女性样本	男性样本
受教育年限	−0.048*	−0.048	−0.042
	(0.020)	(0.026)	(0.032)
性别	0.095		
	(0.127)		
年龄	−0.012***	−0.007	−0.016*
	(0.005)	(0.007)	(0.007)
地域	−0.145	−0.132	−0.174
	(0.142)	(0.202)	(0.201)
干部选拔公平	1.694***	1.769***	1.615***
	(0.126)	(0.168)	(0.190)
腐败现象	0.365*	0.406	0.308
	(0.176)	(0.222)	(0.294)
反腐效果	0.362*	0.262	0.480
	(0.155)	(0.203)	(0.246)
常量	−0.836*	−0.938	−0.749
	(0.395)	(0.496)	(0.602)
N	1542	819	723
pseudoR^2	0.160	0.175	0.136

说明：括号内为标准误；$^+p<0.10$，$^*p<0.05$，$^{**}p<0.01$，$^{***}p<0.001$。

　　表3是教育对财富分配公平感的二元逻辑斯蒂回归,表中三列分别是全样本模型、男性样本模型和女性样本模型。从全样本中可以得知,初步看来男性和女性的财富分配公平感没有太大差异。因此"假设1.1:教育本身能够对收入和财富分配公平的感知产生直接作用,受教育程度越高的人越认为收入和财富分配不公平,且没有性别差异"。没有通过验证。教育程度与财富分配公平感呈负相关,受教育年限越长的人财富分配公平感越低。全样本模型中,干部选拔公平、腐败严重度、反腐效果都能影响人们对财富分配公平感的判断。在男、女分样本模型中,教育的效果不再显著。只有干部选拔公平还依然显著地作用于男性/女性对财富分配公平的评价(见表4)。

表4　　　　　　　　　　　结构方程模型回归结果

变量			非标准化系数	S. E.	C. R.	P
社会经济地位	<---	受教育年限	2091.145	344.786	6.065	***
政治信任	<---	受教育年限	-0.003	0.001	-3.654	***
收入	<---	社会经济地位	1.000			
职业	<---	社会经济地位	0.000	0.000	5.922	***
单位性质	<---	社会经济地位	0.000	0.000	5.661	***
反腐败效果	<---	政治信任	1.000			
腐败现象	<---	政治信任	1.725	0.404	4.267	***
党政干部选拔	<---	政治信任	5.312	1.208	4.397	***
财富分配公平	<---	社会经济地位	0.000	0.000	-1.844	0.065
财富分配公平	<---	受教育年限	0.006	0.004	1.333	0.183
财富分配公平	<---	政治信任	3.907	0.877	4.456	***

　　说明:*** $p < 0.001$。

　　结合表4可以得出,结构方程模型的第一条路径——受教育年限对财富分配公平感直接影响作用没有得到验证。结构方程模型的第二条路径,教育→社会经济地位→财富及收入分配公平前半部分通过了方程证明,教育能显著提升人们的社会经济地位,或者说高学历人群大多能获得较高的社会经济地位。从社会经济地位到财富与收入分配公平的数据统计不显著说明:人们自身社会经济地位的高低并不能影响他们对财富分配公平的判断。同属某一社会经济地位阶层的人,在财富分配公平度的感知上并不具有同质性。较高的社会经济地位并不代表人们评价财富分配公平时会以自我利益为中心，进而维护现有有利于自身的财富分配制度。较高的学历层次使人们掌握了更多的知识和技能，使他们能够突破自身社会经济阶层的限制，看待所生活的社会时也更具批判精神。①

第三条路径，教育→政治信任→财富及收入分配公平得到了结构方程模型的验证。教育显著（$p<0.001$）地影响着人们的政治信任水平，教育年限每增加一年，人们的政治信任水平下降0.18个单位。政治信任的高低也在很大程度上影响着人们对社会财富和收入分配公平的评价，二者的回归系数达到了0.51。政治信任水平越高的人，就越认可现有的社会财富分配制度。政治信任水平每提高一个单位，财富分配公平感相应提升0.51个单位。对政治信任变量贡献最大的显变量是党政干部选拔公平，回归系数高达0.72。可见对政府代理人——公务员选拔程序公平度的认知在很大程度上影响着人们的政治信任水平。这里面隐含着人们通过相信干部选拔程序的公平，相信政府会营造一个公平竞争的社会发展秩序，老百姓都有通过自身努力实现向上层社会流动的可能性。在这种情况下，即便存在着社会阶层的分化和贫富差距的拉大，人们也都认为是公平的（见表5）。②

表5　　　　　　　　　　**女性样本结构方程模型回归结果**

变量			非标准化系数	S. E.	C. R.	P
社会经济地位	<---	受教育年限	1352.112	177.317	7.625	***
政治信任	<---	受教育年限	-0.002	0.001	-2.211	0.027
收入	<---	社会经济地位	1.000			
职业	<---	社会经济地位	0.000	0.000	6.330	***
单位性质	<---	社会经济地位	0.000	0.000	6.183	***
反腐败效果	<---	政治信任	1.000			
腐败现象	<---	政治信任	1.554	0.487	3.188	0.001
党政干部选拔	<---	政治信任	5.374	1.695	3.171	0.002
财富分配公平	<---	社会经济地位	0.000	0.000	-0.937	0.349

---

① 怀默霆：《中国民众如何看待当前的社会不平等》，《社会学研究》2009年第1期。李骏、吴晓刚：《收入不平等与公平分配：对转型时期中国城镇居民公平观的一项实证分析》，《中国社会科学》2012年第3期。

② 谢宇：《认识中国的不平等》，《社会》2010年第3期。

续表

变量			非标准化系数	S. E.	C. R.	P
财富分配公平	<---	受教育年限	0.001	0.005	0.223	0.823
财富分配公平	<---	政治信任	3.827	1.120	3.419	***

说明：*** $p < 0.001$。

表 5 列出了女性样本结构方程模型的回归结果。可以发现社会经济地位中介变量和受教育年限变量依然对人们的财富分配公平感不产生显著影响。受教育年限对政治信任中介变量影响的显著性有所下降（见表 6）。

表 6　　　　　　　　　　　**男性样本结构方程模型回归结果**

变量			非标准化系数	S. E.	C. R.	P
社会经济地位	<---	受教育年限	3567.668	774.547	4.606	***
政治信任	<---	受教育年限	−0.005	0.002	−3.087	0.002
收入	<---	社会经济地位	1.000			
职业	<---	社会经济地位	0.000	0.000	4.316	***
单位性质	<---	社会经济地位	0.000	0.000	4.256	***
反腐败效果	<---	政治信任	1.000			
腐败现象	<---	政治信任	1.505	0.428	3.515	***
党政干部选拔	<---	政治信任	3.950	1.105	3.576	***
财富分配公平	<---	社会经济地位	0.000	0.000	−1.814	0.070
财富分配公平	<---	受教育年限	0.019	0.009	2.168	0.030
财富分配公平	<---	政治信任	3.185	0.887	3.593	***

说明：*** $p < 0.001$。

由表 6 可以看出，男性样本中受教育年限对财富分配公平感也具有显著影响效应，这一变量在全样本模型和女性样本模型中都不显著。说明随着受教育程度增加，人们逐渐具备较强的分析和思考社会不平等的能力，并能意识到社会中的不公平现象并做出自己的判断。此外，社会经济地位中介变量对男性财富分配公平感的影响效应也要比女性强得多。因此，"假设 1.2：教育通过社会经济地位中介变量影响人们收入和财富分配的公平感，受教育程度越高的人越倾向于认为财富分配是不公平的，且没有性别差异。"没有通过验证。"假设 1.3：教育通过政治信任中介变量影响人们收入和财富分配的公平感，受教育程度越高的人政治信任水平越低，越倾向于认为财富分配是不公平的，且没有性别差异。"得到验证（见表 7）。

表 7　　　　性别样本模型受教育年限和财富与收入分配公平路径分析

自变量	因果效应	路径	是否显著（男）	是否显著（女）
教育	直接效应	教育→财富分配公平	显著	不显著
教育	间接效应	教育→社会经济地位→财富分配公平	不显著	不显著
教育	间接效应	教育→政治信任→财富分配公平	显著	显著

综合比较男性和女性样本中，教育对财富分配公平感的三条路径可以发现，对女性财富分配公平感产生影响呈现的因素仅有政治信任路径，而对男性财富分配公平感产生影响的还有教育本身的直接效应。假设 1.2 得到验证。

五　结论及讨论

转型期我国贫富差距的拉大以及财富积累马太效应的出现，引起了学者对于人们财富分配公平感的担忧。财富分配平等与否是人们对社会财富再次分配状况的测量，公平与否则是人们对于分配结果的主观判断。对社会稳定起着决定作用的是人们对于公平的感知。先前社会发展的经验使人们形成了这样一种心理预设，即越是生活在下层的人们越会产生对现有财富分配制度的不满，那些享受着既有分配制度所带来福利的优势阶层则极力认可并维护现有的分配法则。然而，针对转型期中国的研究则得出了完全相反的结论。即使改革开放后的中国贫富差距日益扩大，基尼系数超出国际警戒线，中下层老百姓却对现有分配制度并没有表示出太多不满，反而是受过良好教育、生活富足的中上层人士对社会公平的负面评价令人担忧。在这种社会大环境下，女性对财富分配公平感是否也产生和男性一样的评价和判断？虽然女性的教育回报率高于男性，平均月收入却比男性低 2024 元，也存在着财富分配不公平问题。女性对财富分配公平感的判断本身也是对自身财富获取是否公平的一种评判。从女性对这个问题的态度可以看出女性是否具有一些性别意识。

本文用全样本和性别分样本三个模型分析了教育影响人们财富和收入分配公平感的三条路径，以考察教育对分配公平感产生作用的直接和间接效应。教育的间接效应又分为社会经济地位提升效应和道德教化效应两种类型。教育的社会经济地位效应表现在社会经济地位中介变量上，道德教化效应则重点放在教育对人们政治信任水平的影响上。

在全样本模型中,受教育本身能够影响人们对于财富分配公平的感知。受教育年限越长,人们财富分配的公平感越弱。但在男女的分样本中,教育自变量的直接影响效应则不再显著。在分样本中可以发现,女性如果觉得干部选择比较公平,则她们也会认为国家的财富分配比较公平。这一结论在男性样本中同样适用,两性之间并无差异。在教育通过社会经济地位和政治信任发挥间接作用的两条路径的分析中,教育带来了女性社会经济地位的绝对提升,但较高的经济收入和地位并不能影响女性对于社会财富分配公平感的判断,即无论女性社会经济地位如何,她们对于财富分配公平感的评价是一致的。教育则能通过政治信任的间接路径影响女性的财富分配公平判断。女性对于政治的信任程度越高,她们的财富分配公平感就越强。男性样本的结论同样如此。唯一的不同是,社会上的腐败现象和党政干部选拔是否公平是决定着男性政治信任程度的主要因素,这两个因素对女性的影响则并不特别明显。

基于两性之间财富分配公平感的差异可以发现,由于社会角色分工的差异,男性依然受传统"学而优则仕"思想的影响,也更关心国家的政策和政治状况。如果他们认为社会上的腐败现象不严重,国家的党政干部选拔比较公平,他们就会具有较高的政治信任程度,进而比较认可财富分配比较公平的言论。相比而言女性的政治敏感性则较弱。虽然新中国成立后女性地位有了较大提升,中国女性参加工作的比例位居世界前列,但近两年女性占据职业高位的比例有所减少,整体的社会地位也略有下降。再加上自古以来男主外女主内传统思想的影响,女性对国家政策和国家事务的关注度并不高。

社会给予女性受教育者的回报使之得以享有经济地位上的优势,能突破自身社会阶层的局限表达她们对整个社会问题的不满,推动锻造社会公平制度的进程。另外,从女性对财富分配公平感的评价来看,女性对社会现象和社会问题也有自己的关注和思考。只是女性对跟政治有关的内容关注度较低,社会现象的思考和批判能力还有所欠缺,这也跟女性普遍受教育程度低于男性,没有形成跟独立社会角色相匹配的独立思维有关。要有效提升女性对社会事务的感知度,不仅要从根本上进一步解决女性的受教育问题,更要有一系列完善的制度保障女性职业晋升通道的顺畅,打破玻璃天花板和性别歧视,真正实现工作场域中的两性平等。

女童保护教育中的女性参与及角色发挥

李国和　汪炯汝[*]

一　女童性侵——一个沉重的社会问题

儿童是祖国的未来，是社会保护的特殊群体。然而，近年来儿童性侵案尤其是女童性侵案频频发生，已成为一个沉重的社会问题。据中国少年儿童文化艺术基金会女童保护基金和北京众一公益基金会共同发布的调查报告统计，[①] 2013 年至 2018 年 6 年，历年媒体公开报道的 14 岁以下儿童被性侵的案例分别是 125 起、503 起、340 起、433 起、378 起、317 起（见图 1），遭遇性侵人数中女童超九成。2018 年被曝光的性侵儿童案件 317 起，其中女童遭遇性侵人数为 718 人，占比为 95.74%。因此，在很大程度上，儿童被性侵主要是女童被性侵（媒体公开报道的男童被性侵案例少，男童被性侵同样也不可忽视）。

这些数据还仅仅是基于公开曝光、报道的数据。事实上，由于诸多主客观因素的影响（尤其是人们对是否该曝光性侵女童现象存在的疑虑心理），我国儿童受侵害的现象远不是目前披露的数据所能完全展现的，大部分的性侵儿童案例实际难以被公开，从而被曝光案与实际发生案存在相当大的差距。民政部社会事务司救助管理处处长倪春霞称，"从我们了解的情况看，公开曝光的真的只是冰山一角，而且农村受害人群会更多"。著名犯罪心理学专家、中国人民公安大学王大伟教授研究进一步指出，儿

---

* 作者简介：李国和，贵州财经大学公共管理学院，教授。汪炯汝，贵州财经大学公共管理学院，在读研究生。

① 中国少年儿童文化艺术基金会女童保护基金、北京众一公益基金会：《"女童保护" 2018 年性侵儿童案例统计及儿童防性侵教育调查报告》，2019 年 3 月 2 日。

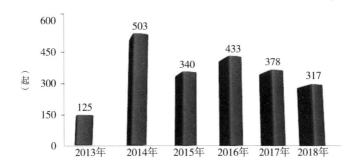

图 1 近 6 年曝光性侵儿童案例统计情况

说明：2013—2017 年为 14 岁以下儿童被性侵案例数量，2018 年为 18 岁以下儿童被性侵案例数量。

资料来源：中国少年儿童文化艺术基金会女童保护基金、北京众一公益基金会：《"女童保护" 2018 年性侵儿童案例统计及儿童防性侵教育调查报告》，2019 年 3 月 2 日。

童性侵害案件，尤其是针对中小学生的性侵害，其隐案比例达到 1：7。[1] 换言之，1 起性侵儿童新闻的曝光，意味着可能有 7 起案件实际已经发生。

女童性侵无论是城市儿童还是农村儿童，均存在被性侵的风险，农村留守女童发生被性侵的案例尤为突出，引起社会广泛关注。尽管我国法律对此类行为的惩罚力度在不断加大，社会也纷纷表示愤慨与谴责，但是儿童被性侵害的现象仍未能得到有效遏制。贵州省作为经济落后的边沿省份，随着我国改革开放的不断深化和城镇化进程的迅猛推进，不少父母纷纷外出务工，从而给留守女童遭受性侵害埋下了隐患，增加了留守女童遭受性侵害的风险。近年来，被曝光的留守儿童尤其是女童被性侵现象发生也较多。贵州省毕节市一名村小学语文老师，2012—2014 年的两年时间里，利用职务之便，先后强奸了至少 12 名儿童女学生，年纪最小者才 8 岁。受害女生大部分是留守儿童，家长常年在外打工。[2] 这类事件的频频发生，不但使留守女童本人的身心健康受到了极大的伤害，而且给留守女童的整个家庭造成了深深的灾难，还严重地影响了农村的和谐与稳定，已

---

① 新华网：《儿童性侵现状调查：三年被曝光 968 起案件》，新华网，2016 年 6 月 6 日。

② 刘刚：《贵州毕节教师强奸案至少 12 人受害多为留守儿童》，《新京报》2014 年 4 月 30 日。

然成为一个十分严峻的社会问题。①另外，2019 年 6 月，贵州毕节 "孤儿院女童疑被性侵" 的消息在网上被炒得沸沸扬扬，虽然最终被确证为造谣事件，但造谣者竟然以儿童性侵为噱头造事引起社会轰动，在受到社会谴责的同时也着实敲响了警钟，从反面说明女童性安全已经成为一个全民关注的沉重的社会问题。

二 "女童保护" 教育——亟待普及的社会行动

女童性侵问题的因素很多，既有传统文化心理模铸的影响，也有社会道德沦丧致使道德底线崩溃以及法律难以打击等的窘境，而儿童性教育尤其是女童防性侵保护教育的缺位则是不可忽视的重要原因。② 尽管近 20 年来，我国城乡教育制度和内容发生了巨大变化，儿童性教育问题理应受到家庭、学校和社会的重视。然而，长期以来青少年儿童性教育仍然是家庭、学校和社会都在逃避的问题，结果使儿童性安全教育陷入 "家庭不提、学校不教、社会不管" 的尴尬境地。目前我国缺少自上而下的儿童性教育、防性侵安全教育权威教案和标准，各级学校尤其是中小学也无从着力对学生进行针对性的公开系统的性教育，在农村学校，几乎更难有正规、系统的性健康安全、防性侵知识教育。家长作为女童的监护人，本应负担起女童性教育、防性侵安全教育的重要责任，然而家庭父母本身的观念意识及知识局限也使得难以对家庭女童开展必要的性安全与保护教育。在农村家庭，家长对这方面的知识大多是一知半解，加上羞于启齿的性知识和父母长期外出打工导致与父母几乎处于 "分离" 状态，大部分农村女童不具有自我保护意识和科学的性健康知识，性教育滞后与自我保护意识缺乏，其性知识认知主要来源于网络、电影电视等大众媒体和同龄伙伴，留守女童受侵害的危险性相对更大。在 "女童保护" 调查的 16152 位家长中，③ 42.05% 的人能从孩子言行中判断其是否受到性侵害，

① 钟昭会：《农村留守女童性安全保护研究》，《贵州大学学报》（社会科学版）2016 年第 6 期。

② 周玲：《性侵幼女犯罪之成因及其防范》，《政法学刊》2013 年第 6 期。

③ 中国少年儿童文化艺术基金会女童保护基金、北京众一公益基金会：《"女童保护" 2018 年性侵儿童案例统计及儿童防性侵教育调查报告》，2019 年 3 月 2 日。

50.05%的人不确定能不能，7.90%的人不能。同时，仅有37.35%的家长在日常生活中经常对孩子进行防性侵安全教育，22.91%的家长从来没有进行过，其余39.75%的家长偶尔进行过两三次。不对孩子进行防性侵教育的原因，48.42%的家长认为不知道如何进行，32.08%的家长认为孩子还小应该等她们长大一点，13.58%的家长认为学校会进行教育，2.74%的家长认为会"教坏孩子"，3.18%的家长认为这个话题"难以启齿"。此外，社会也缺少相应的专门机构（来自社区的或社会的公益组织）为女童开展防性侵安全方面的教育。在女童保护教育尤其是性保护教育方面，贵州的情况尤其薄弱，特别是农村民族地区。严峻的现实告诉我们，女童保护教育是一项亟待普及的社会行动。

为普及、提高儿童防范意识，保护儿童，远离性侵害，全国各地百名女记者于2013年6月1日联合京华时报社、人民网、凤凰公益、中国青年报及中青公益频道等媒体单位发起"女童保护"公益项目，在全国各地反铺开。2015年12月，贵州财经大学与中国少年儿童文化艺术基金会合作，成立"花蕾护航·女童保护"志愿服务团队，2016年5月启动"花蕾护航·女童保护"项目，针对在校中小学生及家庭性保护意识淡薄的现象，组织志愿团队定期通过集中宣讲、案例分析、发放宣传手册、服务关爱等方式在全省范围内开展"女童保护"儿童安全教育活动，普及、提高儿童防范意识，保护儿童，远离性侵害。目前，贵州财经大学"女童保护"项目团队先后走过了包括贵州省14个深度贫困县在内的纳雍、剑河、台江等54个区县、乡镇，开展了309场讲座，走进了213所学校，为31719名儿童、200名家长讲授防性侵知识，参与志愿者达1000余名，其中授课讲师70余名，开展的服务主要包括防性侵公益现场讲座、问卷调查、服务咨询、困难帮扶和法律援助。

三 "女童保护"教育中的女性参与及其角色发挥

"花蕾护航·女童保护"教育项目的受众主要是在校学生，也包括家人和当地社区居民、村民。女性是项目活动的主要参与者：一是志愿者是实施教育与服务的主体，参与的志愿者基本90%以上是女性，其中包括70余名通过自愿报名及集中甄选产生的授课讲师，全部是女性。二是除活动受众的儿童学生外，不少家长也自觉参与到了活动中，参与的家长中绝大多数也是女性。

女性参与具有一些明显的性别优势。就参与活动的志愿者而言，相比男性，女性参与在表达、情感交流、身体互动等方面具有显著优势。作为社会中的"弱势群体"，女性自身所具有的性安全与保护心理以及情感特质使她们对问题有更切身的理解，更乐于与受众沟通交流，直接表达自己的真实体会与预防性侵的方法，受众也更愿意亲近教育者从而愿意接收教育者的教育，建立良好的合作关系，充分保护学生的隐私，维护学生的尊严。女性尤其具有更好的语言表达能力（如用词和语调方面）和身体姿势运用能力，她们更能体谅受众学生并用学生可以接受的语言与身体姿势与其交流，将深奥的道理深入浅出地表述清楚，确保教育效果。在对贵州财经大学"花蕾护航·女童保护"项目所走过 213 所学校 1000 余名参与受众及志愿者的一项问卷调查中，也印证了这一点。

女性参与也发挥了十分重要的主导作用，其角色主要体现在如下方面。

参与者与觉醒者。活动不仅吸引了众多的志愿者参与（这些志愿者既有来自该校各学院、各部门的教职工和学生包括本科生、研究生，也有各个专业领域的教授、博士），而且吸引了当地不少家长和热心"女童保护"教育的社会人员参与。众多的女性参与反映了女性性别意识与权利维护观念的增强，也促进了女性自身的进一步觉醒。访谈调查中，在被问到"你为何参与这个项目活动？"时，受访的女性志愿者表示："我参与，既是呼唤社会对女性性权利的尊重以及我们女性自身的觉醒、对当前我国社会对女童性侵现象的高度重视，也是希望更多的学生与家长增强性安全与防范意识，对'性侵'行为说'不'"①。授课的剑河县城关第一小学一名学生在课后给志愿者留言："老师，感谢你们给我们教授'安全保护'的知识，我们会保护好自己。我们会好好学习，考上好大学，长大后也能像你们一样做有意义的事"。

分享者与传播者。女性参与实际上也是彼此的思想分享交流与传播，活动中，参与女性通过课堂讲授、QQ 群、微信群以及小组讨论等多种形式，彼此之间能增加共识。社会工作专业志愿者授课讲师毛教授在分析参

① 文中所涉及调查受众的问卷问题，皆来自贵州财经大学"花蕾护航·女童保护"项目组访谈资料，下同。

与的感受时说："我是法律专业的，也是社会工作专业的。参加这个活动，我既是在向受众学生与家长传播性安全与性侵防范方面的知识方法，也是在与大家一起分享彼此的经验与做法，这对我自己也是一个很好的教育，我们想通过努力，将一些常识传递给孩子、家长乃至社会大众，让大家一起对性侵害'勇敢说不'，共同提高理性防范的能力。"

教育者与使能者。女性参与能发挥教育者和使能者的角色，通过与学生互动、提问、情景模拟、现场教学环节，将防性侵知识传递给每一个纯真的儿童，引导孩子们了解自己身体的隐私，教孩子们学习如何识别哪些行为属于性侵害、应该如何防范性侵害、遇到性侵时该怎么做、被性侵害后该做什么等知识，保护儿童远离性侵害。尤其重要的是促进儿童及家长帮助自己解决问题能力的提升，实现"助人自助"。法律专业的志愿者韩博士认为，"我们有必要告诉孩子，虽然身边绝大多数是好人，但不论年龄、性别、职业，也不论是熟人还是陌生人，一旦有人做出不正常的举动，就要及时防范和应对"。

四　反思与建议

"花蕾护航·女童保护"教育项目实施以来，受到了学校师生、家长和社会的广泛好评，取得的效果是明显的，体现了女性特有的性别优势与角色发挥。总的来说，达到了预期的目标。然而也有值得反思与进一步完善之处。

参与性别需要进一步平衡。就参与者的性别来说，活动中参与的女性占绝大多数，男性参与相对较少，尤其是参与的志愿者和当地学生家长。如前所述，这固然有女性特有的优势以及某些客观的因素。然而，男性的"缺场"很容易造成女性的"性别孤岛"，难以唤醒男性在防性侵教育问题上的意识与对等责任。做好儿童防性侵教育，需要所有人的共同参与和努力。因此，也需要调动志愿者、家长和社区（乡村）居民中的男性参与。

服务内容需要进一步拓展。"花蕾护航·女童保护"项目服务内容主要是针对在校中小学生及家庭性保护，采取现场集中授课等方式开展教育培训，内容相对单调，深度服务及实务干预不够，容易使活动限于"任务导向"，而性安全与防御意识的培养是需要"过程导向"的。因此，需要加强该项目的全方位服务内容尤其是后续跟踪服务，以增强项目的长效性。

工作模式需要进一步优化。"女童保护"教育是一个牵涉面较广、复杂的、长效的项目，需要学校、家庭及社会等诸多领域与部门的通力合作，也需要专业性的团队与教育及服务。目前"花蕾护航·女童保护"项目在工作模式上仍需要进一步优化，强化与学校、家庭、社区及社会相关部门（如妇联、女童关爱机构等）的合作，把宣传教育、服务关爱与实务干预有机结合起来，形成以学校主导、多方协作、共同推进的长效宣传教育格局。同时，"女童保护"教育也是一项专业性的公益教育与服务项目，需要专业的培训与服务者，正如"女童保护"主要发起人孙雪梅所言，"公益应从善良走向专业"①。因此，增强志愿者团队的"专业化"程度，鼓励与甄选尤其是法律、社会学、心理学、公共医学、社会工作等与女童性保护教育相关的专业讲师与服务人员（包括男性）参与，才能使"女童保护"教育获得更广泛的性别参与和更高质量的服务效果。

---

① 孙雪梅：《公益应从善良走向专业》，《中国记者》2015 年第 2 期。

影响民族女性追求高学历的因素和路径

——基于 2014 年 CEPS 调查数据的实证分析

宋阿沛　任重远[*]

一　引言

　　教育期望是社会学、心理学、教育学、经济学领域共同关注的研究主题。它是一种激励性的心理动机，可以激发青少年在学业上的积极性，提升其学业持久性。[①] Sewell 在布劳-邓肯地位获得模型[②]基础上构建的威斯康星模型，认为教育期望作为重要的社会心理因素，独立于社会经济地位等其他变量，对学生的教育获得具有较强的影响力。[③] 它是多种因素综合作用的结果，其中包括"个人因素"（智力水平和学业表现）、"家庭因素"（家庭社会经济地位和父母对子女的期望和鼓励）以及"学校因素"（教师的鼓励和同伴的影响）等。这些因素或直接、或通过某种路径间接影响着青少年的教育期望。[④] 强调教育期望是父辈地位影响子女教育及地位获得的关键中介变量之一。[⑤] 在以后的研究中，教育期望被认为是预测

　　* 作者简介：宋阿沛、任重远，厦门大学社会与人类学院博士研究生。

　　① W. Fan, Wolters C. A. School Motivation and High School Dropout：The Mediating Role of Educational Expectation, British Journal of Educational Psychology, 2014, 84（1）.

　　② Blau, P. M., & Duncan, O. D. The American Occupational Structure. New York：John Wiley and Sons, 1967.

　　③ W. H. Sewell, Hauser R. M., K. W. Springer, Hauser T. S., 2003, As Our Age：A Review of the Wisconsin Longitudinal Study, 1957-2001, Research in Social Stratification and Mobility 20.

　　④ 朱晓文、韩红、成昱萱：《青少年教育期望的阶层差异——基于家庭资本投入的微观机制研究》，《西安交通大学学报》（社会科学版）2019 年第 4 期。

　　⑤ W. H. Sewell, Haller A. O., A. Portes. The educational and early occupational attainment process, American Sociological Review, 1969, 34（1）.

个体教育获得最直接、有效和稳定的变量，[①] 许多学者针对影响教育期望的变量及其运作机制进行了更加深入的分析。

本文使用"中国教育追踪调查"2014 年调查数据，从民族、性别这一原生变量出发，探讨影响个体教育期望的家庭学校教育环境和家校关系对学生教育期望的影响，并反思重叠影响域理论，分析性别、民族对教育期望的复杂、多重的影响过程。并综合我国国情解释这一过程得以实现的社会认知和社会基础。

二　文献综述与研究假设

学界的先行者探究了社会出身、家庭背景、城乡差异等先赋性因素对教育获得的影响，也从教育过程入手考察了后天因素的影响，分别从专业选择、班级效应、选拔招生路径、考核评价体系等方面探究教育成就的变化。

（一）　国内外教育期望研究

国外对影响教育期望的变量研究由来已久。早在 20 世纪 50 年代，威斯康星学派基于美国高年级学生对大学教育计划的调研数据对影响教育期望的变量进行了研究。[②] 不同社会经济地位的儿童在上大学的期望上差异明显。[③] 教育期望是基于阶级的自我选择。[④] 教育期望的城乡差异很大程

---

① C. Rothon, Arephin M., E. Klineberg, Cattell V., S. Stansfeld., *Structural and Socio-psychological Influences on Adolescents' Educational Aspirations and Subsequent Academic Achievement*, *Social Psychology of Eduedtion*, 2011, 14 (2).

② Sewel, Wiliam H. and Vimal P. Shah. "Socioeconomic Status, Inteligence, and the Atainment of Higher Education." *Sociology of Education*, 1967, 40 (1): 1-23. W. H. Sewell, HALLER A. O., A. Portes. *The Educational and Early Occupational Attainment Process*, *American Sociological Review*, 1969, 34 (1).

③ Sewell, Wiliam H., Robert M. Hauser, Kristen W. Springer, and Taisa S. Hauser, "As Our Age: A Review of the Wisconsin Longitudinal Study, 1957-2001." *Research in Social Stratification and Mobility*, 2004, 20: 3-111.

④ Swartz D., *Culture and Power: The Sociology of Pierre Bourdieu*, Chicago: The University of Chicago Press, 1997.

度上来源于城乡家庭的社会经济地位差异。① 个人的自尊和心理困扰等作为社会心理变量对教育期望的作用被证明是重要的。② 高社会经济地位的父母通常对子女有更高的教育期望，③ 是因为父母可以从自己受教育经历中充分认识到教育的重要性并对子女的教育给予更多的投入，从而产生更高的教育期望。④ 教育期望不仅蕴含着家长对子女的精神鼓励和学业要求，还会转化为对实现子女教育期望的实际支持行动。⑤

　　"科尔曼报告"（coleman report）指出，学校的阶层构成是影响学生的学习成绩的最主要因素之一。"文化资本"则将学校教育视为制度性以及身体性文化资本的生产过程。⑥ 各类学校活动作为中间机制在其教育期望和学业成就之间发挥作用。⑦ 学校实际上存在家庭层面"偏见"的，中产背景的价值观念以及行为模式由于与学校教育的过程更契合而更易获得学校及老师的认可和特殊帮助。⑧ 爱普斯坦等人以生态学的解释框架和科尔曼的社会资本概念为基础，提出了重叠影响域理论来解释学校、家庭以及社区三方对于学生教育的作用。控制了个人阶层背景的情况下，学校的阶层构成（学生家庭以工人阶级为主还是中产阶级为主）对个体的教育

　　① E. J. Haller, S.J.Virkler., *Another Look at Rural-nonrural Differences in Students' Educational Aspirations*, *Journal of Research in Rural Education*, 1993, 9 (3).

　　② Alice Sullivan, *Anthony Heath and Catherine Rothon*, *Equalisation or Inflation? Social Class and Gender Differentials in England and Wales*, *Oxford Review of Education*, Vol. 37, No. 2, *Expansion and equity in secondary education*（April, 2011）: 215-240

　　③ K. Goyette, Xie Y., *Educational Expectations of Asian American Youths*: *Determinants and Ethnic Differences*, *Sociology of Education*, 1999.

　　④ M. E. J. Wadsworth, *Social Class and Generation Differences in Pre-school Education*, *The British Journal of Sociology*, Vol. 32, No. 4（Dec., 1981）: 560-582.

　　⑤ P E. Davis-Kean. *The Influence of Parent Education and Family Income on Child Achievement*: *The Indirect Role of Parental Expectations and the Home Environment*, *Journal of Family Psychology*, 2005, 19 (2).

　　⑥ 布尔迪厄：《文化资本与社会炼金术：布尔迪厄访谈录》，包亚明译，上海人民出版社1997 年版。

　　⑦ Beal, S. J., & Crockett, L. J., *Adolescents' Occupational and Educational Aspirations and Expectations*: *Links to High School Activities and Adult Educational Attainment. Developmental Psychology*, 2010, 46 (1): 258.

　　⑧ ［美］巴兰坦：《教育社会学：一种系统分析方法》，朱志勇、范晓慧译，江苏教育出版社 2005 年版。

期望仍有显著的正向影响，即形成了学校环境效应。在控制了足够的学校内部和学生层次的变量之后，学校阶层构成对个体教育期望产生的直接影响变得十分微弱。[1]

在我国，对于教育期望的研究更多集中于教育主体的教育获得[2]和教育制度、教育不公平宏观政策环境领域。[3] 而基于教育期望研究主要通过城乡差异、[4] 地区差异、[5] 地区教育事业的发展水平、[6] 家庭类型、性别偏好、父母的年龄、[7] 职业类型、[8] 教育水平[9]等因素进行考量。家庭社会经济地位越高，家庭对子女的教育期望越高。[10] 但社会阶层并不是影响父母教育期望的唯一因素，生活在农村地区和处于社会底层的父母对子女也持有较高的教育期望。[11]

---

① Meyer, John W., *High School Effects on College Intentions*, *American Journal of Sociology* 76 (1). Nelson Joel I., 1972, *High School Context and College Plans*: *The Impact of Social Structure On Aspirations*, *American Sociological Review*, 1970, 37 (2).

② 段成荣、黄颖：《就学与就业——我国大龄流动儿童状况研究》，《中国青年研究》2012年第1期。

③ 褚宏启：《教育制度改革与城乡教育一体化——打破城乡教育二元结构的制度瓶颈》，《教育研究》2010年第11期；李春玲：《高等教育扩张与教育机会不平等——高校扩招的平等化效应考查》，《社会学研究》2015年第3期；陈金芳、万作芳：《教育治理体系与治理能力现代化的几点思考》，《教育研究》2016年第10期。

④ 黄超：《教育期望的城乡差异：家庭背景与学校环境的影响》，《社会学评论》2017年第5期。

⑤ 吴洁、吴智雄、郑逸芳、许佳贤：《教育期望的地区差异及影响因素分析——基于2013—2014学年中国教育追踪调查数据》，《石家庄铁道大学学报》（社会科学版）2018年第4期。

⑥ 胡咏梅、卢珂：《教育资源投入对学生学业成绩的影响力评价——基于西部地区基础教育发展项目的研究》，《教育学报》2010年第6期。

⑦ 魏勇、马欣：《家长教育期望的影响因素研究——基于CEPS的实证分析》，《教育学术月刊》2018年第7期。

⑧ 杨春华：《教育期望中的社会阶层差异：父母的社会地位和子女教育期望的关系》，《清华大学教育研究》2006年第4期。

⑨ 刘保中、张月云、李建新：《家庭社会经济地位与青少年教育期望：父母参与的中介作用》，《北京大学教育评论》2015年第3期。

⑩ 任撰书、董震：《社会经济地位、家庭文化观念对农村家庭教育期望影响探究——基于2012年CFPS数据》，《统计与管理》2017年第1期。

⑪ 李珊珊、于伟：《农民教育期望——高等教育改革一种可能的阐释》，《河北师范大学学报》（教育科学版）2010年第1期。

　　此外，研究还集中于家庭与学校领域。在高等教育之前的基础教育阶段，家庭作为教育的重要场域之一，可以协助积累文化资本、社会资本等多种资本，并且塑造情商能力以及文艺素养，[①] 以备高等教育中的竞争以及长期发展。[②] 家庭资本投入是青少年教育期望形成分层的重要中介机制，其中文化资本投入的中介作用最强。[③] 父母的家庭收入和教育程度以父母参与为中介机制间接对子女和子女的教育期望产生影响。[④] 加强家庭文化资本建设，是提升子女教育期望与教育成果的重要途径。[⑤] 经常与家长谈论大学的趣闻逸事也有助于提高学生对接受大学教育的期望值。[⑥] 家庭背景通过教育分流机制、文化资本和社会资本影响了子女的教育地位获得。各类资本（经济、文化、社会）投入对教育期望均有显著的积极影响，[⑦] 处于更高家庭社会经济地位中的子女对大学的期望更高，并能促进更多的大学教育获得。[⑧]

　　而我国的学校教育通过教学内容、教学方式等完成学生的能力培养以及知识提升。基于此有学者发现，我国初中学校的阶层分割现象显著影响了学生的教育期望。学校阶层异质性越大，学生教育期望则越高。[⑨] 从班级这一组织设置入手，也可以发现教育期望差异是如何在班级环境的互动

① 许多多：《大学如何改变寒门学子命运：家庭贫困、非认知能力和初职收入》，《社会》2017 年第 4 期。

② 吴愈晓、黄超、黄苏雯：《家庭、学校与文化的双重再生产：文化资本效应的异质性分析》，《社会发展研究》2017 年第 3 期。

③ 朱晓文、韩红、成昱萱：《青少年教育期望的阶层差异——基于家庭资本投入的微观机制研究》，《西安交通大学学报》（社会科学版）2019 年第 4 期。

④ 刘保中、张月云、李建新：《家庭社会经济地位与青少年教育期望：父母参与的中介作用》，《北京大学教育评论》2015 年第 3 期。

⑤ 杨习超、姚远、张顺：《家庭社会地位对青少年教育期望影响研究——基于 CEPS2014 调查数据的实证分析》，《中国青年研究》2016 年第 7 期。

⑥ 杨东平：《从权利平等到机会均等——新中国教育公平的轨迹》，《北京大学教育评论》2006 年第 2 期。

⑦ 朱晓文、韩红、成昱萱：《青少年教育期望的阶层差异——基于家庭资本投入的微观机制研究》，《西安交通大学学报》（社会科学版）2019 年第 4 期。

⑧ 王甫勤、时怡雯：《家庭背景、教育期望与大学教育获得——基于上海市调查数据的实证研究》，《社会》2014 年第 1 期。

⑨ 吴愈晓、黄超：《基础教育中的学校阶层分割与学生教育期望》，《中国社会科学》2016 年第 4 期。

差异以及氛围差异中产生的。① 此外，尚有其他研究则从专业选择、选拔招生路径、考核评价体系等方面探究教育成就的变化。

（二）国内外家校关系、家庭教育研究

目前为止，国内外社会学领域以及心理学领域的学者均有涉及家校关系、家庭教育在教育中的影响。

西方学者自 2011 年以来倍加关注家校关系这一议题，分别就家校关系建立的基础、改善家校关系的方式以及家校关系中合作的优势和存在形式进行了深入探讨。家校关系对于学生产生影响的途径，主要基于学生身份的双重属性。学生既是家庭教育子系统中的一员，又是学校教育子系统的一员。家庭及学校双方的态度、意见和对学生的具体安排都能够成为产生影响的机制。家校关系或许不能直接决定学生未来的教育获得，但是家校关系生成的环境会伴随学生的受教育过程，并具备潜移默化的改变作用。家校关系主要由家庭与学校之间的信息沟通、思想交流来搭建，包括家长参与、家庭教育、亲子关系、家校互动、教育责任意识等内容，是密切家庭、学校以及学生三方的网络。有研究证明，父母和教师之间的信任是建立和维持家庭学校关系的一个重要因素。② 家庭学校环境的契合性有利于减少校园暴力的产生。③ 但移民与本地家庭在家校合作中显示出的差异性④——部分国家有家长不致力于参与改变，教师也不期望家长参与学校活动的现象⑤——不利于促进学生的成长与发展。

在国内，家庭教育环境作为教育环境的基础，是学生成长和发展的家庭生态系统。⑥ 它包括家长对子女的教育期望、家长对子女的教育方式与教

---

① 张阳阳、谢桂华：《教育期望中的班级效应分析》，《社会》2017 年第 6 期。

② Margaritoiu Alina, Simona Eftimie, *Some Issues Concerning School-families Partnership*, *Procedia Social and Behavioral Sciences*, 2011：42-46.

③ I. Teresa, Jiménez, Estefanía Estévez, *School Aggression in Adolescence：Examining the Role of Individual*, *Family and School Variables*, *International Journal of Clinical and Health Psychology*, 2017：8.

④ Blanca L. Delgado-Márquez, M. Ángeles Escudero-Torres and Nuria E. Hurtado-Torres, *Being Highly Internationalised Strengthens Your Reputation：An Empirical Investigation of Top higher Education Institutions*, *Higher Education*, Vol. 66, No. 5（November, 2013）：619-633.

⑤ Yveta Pechá ková, Gabriela Kabešová, Karolína Kuzdasová, Hana Vítková. *Family and School-Partners or Rivals?*, *Procedia-Social and Behavioral Sciences*, 2014：112.

⑥ 丁亚东：《家庭教育、学生成绩与社会再生产》，《当代教育论坛》2018 年第 5 期。

育理念、家长与子女之间的亲子交流情况等等诸多内容。① 对家庭教育的研究主要是以家庭软环境为分析和论证的基础，较多地将其与学校教育、② 家庭沟通、教育支出、教育投资、教育方式等联系在一起。而家庭教育中的文化资本对子女核心素养的获得影响是普遍性的，也是客观性的。③ 家长的文化资本可以通过家庭生活的耳濡目染的方式，使子女能够得到继承。④ 同时，家长自身对家庭教育的重视程度、对学历重要性的认识程度等家庭文化背景及家长的社会态度⑤是影响其教育期望的主要因素。

（三）少数民族群体教育期望的相关研究

国外主要是针对不同少数族裔和少数族裔内部的教育期望在理论和实证方面展开了研究与探讨。传统上有地位获得模型⑥和机会封闭模型来认识影响少数族裔学生教育期望的因素。⑦ 地位获得模型主要揭示了教育期望与社经地位之间的关系，机会封闭模型反映了少数族裔和非少数族裔在教育结果方面的差异与结构化和社会化的障碍相关。之后的研究进一步证明，拥有较高社经地位水平的少数族裔学生一般拥有较高的教育期望，这也部分解释了美国亚裔学生较高的教育期望。当控制人口学和社会经济因

---

① 周皓：《家庭社会经济地位、教育期望、亲子交流与儿童发展》，《青年研究》2013 年第 3 期。

② 孙云晓：《走出学校与家庭教育的合作困境》，《人民教育》2015 年第 21 期；刘利民：《学校教育与家庭教育的边界》，《中国教育学刊》2017 年第 7 期。

③ 张凯：《基于家庭文化教育资本视阈下核心素养的获得途径探析》，《河北工程大学学报》（社会科学版）2018 年第 3 期。

④ 皮埃尔·布尔迪厄：《文化资本与社会炼金术》，包亚明译，上海人民出版社 1997 年版。

⑤ 杨威：《流动儿童家庭教育期望的影响因素探析——基于北京市某区的问卷调查》，《西北人口》2012 年第 2 期。

⑥ Sewell, W. H., A. O. Haller and A. Portes, "The Educational and Early Occupational Attainment Process", *American Sociological Review*, 1969, 34 （1）: 82 – 92. Sewell, W. H., A. O. Hallerand G. W. Ohlendrof. "The Educational and Early Occupational Status Attainment Process: Replication and Revision", *American Sociological Review*, 1970, 35 （6）: 1014–1027. *Duncan Bailey, Charles Schotta: Private and Social Rates of Return to Education of Academicians, The American Economic Review*, Vol. 62, No. 1/2 （Mar. 1, 1972）, 19–31. Patrick M. Horan: *Is Status Attainment Research Atheoretical? American Sociological Review*, Vol. 43, No. 4 （Aug. , 1978）, 534–541.

⑦ Grace Kao, Marta Tienda: *Educational Aspirations of Minority Youth, American Journal of Education*, Vol. 106, No. 3 （May, 1998）, 349–384.

素时，族裔之间的教育期望差别就会减少甚至消失。① 随后学界还出现了关注与教育期望相关的他者因素的威斯康星地位获得模型和关注与教育期望相关的自身因素的理性选择模型。②

不同少数族裔学生的教育期望存在较大差异，亚裔学生和父母要比其他族裔的教育期望高。亚洲和巴基斯坦学生通过强烈的学术自我概念、积极的同伴支持、学校教育的承诺和较高的家庭教育期望来调整个人教育期望。③ 学术语言使用较为流利、主动移民的少数族裔学生及家庭因为较高的社经地位而有较高的教育期望。身份特质④与时代背景影响少数族裔学生的教育期望。更为平等的政治和学校政策等宏观因素会使少数族裔学生有更高的教育期望。⑤

而在少数族裔内部，少数族裔学生教育期望受到个体⑥（能力、成就、注意力、行为和动机）、家庭状况（社经地位、父母教育期望、父母婚姻状况、家庭结构构成）、邻居（角色示范、同伴）、学校（学校质量、项目、同学、教师）和经济（学费和学历回报）的影响。⑦ 少数族裔学生背景和家庭变量以及学校变量共同构成的学生社会资本影响学生的个人感

---

① Eunyoung Kim, Demond T. Hargrove: *Deficient or Resilient: A Critical Review of Black Male Academic Success and Persistence in Higher Education*, The Journal of Negro Education, Vol. 82, No. 3, *The Race Against Time: Preparing Black Students for the Changing Landscape of Higher Education* (Guest Editors: Bryant T. Marks and Karl W. Reid) (Summer, 2013), 300–311.

② Kim M. Lloyd, Kevin T. Leicht and Teresa A. Sullivan: *Minority College Aspirations, Expectations and Applications under the Texas Top 10% Law*, Social Forces, Vol. 86, No. 3 (Mar., 2008), 1105–1137.

③ Jacob, Brian A. and Tamara Wilder. *Educational Expectations and Attainment*, Working Paper 15683, the National Bureau of Economic Research, Cambridge, 2010.

④ Daniel G. Solorzano, *An Exploratory Analysis of the Effects of Race, Class, and Gender on Student and Parent Mobility Aspirations*, The Journal of Negro Education, Vol. 61, No. 1 (Winter, 1992), 30–44. Alejandro Ports, Ruben G. Rumbaut. Legacies: *The Story of the Immigrant Second Generation*, Berkeley, University of California Press, 2001.

⑤ 鲁世林、蒋雅静：《少数族裔学生教育期望影响因素的回顾与启示》，《高教研究与实践》2018 年第 1 期。

⑥ Dennis J. Condron and Vincent J. Roscigno, *Disparities within: Unequal Spending and Achievement in an Urban School District*, Sociology of Education, Vol. 76, No. 1 (Jan., 2003): 18–36.

⑦ Jacob, Brian A. and Tamara Wilder. *Educational Expectations and Attainment*, Working Paper 15683, the National Bureau of Economic Research, Cambridge, 2010.

知以及学生的教育期望，少数族裔学生的个人感知同样影响其教育期望。① 族裔差别、家庭背景对教师期望有着重要影响。②

与国外的研究结果相比，国内研究也存在这一些相似的状况，不同民族学生的教育选择存在不一致。不同民族的家长在学历期望上存在显著差异，与汉族和回族相比，维吾尔族父母对子女学历期望更高。不同民族由于文化背景、宗教信仰、伦理规范等方面的差异，进而产生了不同的看待事物的价值观念，亦会表现在对子女的教育期望水平方面。③

基于上述论述，我们可以看到国外在少数族裔群体与教育期望的关系上已经较为成熟，形成了众多的理论解释框架，在对概念的操作化和在量表的设计上都较为完备，而国内的研究相对较少，集中于某一地区或者是对某些群体展开的研究，并呈现出实证研究较多、理论研究较少的特点。多数基于传统的布劳邓肯的地位获得模型对家庭经济地位的代际传递进行分析。此外考量了城乡二元因素、④ 性别差异、学校等其他因素对教育期望的影响，但更多的是对某一变量的简要提及，研究并未进行深入地分析。而且，国内对影响教育期望的解释变量的研究，都针对某一主要领域中的一些解释变量进行分析阐释。但是，较少考虑多重领域的互动关系对教育期望的影响。在这些互动关系中，家校关系对个人的教育期望其实产生着重要的影响。另外，我国学者就如何避免高校家校合作趋于单向化，⑤ 如何保证家校合作体系常态化维持，如何利用组织机制、沟通机制、主体机制实现家校合作，⑥ 对家长在这家校体系中主体性缺

---

① Rebecca Bach, Saad Gadalla, Hind Abu Seoud Khattab and John Gulick, *Mothers' Influence on Daughters' Orientations toward Education*: *An Egyptian Case Study*, *Comparative Education Review*, Vol. 29, No. 3 (Aug., 1985), 375–384.

② Vincent J. Roscigno and James W. Ainsworth – Darnell, Race, *Cultural Capital*, *and Educational Resources*: *Persistent Inequalities and Achievement Returns*, *Sociology of Education*, Vol. 72, No. 3 (Jul., 1999), 158–178.

③ 方建华：《新疆多民族地区 3—6 岁幼儿家庭教育期望状况及因素分析》，《学前教育研究》2014 年第 8 期。

④ 黄超：《教育期望的城乡差异：家庭背景与学校环境的影响》，《社会学评论》2017 年第 5 期。

⑤ 王臻：《高校学生自主性学习问卷的设计维度研究》，《湖南科技学院学报》2017 年第 7 期。

⑥ 王薇：《构建家校协同机制的实证研究》，《调查与分析》2015 年第 12 期。

失①等实际问题进行了理论性解释和探讨等。但是，上述研究都主要针对家校合作这一中间环节展开，对教育期望影响的解释涵盖性较差、涉及面不大。而针对少数民族教育期望的相关研究既缺乏实证研究，也缺乏理论研究，而针对少数民族群体家校关系与教育期望的关系研究更是少之又少。因此在理论上，应在与我国国情结合的基础上适当运用，深刻认识到我国少数民族在各方面的特殊，将问题取向研究与学科理论建设同步进行。进一步加强少数民族群体教育期望的实证研究，改进测量方法。同时，也应在少数民族群体家校关系与教育期望的关系上加强分析研究，提升少数民族地区学生的教育期望，促进健康和谐的家校关系，进而推动少数民族地区教育水平和教育观念的进步。

（四）研究理论及假设

教育批判种族理论主张通过对教育方法、教学建构的审视和分析少数族裔或者少数民族学生的教育活动是否被边缘化、次等化，探究学校教育体制和结构是否有加深种族、民族的不平等的可能。因而从教育的视角关注民族、性别等社会边缘化群体，能够既关注于教育本身的公平性，也关注于教育对这部分群体的意义。教育批判种族理论为从民族和性别角度审视教育问题提供了一种视野和反思方式。

美国霍普金斯大学爱普斯坦（Epstein）教授的重叠影响域理论（Overlapping Spheres of Influence）提出了学生教育期望实现过程中的理想效应模型。

重叠影响域理论强调对学生教育影响的外部结构与内部认知结构的把握。内部认知结构关注于个体特征性因素，制约学校、家庭和社区三者的复杂人际关系和影响方式；外部结构家庭、学校、社区三者对于学生教育发挥着重叠影响性作用。正如图1所示内部关注经验、价值观与实践。外部则关注于各个维度的特征。基于此可以作如下假设：

假设1：民族、性别特征对学生教育期望具有显著性影响。

假设2：家庭教育期望对学生教育期望具有显著性影响。

假设2.1：家庭教育包括父母受教育程度、家庭教育管理方式及理

---

① 郭中凯、章亚希：《"家校合作"中的家长主体缺失及对策》，《教学与管理》2015年第8期。

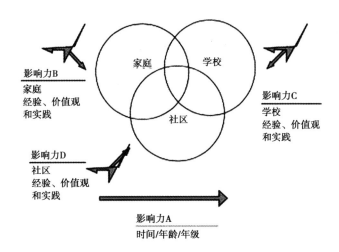

图 1　重叠影响域理论图式①

念、家庭教育期望等对学生教育期望均具有显著性影响。

假设 3：家校关系对学生教育期望具有显著性影响。

假设 3.1：家校关系包括与学校沟通情况、对学校教育理念认可情况、对老师认可情况等对学生教育期望均具有显著性影响。

假设 4：民族、性别对于学生教育期望的影响过程，既存在直接影响路径，也存在可以通过家校关系和家庭教育期望进行解读的间接影响路径。

三　数据来源、变量及操作化

（一）数据来源

研究数据采用中国教育追踪调查（CEPS）2014 学年调查数据，涉及学生问卷、家长问卷和任课老师问卷。问卷使用多阶段抽样，以初中一年级（7 年级）和初中三年级（9 年级）两个同期群为调查起点，以人口平均受教育水平和流动人口比例为分层变量从全国随机抽取了 28 个县级单

---

① 引用自张俊、吴重涵和王梅雾在《家长和教师参与家校合作的跨界行为研究——基于交叠影响域理论的经验模型》中的化用图。

位（县、区、市）作为调查点。数据旨在揭示家庭、学校、社区以及宏观社会结构对于个人教育产出的影响，并进一步探究教育产出在个人生命历程中发生作用的过程。

中国教育追踪调查（CEPS）2014 学年调查数据，总样本量 19487 个；其中少数民族样本量 1697 个，少数民族女性样本量 837 个，就研究主题而言是比较理想的数据。

（二）变量描述

1. 因变量

本研究的因变量是（学生）教育期望，通过使用中国教育追踪数据（CEPS）中 C22 题即"你希望自己读到什么程度？"，将 10 维的定类变量，依据教育年限将 C22 重新编码生成连续性变量，具体变量设置为：现在就不读 = 7；初中毕业 = 9；中专技校、职高、普高 = 12；大专 = 15；大学本科 = 16；研究生 = 19；博士 = 23；无所谓项设置为缺省值。

2. 自变量

本文涉及两个最重要的自变量，分别为性别和民族因素。将性别变量进行二分类编码，男性重新编码为 0，女性重新编码为 1；民族变量为 7 维定类变量，重新编码为二分类变量，汉族编码为 0，少数民族编码为 1；将性别与民族进行交互生成少数民族女性变量，变量类型为少数民族女性 = 1；少数民族男性 = 0；汉族女性 = 0；汉族男性 = 0。

3. 控制变量

控制变量分为三类，基础控制变量户口、目前成绩、家庭经济状况。户口项为二分变量，其中农村重新编码为 1，城市农村重新编码为 0；目前成绩项通过 C12 题即"你目前的成绩在班里处于？"整理获得，为定序变量从 1 到 5，成绩自评更高；家庭经济情况变量通过 B09 项即"目前家庭经济情况如何？"整理获得，为定序变量从 1 到 5，家庭经济情况自评更高。

父母教育期望通过父母问卷中 ba18 题即"你希望孩子书最高读到什么程度？"整理获得，重新编码生成连续性变量，具体变量设置为：现在就不读 = 7；初中毕业 = 9；中专技校、职高、普高 = 12；大专 = 15；大学本科 = 16；研究生 = 19；博士 = 23；无所谓项设置为缺省值。

家校关系变量由家长问卷中老师负责、老师耐心、是否害怕交流、教

育责任是否靠学校、家校联系情况组成。老师负责、老师耐心、是否害怕
交流、教育责任是否靠学校均处理为二分类变量，不负责、不耐心、害
怕、靠学校编码为 0；负责、耐心、不害怕、不靠学校编码为 1；家校联
系情况分为家长主动联系老师、老师主动联系家长两项，家校联系＝家长
主动联系老师＋老师主动联系家长，家校联系变量为双方不主动＝0；一方
主动联系＝1；双方主动联系＝2。家校关系项为老师负责、老师耐心、是
否害怕交流、教育责任是否靠学校、家校联系等 5 个二分变量相加组成定
序变量，分值为 1—6，而得分越高表明关系越良性。变量赋值情况（见
表 1）。

表 1　　　　　　　　　　　　各变量的汇总和赋值

变量类型	变量名称	性质	变量设置及赋值
因变量	学生教育期望	连续	将 10 维的定类变量，依据教育年限重新编码生成连续性变量
自变量	性别	虚拟	女性＝1，男性＝0
	民族	虚拟	汉族＝0，少数民族＝1
	少数民族女性	虚拟	其他＝0，少数民族女性＝1
控制变量	目前成绩	定序	从 1 到 5，成绩自评更高
	家庭经济状况	定序	从 1 到 5，家庭经济情况自评更高
	父母教育期望	连续	将 10 维的定类变量，依据教育年限重新编码生成连续性变量
	家校关系	定序	分值为 1—6，得分越高表明关系越良性
	户口	虚拟	城市＝0，农村＝1

四　数据分析与研究发现

理解民族与性别，尤其是少数民族女性的学生教育期望，需要三个步
骤，首先采用回归分析，阐释少数民族与性别（少数民族女性）与学生
教育期望的关系；其次以家庭教育、家校关系为重要的变量维度，分析少
数民族与性别（少数民族女性）、家庭教育、家校关系对学生教育期望的
影响情况；最后通过中介分析呈现家庭教育、家校关系在性别影响学生教
育期望的路径过程。

（一） 民族、性别 （少数民族女性） 与教育期望

从学生自身反馈的教育期望来看，表 2 的模型 1 表明，在基础变量中人口学因素中的户口、民族、女性对教育期望具有显著性作用，学生目前成绩与家庭经济状况对教育期望也具有显著性作用。这与之前的研究结果是一致的，农村比城市的教育期望低，女性比男性的教育期望更高，自评家庭经济状况越高则教育期望越高。此外目前成绩越好，教育期望越高；少数民族比汉族的教育期望更高。这与 Strand 等学者的研究旨趣相似。

表 2　　民族、女性 （少数民族女性） 与学生教育期望的稳健性回归模型

变量	模型 1	模型 2	模型 3	模型 4
民族	0.392 *** （0.0907）		0.251 *** （0.0868）	
女性	0.138 *** （0.0504）		0.182 *** （0.0478）	
少数民族女性		0.488 *** （0.124）		0.356 *** （0.117）
目前成绩	1.317 *** （0.0228）	1.321 *** （0.0226）	0.883 *** （0.0229）	0.891 *** （0.0227）
家庭经济状况	0.119 ** （0.0464）	0.107 ** （0.0463）	0.101 ** （0.0442）	0.0927 ** （0.0441）
户口	−0.805 *** （0.0514）	−0.806 *** （0.0514）	−0.599 *** （0.0487）	−0.600 *** （0.0487）
家校关系			−0.0463 * （0.0259）	−0.0391 （0.0258）
父母教育期望			0.432 *** （0.00734）	0.432 *** （0.00733）
常量	12.63 *** （0.162）	12.73 *** （0.160）	6.668 *** （0.210）	6.744 *** （0.209）
R-squared （调整）	0.187	0.187	0.338	0.338
N	16831	16831	15233	15233

说明：括号外为标准化系数，括号内为标准误差；* $p<0.05$；** $p<0.01$；*** $p<0.001$。

模型 2 呈现少数民族女性在基础变量中是显著的，少数民族女性对教育期望是正向预期，比其他类型教育期望更高。

模型 3 与模型 4 则主要呈现纳入家校关系与父母教育期望变量后，数据的拟合情况。人口学因素依旧显著，家校关系与父母教育期望也是显著的，其中家校关系对教育期望的影响是负向的，家庭与学校的关系越良性，学生的教育期望越低；父母教育期望度对学生教育期望的影响是正向

的，即父母教育期望越高则学生的教育期望也越高。家校关系与父母教育期望将模型的解释力度提高了 15.1%。

（二）民族、女性、家庭教育与教育期望

父母教育期望对学生教育期望的影响具有重要的作用，而父母教育期望是基于家庭教育、家庭经济情况和对学生目前成绩的综合性理解基础上得出的，为了理解在父母教育期望这一笼统变量之下，家庭教育对学生教育期望的影响过程，选取母亲受教育水平、父亲受教育水平、管理在校表现、限制互联网休闲以及父母亲对社会网络关心变量组成家庭教育的影响因素，汇总结果制作（见表 3）。

表 3　　　　　民族、女性、家庭教育与学生教育期望的回归模型

变量	模型 1	模型 2	模型 3
民族	0. 288 *** (0. 0825)	0. 375 *** (0. 0731)	
女性	0. 180 *** (0. 0454)	0. 0691 * (0. 0396)	
少数民族女性			0. 460 *** (0. 0986)
目前成绩	0. 886 *** (0. 0218)	0. 488 *** (0. 0195)	0. 489 *** (0. 0194)
家庭经济状况	0. 208 *** (0. 0413)	−0. 102 *** (0. 0375)	−0. 108 *** (0. 0375)
母亲受教育水平		0. 0251 *** (0. 00821)	0. 0230 *** (0. 00818)
父亲受教育水平		0. 0467 *** (0. 00951)	0. 0469 *** (0. 00951)
父母教育期望	0. 437 *** (0. 00696)	0. 699 *** (0. 00674)	0. 699 *** (0. 00674)
管理在校表现		0. 0409 * (0. 0209)	0. 0407 * (0. 0209)
限制互联网休闲		0. 0911 *** (0. 0206)	0. 0916 *** (0. 0206)
母亲对社会网络关心		0. 0770 *** (0. 0258)	0. 0796 *** (0. 0255)

变量	模型 1	模型 2	模型 3
父亲对社会网络关心		0.00887 （0.0243）	0.00798 （0.0242）
常量	5.766*** （0.167）	3.454*** （0.150）	3.526*** （0.148）
R-squared（调整）	0.330	0.540	0.540
N	17010	15127	15127

说明：括号外为标准化系数，括号内为标准误差；* $p<0.05$；** $p<0.01$；*** $p<0.001$。

　　表 3 中模型 1 为基础模型，模型 2 与模型 3 分别从民族、女性与少数民族女性的变量基础展开。目前成绩、家庭经济状况对教育期望的影响依旧是显著的。父亲受教育水平与母亲受教育水平对学生教育期望的影响同样是显著的，且父亲受教育水平比母亲受教育水平对于基础教育阶段学生的影响更为明显。管理在校表现与限制互联网休闲对学生教育期望的影响也是显著的，尤其是限制学生以互联网进行长时间的休闲活动，管理在校表现与限制互联网休闲的管制程度越深则学生教育期望越高。社会网络关心层面上，母亲对社会网络的关心是显著的，而父亲的关心是不显著的，母亲越关心社会网络则学生的教育期望越高。家庭教育中的各种资源、管制情况基本与父母教育期望对学生教育期望的影响一致，均是正向促进作用。资源基础越好，管制越积极，父母教育期望越高则学生教育期望越高。这点周皓（2018）、孙云晓（2015）等的研究是一致的。家庭教育相关变量的纳入，将模型的解释力度提高了 21%。

（三）民族、女性、家校关系与教育期望

　　家校关系对教育期望的影响具有显著作用，家校关系变量是基于与学校沟通、认可情况、家庭经济情况和对学生目前成绩的综合性理解基础上得出的，为了理解在家校关系这一笼统变量之下，与学校沟通、认可情况对学生教育期望的影响过程，选取老师负责、老师耐心、是否害怕交流、教育不仅靠学校和家校联系情况为分析变量，汇总结果制作（见表 4）。

表 4　　　　　　**民族、女性、家校关系与学生教育期望的回归模型**

变量	模型 1	模型 2	模型 3
民族	0.408 *** (0.0949)	0.407 *** (0.0947)	
女性	0.132 ** (0.0524)	0.117 ** (0.0524)	
家庭经济状况	0.284 *** (0.0474)	0.257 *** (0.0474)	0.245 *** (0.0473)
目前成绩	1.318 *** (0.0237)	1.292 *** (0.0239)	1.295 *** (0.0238)
家校关系	-0.0934 *** (0.0282)		
少数民族女性			0.457 *** (0.127)
老师负责		-0.599 ** (0.239)	-0.611 ** (0.239)
老师有耐心		0.783 *** (0.214)	0.783 *** (0.214)
教育不仅靠学校		0.499 *** (0.0831)	0.505 *** (0.0831)
不害怕交流		-0.299 *** (0.0639)	-0.304 *** (0.0639)
家校联系情况		-0.153 *** (0.0350)	-0.148 *** (0.0348)
常量	12.05 *** (0.189)	11.40 *** (0.278)	11.50 *** (0.276)
R-squared（调整）	0.173	0.177	0.177
N	15935	15935	15935

说明：括号外为标准化系数，括号内为标准误差；$^*p<0.05$；$^{**}p<0.01$；$^{***}p<0.001$。

　　表 4 中模型 1 为基础模型，模型 2 与模型 3 分别从民族、女性与少数民族女性的变量基础展开的。目前成绩、家庭经济状况对教育期望的影响依旧是显著的。认为老师负责、不害怕交流、家校联系更主动的学生教育期望值更低；认为老师有耐心、教育不仅靠学校的学生教育期望值更高。家校沟通的高频次和高互动，在我国情境下常常被认为是学习成绩差的反映，因而家校关系越频繁，则学生教育期望反而更低。

（四） 民族与性别对教育期望影响的复杂路径

重叠影响域理论关注于外部结构对教育的影响，我国国情下"家庭—学校"的结构发挥着重要的影响。其次该理论的内部认知结构原本为制约学校、家庭和社区三者的复杂人际关系和影响方式，但在我国以"应试"教育为核心的制度下，需要克服的人际关系问题则主要呈现为"学校强势、家长弱势""家长的教育责任依附于学校"，表现为家庭教育的附庸性。

尤其是在性别、民族的宏观背景架构下，重叠影响域涉及的家庭与学校，对学生教育期望的影响过程不仅仅是简单、线性的直接影响。分别以性别、民族为自变量，以家庭教育期望、家校关系为中介变量，可以获得表 5 中的四种影响学生教育期望的路径。

表 5　　　　　　　　　性别、民族对学生教育期望的影响路径

影响路径			
自变量	中介变量	因变量	bootstrap 检验【95%】
性别	→家庭教育期望→	学生教育期望	（−0.09539，−0.00604）
	→家校关系→		（−0.07036，−0.02084）
	→家校关系→家庭教育期望→		（−0.02830，−0.00154）
民族	→家庭教育期望→	学生教育期望	（0.08034，0.24800）

如表 5 所示，性别对学生教育期望的影响，除前文所示的直接效应外。尚存在三种路径，分别是简单中介效应下的两条路径："性别—家庭教育期望—学生教育期望"（见图 2）和"性别—家校关系—学生教育期望"，多重中介效应下的路径"性别—家校关系—家庭教育期望—学生教育期望"（见图 3）。经过 Sobel 检验与自抽样法（bootstrap）检验后，三条中介效应均成立。

图 2 所呈现的"性别—家庭教育期望—学生教育期望"的中介效应呈现了性别的差异会反映在家庭教育期望中，家庭基于自身资源会对女性与男性的受教育程度上限有差异性期望，这种期望会影响到学生自身对教育期望的反映。

图 3 反映了"性别—家校关系—家庭教育期望—学生教育期望"多

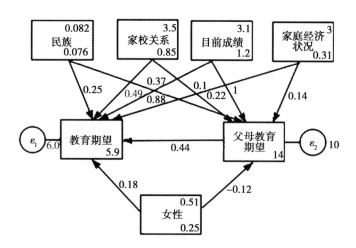

图 2　"性别—家庭教育期望—学生教育期望"的结构方程模型

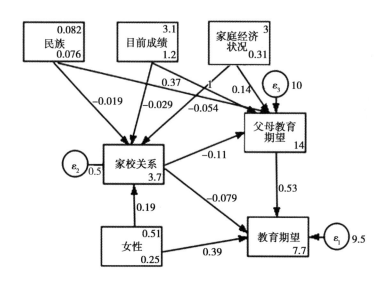

图 3　"性别—家校关系—家庭教育期望—
学生教育期望"多重影响路径

重中介影响路径，是对两条简单中介效应路径的综合，性别差异会影响家庭对于家校关系的沟通、认知情况，进而影响到家长对学生受教育程度上限的差异，最后反映在学生自身对教育期望的理解。

　　此外民族对学生教育期望的影响，除前文所示的直接效应外，也存在

"民族—家庭教育期望—学生教育期望"这一简单中介效应，且经过 Sobel 检验与自抽样法（bootstrap）检验是成立的。

五　研究结论及反思

教育追踪数据的群体处在七年级和九年级阶段，尚且属于我国基础教育阶段。本文以这部分学生群体和他们的家长、老师作为研究的主体，发现民族与性别，尤其是性别对学生教育期望的影响过程是复杂而多重的，可以直接影响也可以通过家庭教育期望和家校关系间接发挥作用，具备着影响学生教育期望以及未来教育获得的能力。

本研究主要的贡献在于，其一，关注民族、性别（少数民族女性）的教育期望情况，并解读这一原生身份对于教育期望的影响；其二，佐证了家庭教育的影响作用，并尝试揭示了家校关系作为纽带性的存在，虽然没有单纯的家庭教育或者学校教育对于学生的教育期望影响更大，但家校关系同样具有不可忽视的作用。合理的基础教育本身是学校、家庭、社会三方的共同作用，家庭教育与学校教育需要相互融洽和共同价值观的纽带存在，而家校关系有助于形成构建、融汇双方理念以及相互补充的良性情境。

利用教育追踪数据的实证分析结果，反思爱普斯坦重叠影响域的相关理论，本文发现包括以下几个方面。

第一，少数民族的教育期望比之汉族更高，女性比之男性的教育期望更高。对这一结果的解读将远超出学校、家庭、社区的三方结构，社会构成的隐性历史与社会空间结构（布尔迪厄，1997）会对学校、家庭、社区的三方以及个体产生影响。越被社会边缘化的群体越渴望通过教育体制改变当前处境。同时假设 1 获得数据支持。

第二，从父母受教育程度、家庭教育管理方式及理念、家庭教育期望等层面分析，家庭教育对学生教育期望均具有显著性影响，验证了重叠影响域中家庭领域对教育期望的影响存在且显著。假设 2、假设 2.1 获得数据支持。

第三，从与学校沟通情况、对学校教育理念认可情况、对老师认可情况等方面分析，家校关系对教育期望有显著性影响，验证了家校之间的联系情况会影响到学生的教育期望。假设 3、假设 3.1 获得数据支持。

第四，性别对教育期望的影响路径，并非单一链式的，除直接效应外，与家庭教育期望和家校关系相结合，尚存在三种路径，分别是简单中介效应下的两条路径："性别—家庭教育期望—学生教育期望"和"性别—家校关系—学生教育期望"，多重中介效应下的路径"性别—家校关系—家庭教育期望—学生教育期望"。

第五，民族对教育期望的影响路径也存在"民族—家庭教育期望—学生教育期望"这一简单中介效应。由此，假设4获得数据支持。

基于国情的实证分析发现，就重叠影响域理论的外部结构而言，不同于家庭、学校、社区三者共同的重叠影响，我国基础教育阶段主要反映为"家庭—学校"两个层面的重叠影响。少数民族群体需要关注到不直接参与到教育活动中，但发挥着重要影响的历史和社会空间结构特征。其次该理论的内部认知结构原本为制约学校、家庭和社区三者的复杂人际关系和影响方式。在我国以"应试"教育为核心的制度背景下，需要克服的人际关系问题则主要呈现为"学校强势、家长弱势""家长的教育责任依附于学校"，表现为家庭教育的附庸性；要重新梳理对于家校关系的认知，并非越高的沟通频次，就越反映出学生当前学习成绩的低水平，良性的家校关系应发挥积极的促进作用；最后重叠影响理论本身突出的意义在于，改变了人们对于家庭和学校影响孩子发展次序的理解，但我国的现实则表现为在进入学校接受教育后，家庭往往退居二线，以额外补充学校教育中孩子的应试短板以及少量的文化素养的身份出现，其中文化素养极大地受到父母本身教育水平的影响。

在无法改变应试教育背景的情况下，家庭教育既要与学校教育建立良好的关系，也需要充分发挥其独特性而非完全附庸于学校教育，在学生的多维培养上家庭教育是具备教育性空间特征的。审视历史和社会空间结构造成的原生差异，以家校关系、家庭教育、学校教育三者构建良性互动的情境，以积极消除或弱化这一原生差异的影响，学生才能够潜移默化地树立更高的教育期望目标，进而有助于在未来获得更高的教育成就。

本文还存在如下一些局限。

首先，基于2014年中国教育追踪调查数据，所呈现出的结果是静态的情况。需要更多更新的实时数据来丰富地验证这种变化是确实存在且合理的，这将有助于我们从一个动态的角度加深理解。

其次，探讨家校关系所涉及的方面较大地依托于调查数据中所具有的资料，这导致有些与家校关系相关的因素没有被涉及，以至于忽略了它们的作用，在以后的研究中将继续予以关注。

最后，民族、性别等原生差异，是否与结论中越被社会边缘化的群体越渴望通过教育体制改变当前处境这一观点具有等式关系，目前的国纲和省纲的妇女发展中，对妇女的指标性鼓励和要求，以及其操作化的策略是否在这一问题下发挥着影响，需要其他情境数据佐证。

教育研究中的男性视角

张 晓[*]

一 男性视角教育研究问题的背景和概念

(一) 以女性视角为主是性别视角教育研究的现状

新中国成立以后，男女平等是社会对性别的基本要求和价值追求。因此，我国的教育研究，基本上是无性别视角的，性别差异在教育中基本被否定，在任何教育制度和政治中，基本没有针对性别差异而单独设置的。1978 年以后，对妇女的尊重和保护成为主流的社会性别意识，妇女地位进一步提高，教育研究在涉及性别相关问题时，基本上运用的是女性视角，男性视角几乎不存在。直到目前，这种性别视角的不平衡仍然是教育研究的趋势。据统计，中国知网上从性别视角研究教育问题的论文共有103 篇，其中女性视角占 102 篇，男性视角的研究不到 1%。

(二) 女性视角占主要地位的原因

出现这种差异的原因，一方面，主要是从历史传统来说，女性社会地位低下，是受到剥削和压迫的一方，因此以女性易受歧视的预设来思考问题，在当今男女平等、保护妇女社会权益、提高妇女社会地位的社会价值观基础上，以女性视角来探讨妇女问题和权益保护和研究就比较普遍；另一方面，女性生理上的弱势，使得女性成为更容易受侵害、更需要保护的一方，这也是女性视角研究问题的意义所在。然而，性别中的男性作为一种客观存在，也具有关注的价值。特别是伴随着教育实践领域出现了一系列和性别相关的新现象、新问题，仅局限于女性视角的性别教育研究已经不适应教育的变化和发展，这在客观上要求教育研究

---

* 作者简介：张晓，云南民族大学发展改革处助理研究员。

应具有男性视角。

（三）男性视角教育研究的概念

男性视角是指，站在男性的立场和角度探讨教育中与性别相关的现象和问题，旨在揭露隐藏在现象背后，男性受教育过程中遭受的不平等问题，并探寻这些不平等的社会、经济、文化原因，反思、批判教育领域中造成男性不平等的制度和文化，最终保障男性的社会权益，实现男性和女性共同进步，推动社会和谐发展。

二 男性视角教育研究的必要性

（一）性别差距的新问题要求应有男性视角

20 世纪 90 年代以来，随着教育的发展，一些新的性别差异现象出现在教育实践中。例如，据一些中小学生诉说，在其班级中总体来说男生的学习成绩不如女生，班干部、少先队干部、团干部中男生比例较小，在班级活动的组织和角色承担中，男生的活跃性小等。而根据官方数据显示，近年来学生的高中毛入学率、高考升学率、学生获奖比例等重要的教育指标均是女生比男生高。例如，按照传统观念，男性逻辑思维、理性思维比女性强，然而 2019 年的云南省理科"状元"和"榜眼"均是女生。如果说这些现象可能是随机性偶然现象，那么以云南省昆明市为例，从 12 所在昆公办本科高校大学生的性别分布来看，女生数量比男生数量多，云南大学、云南师范大学、云南民族大学、云南财经大学、云南艺术学院、昆明医科大学、云南中医大学、云南农业大学、昆明学院 9 所高校均是女生比例高，仅有昆明理工大学、西南林业大学 2 所高校男生比女生多。另外，从云南省 18—22 岁的人口性别分布来看，则是男性大于女性。因此可以大致认为，云南省的男性接受高等教育的比例要小于女性。这些新的性别差异的出现，虽不能确定男性在受教育过程中存在不平等现象，但也值得研究者以男性视角来给予关注。

（二） 男性在教育领域的不公平客观存在——以云南省大理州建档立卡 20 岁以下未继续接受教育的"两后生"为例

以上的性别差异现象的出现令人深思，为探寻教育领域是否存在着男性不平等现象。笔者针对云南省大理州建档立卡 20 岁以下，未继续接受教育的"两后生"做了调查，"两后生"是指处于高中适龄段的在初中毕业后未接受教育的人，或者处于高等教育年龄段的高中毕业生未继续接受高等教育的人，此处仅对 20 岁以下"两后生"进行调查分析。建档立卡指政府相关部门经过调查、核实确认为贫困的人口，此处包括已脱贫和未脱贫的人口。分析过程如下。

（1） 对云南省建档立卡 20 岁以下大理州 12 个县市的"两后生"名册进行整理，得出基础数据（见表 1）。

表1
单位：人

序号	县市	"两后生"人数	女	男	男性所占比例（%）
1	大理市	184	61	123	0.668478261
2	漾濞县	169	60	109	0.644970414
3	祥云县	579	241	338	0.583765112
4	宾川县	679	276	403	0.593519882
5	弥渡县	951	411	540	0.567823344
6	南涧县	753	291	462	0.613545817
7	巍山县	365	151	214	0.58630137
8	永平县	190	67	123	0.647368421
9	云龙县	573	213	360	0.628272251
10	洱源县	828	458	370	0.446859903
11	剑川县	662	278	384	0.580060423
12	鹤庆县	353	143	210	0.59490085
总计	大理州	6286	2650	3636	0.578428253

由以上数据可以看到，男性在建档立卡 20 岁以下大理州 12 个县市的"两后生"中占的比例较大，说明在贫困人口中没有接受过高中以上教育的男性比女性多，这个结论也与在昆明各高校的学生性别分布相符。

（2）为探求是否存在教育领域的男性不平等，我们此处忽略了 2650 名女性的家庭情况，仅对 3636 名男性做进一步调查。目的是找出在 3636 名男性家庭中，存在该男性的姐姐，且接受过比该男性大且受过比该男性层次更高的教育。如果有这种家庭则说明在受教育的领域，确实存在性别差异，从而进一步探寻是否是男性的不平等造成的差异。数据分析如下（见表 2）。

表 2   单位：人

序号	县市	男	占总数的比例（%）	其中该"两后生"有姐姐的	其中该"两后生"姐姐受过高于该"两后生"层次教育的
1	大理市	123	0.033828383	42	19
2	漾濞县	109	0.029977998	31	16
3	祥云县	338	0.092959296	118	37
4	宾川县	403	0.110836084	149	82
5	弥渡县	540	0.148514851	154	64
6	南涧县	462	0.127062706	148	54
7	巍山县	214	0.058855886	71	28
8	永平县	123	0.033828383	38	17
9	云龙县	360	0.099009901	141	58
10	洱源县	370	0.101760176	124	43
11	剑川县	384	0.105610561	109	42
12	鹤庆县	210	0.057755776	67	25
总计	大理州	3636	1	1192	485

由此可以看出存在该男性的姐姐，且接受过比该男性大且受过比该男性层次更高的家庭有 485 个，而且这种性别差异很明显，可进一步分析。

（3）在 485 名研究对象中，通过按县进行分层随机抽样抽出 50 位进行调查研究，各地区抽样数＝50×权数。对 50 名随机抽样产生的研究对象的父母进行电话采访（名册上有家庭电话），问题包括你家为什么姐姐能读高中（中专）/大学，而弟弟不能继续学习？其中有 42 个家庭愿意回答，并且能说出原因。其中包括男孩子自己不愿意读、男孩子学习成绩差没有考上、家庭需要他去打工赚钱帮补家庭等，经过整理，有如下数据（见表 3）。

表3   单位：人

序号	县市	抽样数	有效调查数	需要劳动	成绩不好
1	大理市	2	2	0	2
2	漾濞县	1	1	1	0
3	祥云县	5	5	4	1
4	宾川县	6	6	6	0
5	弥渡县	7	5	4	1
6	南涧县	6	4	2	2
7	巍山县	3	2	1	1
8	永平县	2	2	2	0
9	云龙县	5	3	3	0
10	洱源县	5	4	2	2
11	剑川县	5	5	3	2
12	鹤庆县	3	3	3	0
总计	大理州	50	42	31	11

对认为需要劳动的家庭则普遍认为男孩子已经成年，应该参与劳动，为家庭提供经济来源，而女孩子则相对劳动能力较弱，可以继续接受教育。因此，可见这种落后的传统家庭分工观念，在一定程度上导致了男性教育领域的不平等现象。另外在11名成绩不好的研究对象中，有多达10人从小学低年级开始就已经学习成绩较差。

（4）从抽样结果来看，男性教育领域的不平等现象确实存在。对样本进行显著性检验（具体检验过程略），分析表明显著性水平较高。因此，在3636个总体上也确实存在男性教育领域的不平等现象。

通过以上统计分析，表明尽管男女平等是当今社会的价值观，但由于落后的传统家庭分工观念，以及个人自身智力、心理发展的性别差异存在，然而由于缺乏关注，导致了男性受教育的不平等现象发生。

（三）重视男性视角是国外教育研究发展的趋势

新的性别差距并非我国特有的现象，而是已经成为一个包括各国在内的全球性问题。以美国为例，康林认为，美国教育领域正出现令人吃惊的阴盛阳衰现象，在过去的350年中，大学中的男性比例一直高于女性，而现在，在美国的各州、各收入阶层、各民族和各种族中，以及大多数西方工业化国家中女性都占优势地位，仅在美国就分别有 57% 的应用科学学士学位和 58% 的硕士学位被女性获得。不仅如此，从幼儿园到研究生院，男孩也正在降为次要地位。① 因此，目前在美国，重视男性视角已成为国外教育研究的趋势。英国也早在关注男生学习成绩不良问题。

三　教育研究中运用男性视角的对策建议

（一）　理解男女两性视角的内涵与关系

1. 提高研究者对于教育中男生问题的敏感性

在教育中经常出现女性的不平等现象，导致女性受教育的权利受到损害。这种情况是否只会发生在女性身上，由于矛盾具有相对性和统一性，在根据相同的传统文化观念，以及社会分工、家庭角色，是否会对男性也产生出一些不平等。这是一个值得研究者关注的问题。有利于全面理解教育和性别之间的关系。

2. 处理好男性视角与女性视角的关系，实现男女性共同发展

重视男性视角，减少教育领域中男性不平等现象，并不意味着女性视角不重要。同样地，女性在教育中的不公平现象也经很多事实证明过，是毋庸置疑的存在。一些女性主义学者认为，探讨男孩问题可能会出现这样的危险，即误认为给男性增加任何机会都必然会使女性处于不利地位；然而，这两者之间是相互独立的，并不是相互对立的此消彼长，不是一方有所得，另一方就必然有所失的问题。解决男性问题并不会使女性的地位和权益受到影响，相反地，只有男性和女性共同进步，才能实现社会的均衡发展。因此，提出教育研究应具有男性视角并非意味着要忽视以至于摒弃女性视角。既然两者不冲突，那么在教育研究时，完全可以采用双视角来思考问题，采用"性别整体论"，把性别看作一个男性和女性统一和谐、相互作用、缺一不可的整体。

---

① 康林：《新的性别差距：从幼儿园到研究生院，男性正在成为第二性》，《商业周刊》2005 年 5 月。

3. 注意男性视角和社会性别视角的区别和联系

社会性别是女性主义理论中的核心概念，形成于 20 世纪 60 年代第二次女性主义浪潮时期。这一概念在探索妇女受压迫的原因、不平等性别关系的形成以及推动妇女思想解放等方面发挥了重要作用；从逻辑的角度来看，性别包括男性和女性，不过，从女性主义的角度来看，"社会性别"是专为女性主义而"发明"的，① 它是女性主义的理论基础。从这个角度来看，社会性别视角基本上就是一种女性视角。因此，男性视角和社会性别视角存在较大不同。同时，男性视角和社会性别视角又存在密切联系，这主要表现在两个方面；其一，两者都把父权文化作为批判反思的对象；其二，两者都致力于男性和女性共同发展进步，致力于实现两性平等。

（二） 摈弃落后的传统家庭分工思想

由于传统的家庭分工是"男主外女主内"，男性更多地承担生产劳动和经济职责，女性则更多地从事家务劳动、担任养育后代的职责。这种家庭分工，早被女性主义评判过，认为是束缚妇女自身发展，降低女性地位的思想。其实，对于男性来说，也同样不合理，经济职责的承担使得男性要更多地面对生产、生计，要应对更多的复杂社会关系。随着时代的变迁，在这种思想的影响下，在农村，男孩打工、女孩读书的想法也更多地在民间流行。意味着男性到了十来岁，甚至还未达到法定用工年龄，就开始务工，从事生产劳动。面对这种情况，教育部门要向家长算一笔接受教育的经济账，用事实讲清楚接受教育能够比不接受教育获得更多经济。同时要对教育脱贫、教育致富的案例进行宣传。说明男孩子该做的事情不是生产劳动，不是打工，也同样是读书，只有在学校读书，才有出路，才是男孩的分工角色。通过算账让家长意识到读书的重要性和必要性。

（三） 教育研究应具有男性视角的学理分析

教育学的核心问题是对"人"的认识，目的是促进人的全面发展。教育学研究，需要从对"人"的认识的反思开始。叶澜教授认为，"就中国目前教育学理论的现状来看，在有关'人'的认识上，主要缺失的是

① 柏棣：《平等与差异：西方后现代主义女性主义理论》，生活·读书·新知三联书店 1995 年版，第13 页。

'具体个人'的意识，需要实现的理论转换是从'抽象的人'向'具体的人'的转换"①。而性别正是"人"从抽象到具体的一个基本特征。因此，必须重视人是一种有性别的存在这一事实。男性和女性的差异，在生理学、心理学及社会学方面都有体现。从生理学与教育学的关系来看，男女性的生理历程存在一定差异，智力和心理的发育也存在一定差异。从总体来看，女性的大脑发育要比男性早一年半到两年，在接受教育的初期，男性往往比女性在智力方面稍有滞后，而目前实施的制度化教育是一种基于男女平等的无视性别差异的教育，② 制度化教育是一种统一的教育，以统一的教学大纲、统一的教材、统一的教学方法、相同的学习进度、统一的评价标准等，要求每一个不同的个体达到同一个发展目标，忽略了个体的差异性。这就导致在义务教育时期，在学习同样内容的基础上，往往女生要比男生轻松一些，这也是在小学初中的班级中往往是男生的学习成绩垫底的情况比较多，而女生再差也很少垫底的原因。并且，大部分具体承担教学任务的教师，不能根据每个学生的实际情况因材施教，或对智力和心理发展相对滞后一些的男生给予更多的关注和关怀。相反，一部分教师甚至以学习成绩作为关心学生的标准，对学习成绩好的学生给予更多的锻炼机会，花费更多的教育精力，这样导致好的女生往往还好，差的男生更差的情况。这实质上也是教育资源在男女性别之间分配的不公平，尽管这种不公平表现得非常隐蔽。

因此，在目前提倡男女平等，无差异教育的背景下，教师应更多的学习教育学理论，掌握学生的性别差异可能带来的学习效果的差异，关注每个学生的个体差异，因材施教。大量事实表明，小学阶段成绩不好的男生，如果给予更多鼓励、帮助，往往在初中阶段能够成绩优异，然而，如果家长、老师将其视为不是"读书的料"，就此放弃，那他成绩基本上就不可能再好起来了。所以，学校和家庭多给予小学阶段学校差的男生关心、鼓励、帮助，为他们设计一个合理的学习计划，可有效帮助他们成长，也能极大限度地消除这种制度化教育模式背后隐藏的男性不平等现象。

现代社会是一个男性和女性日益趋向平等的社会，既存的男性和女性之间的不平等将可能最终消失。教育是人和社会发展的重要基础，性别平

---

① 叶澜：《教育概论》，人民教育出版社 2006 年版，第 214 页。
② 陈桂生：《教育原理》，华东师范大学出版社 2000 年版，第 364 页。

等也是现代教育的一个重要价值取向。男性和女性在教育中的性别偏见，都不同程度的存在。既然我们有大量的研究是女性视角的，那么也有必要，以男性视角介入，来反省男性自身、反思男性问题，在更广的性别层面来促进性别平等教育的深入展开，推动社会男女平等，和谐发展。

农村妇女陪读的影响因素
——基于社会性别视角

唐 佳[*]

一 引言与文献综述

随着经济发展和家长对教育的重视，陪读现象普遍。而在陪读家长中，陪读妈妈成为主力军。当前对于陪读现象的研究很多，却很少有学者以家长的角度探究陪读对父母的影响，而从女性角度出发的学者更是凤毛麟角。另外，社会对于"陪读妈妈"的现象似乎司空见惯，女性照顾家庭被视为天经地义，相比于城市女性，农村妇女在职业、文化程度等方面的限制增加了其成为陪读妈妈的可能性。故笔者从社会性别视角出发，探究农村妇女陪读的影响因素，以关注农村妇女的发展状况。

陪读的类型。从现有的文献上看，主要集中在陪读类型和陪读的原因等方面。根据陪读的形式，魏俊杰将陪读分为临陪、半陪、暗陪和全陪。[①] 王晓慧根据陪读的动机，将陪读分为随迁型陪读、被迫型陪读及主动型陪读。[②] 王漫提出，陪读分为全职陪读和兼职陪读。[③] 目前学界对家长全职陪读的研究比较多，且从现实来看，陪读者多为女性，根据郑燕娜的定义，陪读即来自农村的家庭为了照料在城镇或城市中的重点学校就读的子女，母亲放弃工作或劳作，在学校周围租房居住、全职照顾子女生活

---

* 作者简介：唐佳，四川外国语大学社会与法学院讲师。本文系［基金项目］四川外国语大学 2017 年度校级科研项目"社会性别视角下陪读妈妈的选择与生活研究（项目编号：Sisu201770）"的阶段成果。

① 魏俊杰：《可怜父母心——城镇"陪读族"扫描》，《家教博览》2003 年第 9 期。
② 王晓慧：《农村中小学陪读现象的类型、成因及解决对策》，《教育理论与实践》2011 年第 8 期。
③ 王漫：《社会行动视角下家长进城陪读研究》，硕士学位论文，华中师范大学，2017 年。

起居和学习的一种现象。①

　　陪读的原因。关于陪读原因主要涉及以下方面。社会制度层面，我国当前的教育资源分配不公，② 同时农村撤校并点，③ 使得农村家长不得不做出陪读性迁移的选择。农村家庭层面，农村妇女时间较为灵活自由，且对独生子女期望较高等因素导致了农村妇女陪读。④ 另外，还包括父母希望通过陪读防止孩子染上恶习、提高学习成绩、家庭条件许可等，当然，也有部分家长对孩子过于溺爱的因素。⑤

　　当前的研究绝大部分集中在陪读家长和陪读孩子两个群体上，而陪读家长的研究中缺乏对陪读妈妈的关注，而陪读妈妈却是陪读家长的主力军，故绝大部分研究忽视了陪读中的妇女群体。另外，许多研究缺乏社会性别视角，未能挖掘出女性陪读的深层次原因。因此，本文将从社会性别视角出发，研究影响农村妇女陪读的相关因素。

二　研究设计

　　本研究采用定性研究方法，通过个案的深入分析揭示陪读妈妈的选择初衷，并从社会性别视角进行分析。研究对象主要来自四川省某乡镇（笔者家乡）的陪读妈妈们。在资料收集方面，采用熟人介绍入户访谈的方式，访谈 9 个个案。被访者的年龄集中在 35—46 岁，大部分有 2 个孩子，基本都属于全陪且陪读时间较长。绝大部分被访者文化程度不高（初中或小学毕业），且没有固定工作，收入来源主要依靠丈夫外出务工或在场镇上做小生意。

---

① 郑燕娜：《农村母亲"陪读"现象的社会学解读》，《法制与社会》2007 年第 8 期。

② 李红丹、曾凡华：《陪读家长的行动选择与社会适应研究》，《重庆三峡学院学校》2010 年第 4 期。

③ 王文龙：《农村阶层分化与教育分化的循环累积因果效应分析》，《教育发展研究》2012 年第 Z1 期。

④ 郑燕娜：《农村母亲"陪读"现象的社会学解读》，《法制与社会》2007 年第 8 期。

⑤ 高玉华：《家长"陪读热"的社会学分析》，《当代教育论坛》（上半月刊）2009 年第 4 期。

三　妇女陪读的影响因素

（一）客观条件

1. 地理条件的限制：山高路远，上学辛苦

陪读行为的出现，首先是基于客观地理环境的限制。B 镇三面环山，地势陡峭，当地曾流传"山高路远谷深，赶场走断脚筋"的谚语，而较为集中的中小学皆在集镇上，孩子上学，非常辛苦，因而很多家庭选择在镇上租房陪读。据了解，许多家离学校较远的孩子，每日上学的行走路程超过 2 小时，家长们心疼孩子，故做出陪读的选择。

"现在的娃儿都宝贝得很，每天上学起早摸黑的，娃儿七点以前就要去，像街上这些娃儿七点还在睡瞌睡，始终你多花点钱，有个人在这里，娃儿多睡会，娃儿始终没这么辛苦，但是大人要恼火点。"（个案 1）

当然，这也与家庭经济条件的改善分不开，十年之前同样山高路远，同样到镇上上学，但陪读的母亲寥寥无几，随着经济的发展，家庭对陪读的承受能力增强，客观上给陪读提供了条件。

2. 社会政策的调整：学校数量减少

2000 年以后，随着我国"两基"任务的初步完成，部分地区的教育政策由普九时的"村村有学校"转变为采取缩减农村学校，整合优质资源，集中办学等措施。[①] B 镇根据相关政策，村校逐渐被撤销，全镇大部分学生集中到镇中心校上学。教育质量最好的小学坐落于集镇上，因而为了孩子方便上学，家长们纷纷到集镇上租房陪读。

姜荣华认为，不充分的学校布局调整容易增加农民的实际困难，比如教育费用增加，担忧子女入学问题等，因而农民成为近期利益最大的受困者。[②] 面对困境，农民们采取陪读的方式应对。另外，覃章成认为，当前城市和农村之间在社会资本差距上的扩大，使得农村的教育事业受到明显的歧视，主要表现为硬件设施、家庭的教育环境和师资力量等诸多差距，

---

①　姜荣华：《农村学校布局调整：农民选择与农民认同》，《东北师大学报》（哲学社会科学版）2010 年第 5 期。

②　姜荣华：《农村学校布局调整：农民选择与农民认同》，《东北师大学报》（哲学社会科学版）2010 年第 5 期。

造成农村学生在接受教育过程中遭遇诸多不公平。① 而为了应对这种不公，农民们选择把孩子送进教育资源相对较好的集镇，进而产生陪读家长。

3. 人文环境的影响：妇女陪读普遍，没有男性陪读的个案

妇女陪读的选择也受到周围人文环境的影响。据笔者了解，B 镇上陪读的家长大部分是母亲，少部分是老人，几乎没有男性陪读的情况。访谈中也发现，妈妈们对妇女陪读的现象司空见惯，当笔者提问是否有男性陪读的个案时，脸上表现出诧异和奇怪的表情。

"哪里有那种可能，都是妈陪着娃儿读书，哪个爸爸陪娃儿读书的。"（个案9）

"我就从来都没有想过喊他（丈夫）来陪读，你看这周围哪里有这种情况。"（个案8）

两个个案都传递出了这样的信息，妇女陪读是普遍现象也是惯例，别的家庭都是妇女陪读，所以作为妇女，要陪读的人也应该是自己。社会性别指社会文化对于男女的定义与角色要求，人文环境就是传统社会性别文化的重要载体，规定着男性不应陪读，男性角色是挣钱，女性角色对于陪读更加适合，因而这种社会性别文化塑造女性成为陪读妈妈。

（二）主观意愿

从主观方面来说，作为与陪读紧密联系的父母、亲戚、丈夫、孩子都对妇女陪读起了很大的助推作用。面对陪读，他们有各自的态度。

1. 父母（公婆）——期望

（1）不愿意带：耽误干活

陪读之前，大部分孩子由老人帮忙看管。在 B 镇，大部分农村老人负责耕种全家人的土地，农业生产任务重，因而无心照顾孙子。当然，也有部分老人更加看重农业生产的价值，当地称为"老来得力"，不愿意牺牲农业时间陪读。3 位妇女表示，父母（公婆）对妇女陪读的态度是"巴不得"，希望孙子有人管而减轻自己的负担。

---

① 覃章成：《城乡教育差距扩大与应对》，《教育发展研究》2009 年第 17 期。

"（公婆）就说屋头活路多，又说娃儿懒得带，娃儿要自己管。"（个案2）

"他们（公婆）当时在乡头，他们不给我带，巴不得我回来，他们就喜欢干活路，当时他们能干，你的娃儿他们不管。"（个案4）

（2）管不好：隔代教育

当然，其他几位妇女表示，虽然家中老人愿意帮忙抚养，但隔代教育易出现溺爱、娇惯等现象。相关研究表明，隔代教育下的农村留守儿童在性格、亲子关系、人际交往心理和越轨行为的监管等方面存在劣势，而祖辈在儿童的家庭教育尤其是爱的教育上，存在较大缺陷。[①]

"老年人带娃儿不行，始终年纪大了，他管的方式方法和你不同。"（个案1）

"有时候他们（老人）自己都晓得自己管得不对头，又不好说不给你带了，他们也是说不来了（没办法）。"（个案6）

从以上信息看出，一方面，妇女介意隔代教育带来的弊端，另一方面，愿意帮忙的老人在孩子教育上也显得力不从心。因而，老人对于陪读显示出殷切的期待。

2. 亲友——规劝

（1）不好管：身份尴尬

妇女陪读之前，也有将孩子交给关系亲密的亲友看管的情况，但是妇女们认为这种方式并非长久之计。

"我总觉得我看到的我兄弟媳妇的娃儿拿给别人带，只不过说煮给你吃，给你洗。虽然说你再亲再好，都没有自己带好。从人家的立场来说，别人的娃儿也是不好管，我的娃儿就不好管。别人你管太严了人家要说你，你没管那么严，娃儿又教不乖。"（个案4）

"现在都不好带娃儿，如果别人让我给他带娃儿，稍微一说到，人家又说不听你的话这些，你又管我太严了，出去说也不好。"（个案3）

妇女认为，首先从孩子的角度来说，亲友照顾只是简单的生活照顾，缺乏爱的关怀。另外，从亲友自身的角度来看，亲友的身份比较尴尬，替人带孩子容易处于舆论的风口浪尖，碍于自己的特殊身份，不好管孩子，

[①] 司永劳：《隔代教育对农村留守儿童社会化影响的研究》，硕士学位论文，华中农业大学，2012年。

因而不管孩子。

（2）规劝妇女：孩子应该好好管

虽然不帮忙带孩子，但亲友对妇女陪读表现出一种赞同态度，主要表现在对妇女的规劝上。

"我后家有个侄儿，他现在在成都上班，他说管他（孩子）读得读不得，你尽其心，他要是读得将来也好点。"（个案5）

"大家都说，你走你那个娃儿就算都算了，因为没有任何人能带得住，就连我隔壁那些带娃儿得都说，没有你你那个娃儿算什么。"（个案4）

亲友的规劝主要基于两点：第一，孩子的前途重要，父母应该尽心；第二，孩子只有妇女带最合适，妇女离开等于放弃了孩子。亲友的规劝给妇女造成了一定的道德压力，这种道德压力来源于亲友对于妇女陪读的角色的设定。杜荣芳认为"女主内、男主外"的分工模式具有跨性别的普遍性，[①] 亲友的观念也深受传统性别分工的影响，对男女做出相应的社会角色的期待，给妇女造成舆论压力，让其不得不选择陪读。

3. 丈夫——不管

（1）管不住：没经验、没文化

既然孩子必须管，作为孩子的父亲，为何没有主动承担起陪读的责任。除了前面提到的客观的人文环境的影响外，男性的主观意愿更加明显。首先是妇女认为丈夫管不住孩子。

"我丈夫他不行。他没有多少文化，不晓得咋个管。"（个案6）

"他根本没有那个条件，带得少，小的那个他也管不住"；（个案7）

"始终小的时候他爸爸回来也不咋样，我觉得小的时候都要腻妈一点啊，你没有这种感觉吗。像我们这个也是一样，其实爸爸也是很稀罕他的，像我一在家一喊他，他还是就想挨着我。"（个案1）

妇女认为，丈夫管不住孩子主要因为以下几点。第一，丈夫没有文化，当然，这种文化更多的是一种正确的管教孩子的方式；第二，丈夫没有经验，和孩子接触的时间少，不懂得如何管教。这两点是基于传统的社会性别分工的结果，女性成为带孩子的主要群体，男性主要的任务是挣钱养家，带孩子的机会少，因而没有经验，缺乏技巧；第三，出于一种母亲的本能，母子连心，认为孩子和母亲的关系更加亲密。

---

① 杜荣芳：《从社会性别视角看农村"留守妻子"现象》，《农村经济》2007年第6期。

（2）不愿意管：有手艺，挣钱多

另外，丈夫不陪读主要出于家庭经济利益的考虑。调查显示，大部分陪读妇女的丈夫都有一技之长，能从事盖房、装修等技术性工作，也有的会修电视、做道士等技能，另外，生理上的优势使得男性更容易获得经济报酬高的体力劳动上的工作，因而成为家庭经济的支柱。

"虽然我没有出去就在屋头，他出去找点钱比我要快嘛，也没这么费力，要多找点。像我一个月找两三千块钱，他一个月多一半是可以的。"（个案5）

"如果我去挣钱，他在家带娃儿，家庭就开支不走。"（个案1）

基于"挣钱多的出去，挣钱少的在家带孩子"的原则，形成了男性负责挣钱养家，女性负责照顾家庭的分工模式。

4. 妇女——无奈

（1）没办法，孩子必须管但没人管

老人、亲友和丈夫的态度似乎形成一种无形的力量，孩子应该管，而且应该管好，但没有人管。大多数妇女对陪读表示出无奈，在访谈过程中，她们说的频率最高的词汇是"没办法"。

"我现在就是娃儿在这里，没办法，你不可能把他丢了呀。"（个案4）

"没办法啊，养都养了，你不带哪个带啊。"（个案5）

"我娃儿这么大，说句老实话，我没有出去过，被逼着带到这么大"；（个案7）

妇女的回答反映出自己在面对陪读抉择时的无可奈何。孩子必须有人管，这是所有人的共识，但谁来承担管孩子的主要责任，公婆不愿管也管不好，亲戚不好管，丈夫要挣钱不管，因而只能最终是妇女来管。即使妇女本身并不想陪读，但现实似乎是，除了妇女外，没有更合适的人选。

（2）没文化、没技术，挣钱少

虽然很无奈，妇女认为，自身的就业劣势是陪读的推力。据笔者统计，在9位陪读妈妈中，陪读之前的职业皆是外出务工。由于自身学历、技能的限制（大部分学历为初中），其从事的职业多为体力劳动，主要分为两类，一类是到较为发达的地区如广东进厂，从事最简单的手工加工活动，例如服装厂、玩具厂等，另一类是跟着丈夫一起去建筑工地，丈夫做大工，妇女做小工给丈夫打下手。

"我们这些出去，你想，一个月挣多少钱啊，大不了出去一个月进厂才两三千，找了维持一个家用。"（个案3）

"我们出去也没有多高的文化，大不了就是一两千块钱一个月，他是技术人，就要多挣点嘛。"（个案5）

除了自身条件的限制外，当前的就业环境也给妇女尤其是农村妇女造成就业困难，导致女性大多数只能从事简单的、工资水平低、可替代性强的工作。杜荣芳认为，当前社会由于男尊女卑的思想造成妇女受歧视的现象依然存在，农村妇女在接受教育、获取非农领域就业与其他方面发展机会远低于男性，与农村的男性相比，女性劳动力的迁移难度更大，付出成本更高。因而在家庭需要成员回归的时候，妇女成了"被回归"的主体。

总之，从陪读背景上来说，妇女陪读是一种被动的选择，主要受到客观条件和主观意愿两方面的影响。客观条件方面，地理环境的限制、社会政策的调整和人文环境的影响为陪读奠定了基础，使陪读成为一种家庭需要，然而，这种家庭需要与城乡教育水平的差距、农村孩子在教育上的弱势等社会大背景分不开。主观意愿方面，老人的期待、亲友的规劝和丈夫的不管形成了妇女陪读的推力。无论是在客观条件还是主观意愿上，都有传统的社会性别文化的作用，在无形中规定着妇女的角色，给妇女造成压力和限制，面对抉择，妇女自身在就业上的劣势和无奈使其被动做出陪读的决定。

民族地区校园侵害安全防御的策略

郑 昊[*]

一 引言与文献综述

校园侵害包括校园欺凌、校园暴力与校园性侵害等含义。校园欺凌是指发生在学生之间，恶意或蓄意通过肢体、语言及网络等手段，实施欺负、侮辱造成伤害弱小的行为。学生在校和上下学期间，遭受到校园内或者校园外的暴力侵害，都可以称为校园暴力侵害。比如学生对学生的侵害、教育工作者对学生的侵害、社会其他人员对学生的侵害；儿童性侵害是指侵犯者以满足其性欲为目的，通过暴力、诱骗、物质引诱等方式，诱导儿童（十八岁以下）进行性接触（包括身体与非身体）的行为。性侵害的表现形式多种多样，如强奸、乱伦和猥亵行为，诱导儿童观看或触摸性器官，向儿童提供不当的性信息等[①]。

在校园内外对青少年实施性侵害，由于双方的特殊身份关系和特殊的环境，具有很大的隐蔽性和危害性。特别是偏远的民族地区，由于学生上学离家较远，有的要走二三十公里的山路，有的学生便住校，更加有助于滋长校园性侵害。在重庆大足县，一名小学教师先后对自己所教的 10 名未成年小学女学生实施猥亵的恶性案例震惊了教育界[②]。青少年在成长历程中的此种受害体验对其身心健康和未来发展都将产生深刻而久远的影响。然而，目前我国的学界对青少年遭受性骚扰和性侵害的问题，尤其是对民族地区小学女生校园侵害的问题尚未引起足够的关注并加以研究。

---

* 作者简介：郑昊，四川外国语大学社会与法学院副教授。

① 丁珊、张秋霞：《儿童性侵犯的犯罪心理分析及防治对策》，《长安大学学报》（社会科学版）2003 年第 5 期。

② 《重庆一小学教师强奸 10 名女生 并包女学生为二奶》，https：//news.sina.com.cn/s/2003-06-16/04141173621.shtml。

国际组织普遍认为，任何未满 18 岁者受到伤害，或者未受到妥善照顾，均属于儿童虐待。儿童虐待可以是身体虐待、性虐待、情感虐待或忽视虐待。虐待和剥削儿童的事件在全世界所有国家和社会均有发生，虐待儿童是决不可接受的①。

二 研究方法与访谈分析

本研究以校园侵害安全防御策略干预为调查分析视角，基于 2016 年 5 月至 6 月在四川××市彝族和藏族民族地区的 A 学校、Y 学校和 Z 校，采取随机抽样方式对中小学生（女生为主）深入访谈、家长深入访谈以及教师行管人员专题小组讨论的一手记录资料，以访谈案例类型分析和平行事件分析为主要研究手段，对校园安全防御策略进行逐一分析。

1. 家长一方：对校园侵害缺乏意识

现在许多家长过分关注孩子的成绩，却忽视了孩子的校园安全问题和生理、心理健康，对孩子的身体安全和在性学方面的教育更是少之又少，这样不利于培养孩子校园防侵害安全意识，更加不利于他们今后的健康成长。即便有些家长通过媒体报道意识到了校园侵害的严重性，也总是认为这些应该是学校的事情。认为既然孩子交给了学校，学校就要负责孩子的安全。

> Q：无论是在校内校外，如果你们知道了哪个小孩受到了侵害，学校有没有什么办法，有响应的报告和响应系统吗？
>
> A：学校应该是有，去找老师，老师肯定有责任要去处理。要把家长喊到学校来，告知情况。教育学生对别人侵害是不对的。这种必须要告诉老师。老师通知双方家长，该怎么调解，教育以后不犯这种事了。
>
> Q：那您觉得这种办法效果怎么样，有没有什么问题？
>
> A：应该挺好的吧，基本上都能调解好。
>
> （访谈记录：20160516ZDH）②

---

① 救助儿童会，http://www.savethechildren.org.cn/。

② Q 为访谈提问，A 为回答。访谈资料编码说明：6 位数字为访谈日期（年 4 位+月 2 位+日 2 位），大写英文字母为被访者姓名首字母。

还有的家长很少意识到校园侵害的所指，一提到校园侵害只单纯地理解为普通安全问题，如下河游泳、交通安全等。极少考虑到校园欺凌、校园暴力与校园性侵害等。

　　Q：您觉得在家里作为家长或者爷爷奶奶，可以做些什么，可以保护孩子在家里和学校免受伤害？

　　A：哎，尽量提醒嘛，不要调皮，不要乱跑，外面坡坡坎坎的，树上啊，不要去调皮。天天都要提醒，小心点。

　　Q：其他方面呢，还有哪些方面还可以改进做得更好？

　　A：做得更好……哎。你知道现在的大人都在外面（打工），没在家里，只能在电话里说下她吼下她，你说要做多安全的措施呢，说实话我们没有这个条件。小区里没有保安什么的，没办法做到那么全面。尽量地在口头上多说说。

　　（访谈记录：20160504HGA）

此外，家长被问到校园侵害时的总体表现是意识薄弱，认为学校里学生之间的肢体冲突主要是小孩子之间的"打打闹闹"，在简单的干涉下便能够解决。

　　Q：那您有没有了解到一些孩子受到了侵害但是他不告诉学校和家长，如果发生了这种情况，您觉得会是什么原因让他谁也不说呢？

　　A：不说的这种孩子，肯定是打他的孩子很厉害很凶，他打不过对方。你像我们家是女儿，还有个侄子，每次他打架了都要叫我女儿一起打回去。我们就教育他，他说"为什么别人打我我就不能打回去"。现在的孩子都不愿意自己吃亏。

　　Q：现在的孩子挨打了他也不愿意告诉家长，就想着要打回去是吧？

　　A：［呵呵笑］是的。我们就教育孩子，如果打架了就跟老师说，让你们换位子不跟那个同学一桌了。他说"我已经跟老师说了很多遍很多遍了"（但是老师还是没有让他们换位子）。现在都成了好朋友了。"不打不相识"。

　　（访谈记录：20160504HGA）

2. 学生一方：缺乏校园侵害防范意识和知识

近年来，校园暴力、猥亵儿童事件频起，如何保护好祖国的花朵，成为人们担忧的重大问题。提高未成年人自我保护意识，减少、杜绝校园欺凌问题，预防校园性侵事件发生，成为迫在眉睫的事情。然而，从目前访谈的情况来看，作为学生一方，非常缺乏校园侵害防范意识和知识。由于缺乏相关教育，学生处于懵懂状态。

你在学校感觉安全吗？为什么？

A：不怎么安全。打架的很多。
Q：哪些年级的打架？
A：高年级的，经常欺负小同学。
Q：高年级在几楼？
A：高年级在三楼，低年级在一二楼。总共四层楼。
Q：你看到打架的会怎么办呢？
A：我去找值周老师。
（访谈记录：20160511SDR）

很多小学在校女生之所以会遭遇校园暴力和性侵案件，是因为她们本身缺乏防御校园暴力和性教育知识的普及，不知侵犯的界限是什么，更不知如何保护自己。要想从源头上预防、从根本上治理、从制度上发力解决校园暴力、校园欺凌和性侵等问题，学校安全教育的形式或许需要从根本上做一些转变。

如今，城市里有诸多武术、跆拳道、格斗、体适能等机构陆续对外推出儿童安防课程。除了线下有这些青少年儿童安防教育课程之外，线上抖音平台也出现了安防教育的课程。然而在偏远的西部农村，特别是西部民族地区的小学校园，这样线上、线下预防校园侵害的举措仍然十分缺乏。

Q：比如在学校里同学遇到伤害，有不好的事情发生的时候，学校里有没有一个专门的办法来帮助他们？
A：[点头] 有。
Q：什么办法？
A：[摇头] 不知道。

Q：那你不知道的话，怎么知道有一个专门的办法呢？

A：他们说的。

Q：同学说的，老师说的？

A：[摇头]

3. 教师一方：农村民族地区难以形成学校—家庭—社区三位一体安全防御

在四川××市彝族和藏族民族地区的小学校，有很多不同宗教信仰的家庭学生，也有一些藏汉家庭或彝汉家庭学生。这些家庭的父母大都在县城或中心城市打工，要么将孩子留在祖父母身边，让其走读上学；要么索性让孩子在学校里寄宿读书。

Q：那学校里有没有不同民族，不同宗教的同学？

A：3号：不同民族有[其他老师附和或点头]。

1号：不同宗教？不知道[老师们一起笑]。

2号：不知道。

1号：不同民族我们有很多，有藏族的。

3号：藏族的比较多。①

（访谈记录：20160515JS）

在问及教师们如何针对学生之间暴力侵害进行提前教育时，老师们强调了中午食堂吃饭时的排队秩序，但没有涉及课后（前）可能发生的校园暴力预防。当被直接问及是否发生过校园欺凌事件后，老师们表示会第一时间知晓此事并进行处理。

Q：那大家对学生和学生之间暴力侵害的提前教育有针对特定年级吗？

A：6号、1号、3号：每个年级都在讲。

1号：各个年级都在讲，高年级除了在本班之间讲还要对着低年级讲（和低年级的相处）。

---

① 1—6号是教师集体访谈的教师编号。

3号：经常都在讲，比如最简单的食堂吃饭排队问题，一直在讲大的必须让着小的。

6号：每次值周的老师也严格值周，把学生吃饭的秩序搞得非常好。

3号：因为我们这年龄差距有点大，你不给他们讲这问题的话，那大个子就会插队。

（访谈记录：20160515JS）

Q：在学校，学生是否遭受过其他学生的校园欺凌？

A：4号：这个学校那么多人，肯定多多少少都有一点，大的欺负小的。有时候校园发生不和谐的事情肯定是避免不了的。

Q：那通常是什么原因呢？

A：4号：他们发生争吵原因很多，因为一点小事就吵起来了。

3号：因为一个本子一个书都可以吵起来的。

2号：就像夫妻两个吵架一样，很多很多。

Q：那这种情况发生的时候周围的同学都会怎么做？

A：4号：一般都会劝的。

3号：班上有班长这些人他们首先就会阻止事情的恶化。

6号：一些人阻止一些人报告。

Q：基本上老师会第一时间知道这个事情。

A：齐声回答：对。

3号：因为我们办公室离教室非常近。

（访谈记录：20160517JS）

在受访的小学校中，也有的老师表示心理咨询室是很好的疏导场所。对青少年进行心理疏导，可以很好地缓解校园霸凌中施暴者和受害者的心理问题。

Q：各位认为在学校里面还可以做哪些项目、活动，或者颁布相应的政策来使儿童免受侵害？

A：1号：像我们学校就做得很好，有心理咨询室。解决心理上的问题很重要。

2号：讲一讲帮他发泄出来，小孩发泄完了就没事了。

3号：通过组织运动帮助他们发泄嘛。

Q：不光针对家庭有变故的同学，就整体来说儿童安全保护问题学校还可以做哪些活动或者项目？

A：4号：这就需要你们这种专业的进行游戏（设计）。老师的话，体育课老师就讲哪些是不能玩的，哪些是危险的，上下楼梯怎么样。很多安全的东西是需要专业机构来组织学生在游戏活动当中去体验。

（访谈记录：20160517JS）

4. 结论与安全防御策略

经过对访谈资料的分析，可以看到家长甚至教师过于放纵"看上去就像是闹着玩"或者比较普遍的欺凌行为。一般总是等到发生比较大的事件时才进行关注和接入，但这都属于事后的干预，无法起到事前预防的效果。因此，家长和教师应该转变观念，对欺凌的行为不要姑息，开始的时候就要及时关注和制止。此外，在日常生活和学习中应当不断加强学生有关人的权利的教育，营造对欺凌零容忍的社会环境和氛围。校园中一旦出现欺凌行为，老师应该严格处理，让欺凌者做出非常正式的道歉和进行相应的惩罚，这样才能让其他学生也得到教育。

首先，应当建立起校园欺凌暴力事件预防与处理应急预案。为了有效防范校园内发生欺凌暴力事件，切实保障广大师生人身和国家财产的安全，及时处置侵害师生安全的恶性事件，维护学校的稳定，学校要制定欺凌事件的预防与处理应急预案，成立校园欺凌暴力防控应急处理领导小组，明确相关岗位教职工预防和处理校园欺凌的职责，保证能及时处理校园欺凌暴力伤害事件。

其次，在日常教学中开展有针对性的教育活动。对社会不满和因矛盾激化而铤而走险、因严重利益冲突而报复、精神病人发病以及极少数歹徒行凶犯罪、学生之间的矛盾等情形，是引发学校欺凌、暴力事件的主要原因。学校要集中对学生开展以校园欺凌治理为主题的专题教育，开展思想品德、心理健康和安全教育，邀请公安、司法等相关部门到校开展法治教育，组织教职工集中学习。宣讲对校园欺凌事件预防和处理的相关政策、措施和方法等，增强师生的法治意识和自我保护意识。充分利用心理咨询室开展学生心理健康咨询和疏导，公布学生救助或校园欺凌治理的电话号码并明确负责人。同时，家长应积极配合老师，与孩子进行沟通交流，使孩子在潜意识里自觉遵守规章制度，减少校园欺凌和校园暴力的发生。

再次，不断完善校园安全体系。要加强校园欺凌和校园暴力治理的人防、物防和技术防范建设。严格门卫登记、管理制度，控制外来人员进入学校。发现可疑人员或不法分子非法侵入校园应及时报告或报警。对可能引起矛盾激化事件的当事人要逐一排摸登记，耐心接待，尽力做好化解工作。经常性地与派出所、联防队沟通联系，及时掌握校园周边地区存在的不稳定的因素，及时采取有效对策。

最后，一旦发生学校欺凌暴力事件应及时处理。校内一旦出现非法侵害现象，在场教职工应尽力予以制止并及时通知学校领导。治理校园欺凌和校园暴力，最重要的是转变观念，不能为了治理欺凌而治理，重要的是形成环境预防。当对校园欺凌"零容忍"的环境、条件、理念形成的时候，欺凌事件自然消失。

学校在对学生进行性教育的过程中，要着力让未成年学生了解隐私权、身体自主权、性侵害的含义，让学生明白身体是自己的，任何人不得随意触碰。自己的身体可以分为"可触碰区域"和"不可触碰区域"，对于"不可触碰区域"，特别是隐私处，除父母为自己洗澡或医生检查身体等少数情形外，应当拒绝任何触摸。对于让自己感到不舒服、不自在的身体接触，无论对方是谁，都可以拒绝让其触碰或靠近。如果别人摸了自己并授意甚至恐吓自己要"保守秘密"，那么千万别害怕，一定要告诉父母、自己信赖的老师或其他成年人，否则事情只会变得更糟。

学校要让未成年学生明白，对未成年人实施性侵害不仅严重损害了他们的身心健康，而且严重触犯了法律，应当受到法律的严惩。学校还应当向未成年学生传授防范性侵害、实施自我保护的知识和技能。例如教育学生知道陌生人或熟人都有可能是性侵害的加害人；外出和上学或回家的路上要结伴而行，不要在无人的地方停留；和异性独处时不能关上房门，不要独自去异性的宿舍；不要轻易接受陌生人或他人的饮料和食品；在他人欲对自己实施性侵害时要大声呼叫，在保证自身安全的情况下可以采取恰当方式进行自卫等。

少数民族妇女文献研究与知识图谱构建

——以云南民族大学妇女/性别研究与培训基地成果为例

戴　昭*

一些尚未成熟的学科或新出现的交叉领域往往会出现知识脉络不够清晰，发展较为缓慢的情况，而相关的研究成果却未必缺乏。从相关文献入手，构建本领域的知识图谱，有助于以学术研究带动学科发展，帮助学科回溯发展历史、梳理发展脉络、探究理论前沿。云南民族大学妇女与性别研究中心（以下简称"中心"）在少数民族妇女研究方面取得了丰硕的成果，本文试图以中心 2015—2018 年的研究成果为例，参考同时间其他机构发表的论文进行分析，利用图书馆学中的本体概念得出少数民族妇女研究的本体与初步知识图谱。

一　研究背景与关注问题

少数民族妇女研究针对性强，覆盖范围大，研究成果较为丰富，适合利用提炼本体构建知识图谱的方式直观呈现其发展脉络与前沿方向。

（一）少数民族妇女研究的文献情况

2015—2018 年，中国知网上以"少数民族妇女""少数民族女性"为主题进行研究的论文有 70 篇，涵盖社会学、哲学、经济学、管理学、医药卫生等多个领域，其中 10 篇为国家社会科学基金项目，2 篇为国家自然科学基金项目，成果含金量较高，有一定代表性。针对这 70 篇文献进行关键词提取，词频最高的为"少数民族妇女"，其他出现频率较高的分别为"社会性别""女性文学研究"等（如图 1 所示）。

---

* 作者简介：戴昭，中华女子学院女性图书馆研究馆员。

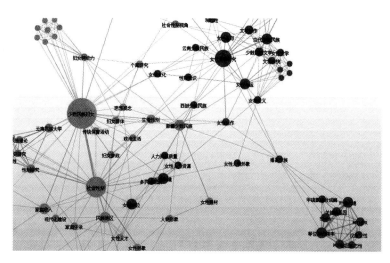

图 1　少数民族妇女研究相关文献关键词共现网络

同时间段，中心共产出成果 39 项，其中主题为"少数民族妇女"的有 8 项，分别为《少数民族妇女自主意识的觉醒——〈女性社会学视野中的少数民族妇女流动〉介评》《云南少数民族老年妇女经济保障的结构性脆弱——社会性别视角》《聚焦少数民族女性口述史研究的理论与方法》《为妇女自我发展与认同创造公共安全的空间——评〈经济组织中的维吾尔族妇女〉》《女性社会学视野中的少数民族妇女流动》《云南少数民族女性教育观及其实践——以少数民族知识女性口述史为例》《社会性别视角下诺邓少数民族老年人的健康老龄化》《少数民族知识女性口述史》等。对比图 1 可以看出中心的研究主题与知网相关文献的研究主题大致类似，"少数民族老年妇女""少数民族女性口述史"是中心的研究特色。

根据中心研究成果和知网相关文献得出的少数民族妇女研究领域关键词，较为全面地展示了该研究领域的研究重点及前沿问题，构成了少数民族妇女研究知识图谱的基础。

（二）知识图谱的发展现状

知识图谱作为一种概念理解和图像解释的工具，在图书馆学、人工智能、情报分析、经济金融等领域均有利用，已经形成多个开放知识图谱，如 DBpedia、ConceptNet、中文开放知识图谱联盟 OpenKG 等，涵盖了常识、医疗、金融等众多领域。上述开放知识图谱多基于维基百科、大型词表等基础知识库，并未在学术研究领域形成通用的构建方法与处理工具。

针对少数民族妇女研究领域，可根据相关文献提炼主题领域本体的方式构建专业知识图谱，从而呈现学科发展状态、揭示学科历史发展、发现研究重点并预见发展方向。第一，目前少数民族妇女研究焦点较为分散，对相关文献进行搜集整理有助于梳理整体脉络，并认清发展走向，对该研究领域日后的发展方向有指引作用；第二，对该研究领域的整体把握有赖于真实可靠的客观事实，而已有的研究文献恰恰可以客观展示研究的历史、发展阶段及前沿问题，是客观有效的研究方法。

二　图书馆学视域下的少数民族妇女研究本体分析

本体（Ontology）指特定领域中个体与个体之间关系的模型，是一种受控语言，用来描述术语及术语间的关系。图书馆学拥有目前最成熟的本体——图书分类法，而主题词表作为另一种信息组织方式，也是本体的一种形式，少数民族妇女文献研究适合利用主题法构建本体。

（一）图书馆学的本体概念

本体最初为哲学概念，是对客观存在的一种描述。随着本体进入人工智能、知识管理等领域，国内外学者对本体赋予了新的含义。例如：本体是构成相关领域词汇的基本术语和关系，以及利用这些术语和关系构成的规定这些词汇外延的规则的定义（Neches，1991）；本体是概念化的规范说明（Gruber，1993）；本体是共享概念模型的明确的形式化规范说明（Studer，1998）；本体是一个关于某些主题的，层次清晰的规范说明（李景，2005）等等。图书馆学领域的本体是包括实例、类、属性、关系等基本要素，具备共享性、明确性、模式化、概念化、可扩展性等特点，通过说明主题与主题间关系描述学科领域的知识模型。

本体的基本要素中，实例与关键词有一定相似性，是最基础、最底层的个体表达；类是指实例的类型或种类，可以理解为分类法中的上位类，即所属类别；属性是指实例和类所具有的特点和参数；关系包括实例与实例的关系、类与类的关系、实例与类的关系等一切可能存在的关系，本文使用的本体关系将直接利用分类法中"用（使用，两者为相同概念）代（代替，一般使用的说法）属（属于，从属概念）分（分类，分为若干子概念）参（参照，互相解释）"等关系表达。可见，本体作为一种模式化的表达方式，可以使学科发展历史的梳理和各概念之间的关系分析变得更加明确，进而形成本学科领域的知识图谱。

（二）少数民族妇女研究本体构建

通过对中心研究成果及知网相关文献的整理以及关键词共现技术的支持，认定的少数民族妇女实例和类包括"少数民族妇女""少数民族地区""老年""社会性别""女性文化""口述史"等等，由于女性学本身即为发展中的交叉学科，故本文构建的少数民族妇女研究本体必然不能覆盖研究领域的全部内容，该本体仅为部分研究重点（详见图2）。

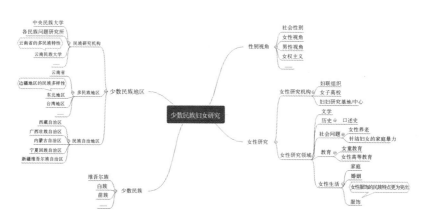

图2　少数民族妇女研究本体的实例与类

根据本体构建规则，图2中每个分支即为实例，其所属的上级分支为类，不同类下的分支可自由组合，形成具有关系的分支领域，如"白族女性服饰""民族自治地区的妇联组织"等。以"云南民族大学"为例，其属性元素主要体现在云南省的多民族特点导致云南民族大学在少数民族妇女研究方面的独特优势。

三　少数民族妇女研究知识图谱

少数民族妇女研究既属于民族学研究范畴，也属于女性学研究范畴，是两个交叉学科再交叉的一个特殊领域，构建少数民族妇女研究方面的知识图谱，对民族学和女性学的发展都可以起到推动作用。

（一） 知识图谱的概念

知识图谱是将应用数学、图形学、信息可视化技术、信息科学等学科的理论与方法与计量学引文分析、共现分析等方法结合，用可视化的图谱形象地展示学科的核心结构、发展历史、前沿领域以及整体知识架构的多学科融合的一种研究方法。本文从已有的研究成果入手，提炼图谱中的节点，即本体，针对少数民族妇女研究领域构建初步知识图谱，以期建成少数民族妇女研究专题领域的知识库和专门语义网络。

（二） 少数民族妇女研究知识图谱初步设想

在少数民族妇女本体的基础上，将 2015—2018 年中心的研究成果和知网中相关文献进行主题标引归类后随机选择 5 篇文献进行举例，并加以时间排序 （时间轴单独显示为图 4），得到少数民族妇女研究的简易知识图谱样例 （见图 3）。

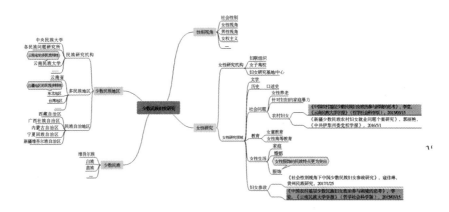

图 3　少数民族妇女研究的简易知识图谱样例

例如：《中国农村基层少数民族妇女政治参与困境的思考》，李莹，《云南民族大学学报》（哲学社会科学版），2015/3/15，涉及的本体为农村妇女、少数民族妇女、妇女参政，在图谱中选择相关实例时，都可以显示这篇文章，而搜索这篇文章时，所有本体也都将作为标签展示。

将知网中 70 篇相关文献按照时间排序，得到图 4，可以清晰地看出

2015—2018 年间，少数民族妇女研究呈现稳定向前的发展态势，每年研究成果的数量比较平均。

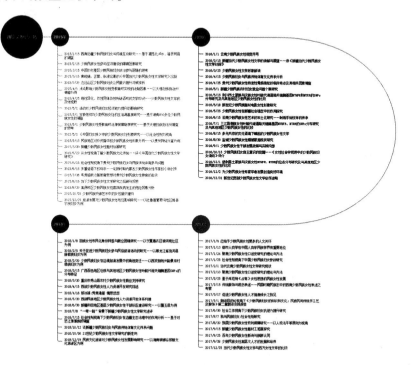

图 4　知网中关于少数民族妇女研究相关文献时间轴

图 3 和图 4 共同构成少数民族妇女研究简易知识图谱（样例），该图谱旨在梳理少数民族妇女研究发展脉络和指引研究的前沿方向。

综上所述，通过对少数民族妇女研究领域已有的文献成果进行整理分析，可以得到相对准确的本领域重点研究主题，经清洗、组织、关联后形成少数民族妇女研究本体，对该研究领域的发展起到推动作用，同时也有助于明确少数民族妇女研究的前沿方向；利用本体模型表达知识概念与知识关系，将少数民族妇女研究中的高频主题词作为初步知识图谱的节点，提供主题检索、时间演进、地区导航等知识发现功能，形成了少数民族妇女研究知识图谱的设想。由于少数民族妇女研究仍处在稳步发展阶段，而实现知识图谱的相关功能也还有赖于多方技术支持，因此目前呈现的少数民族妇女研究知识图谱有一定的局限性，还需在符合学科发展特点、跟踪文献研究进展的基础上，通过数据可视化、知识挖掘、知识获取等技术和手段进一步完善少数民族妇女研究知识图谱，从而指导学科发展、推动学术进步。

基于循证实践的社会工作研究方法

童 峰 张 坤[*]

循证实践（Evidence-based Practice，EBP）是 20 世纪 90 年代受循证医学思想影响而产生的一种新的实践研究理念。循证实践模式是最好的证据、客户的价值观和期望、专业知识三者的组合，可以为实践提供决策。其拥有一套完整的组织实施模型，并能够对实施效果及时跟踪、有效评价。目前，美国、西欧等发达国家已建立了以牛津大学 Corchrane 协作网和 Campbell 合作网为支持的科研智库系统，从原始证据的生产到系统评价（Systematic Review）再到证据的推广、转化和执行、反馈的一套系统流程，实现了以实践为核心的研究和决策体系，在社会科学领域应用广泛，收录了大量社会实践证据，被誉为将社会实践研究科学化标准化的重要工具。在国际交流的影响下，国内学术界也开始逐渐接受和发展循证实践方法，2010 年由华西医院中国循证医学中心建立的中国循证实践与政策实验平台（Chinese Clearinghouse for Evidence-based Practice and Policy）是我国的第一个类似的证据实验平台，它依托于美国南加州大学 Hamovitch 人类服务研究中心并与其合作建立。不过，目前尚以引进国外证据为主，国内证据收录有限，最关键的是，这个数据库是基于 Corchrane 协作网建立的，旨在收纳卫生学和医学方面证据，然而，基于 Campbell 合作网旨在收纳社会科学类，特别是社会工作证据的平台将是我国社会科学实践研究的重要方向。

一　循证实践的学术渊源及其作用

随着社会的发展，单一学科种类对实际问题的解释能力越来越力不从

---

* 作者简介：童峰，四川外国语大学社会与法学院副教授。张坤，博士在读，国际法学与社会学院教师、团总支书记、辅导员，研究方向主要是跨文化交际、思想政治教育。本文系［基金项目］2018 重庆市社会科学规划项目（2018NSH41）基于循证社会工作大数据的重庆智慧养老模式研究。

心，单单凭借传统研究，通过挖掘社会问题，分析社会矛盾，提出政策建议的传统思路来治理社会，已经渐渐沦为被动式的社会治理模式，对于社会问题必须在各个可能的环节进行主动干预，Campbell 协作网就是基于此目的而产生的一种社会科学类多学科交叉的智库平台，其建构思想来源于自然科学的研究范式，发展于医学——这个自然科学与人文科学的交集，并在 20 世纪末开始逐渐渗透于各人文社会科学门类，相关标准也被认为是将实践数据证据化的科学方法。循证实践的研究领域早已不再局限于临床治疗和药物试验等医学、药学或公共卫生领域，其研究方法和思维逻辑对人文社会科学领域也已产生了重大影响，形成了循证教育学，循证心理学和循证社会工作等循证实践方法在社会科学的应用领域。

循证实践，简而言之是一种以证据为本的实证研究。社会科学的循证实践依托 Campbell 合作网平台进行证据推广。2000 年，以美国著名思想家、社会学家、心理学家 Donald Campbell 的姓氏命名的 Campbell 协作网正式成立，致力于运营社会科学相关干预措施效果的系统评价，其研究领域包括司法、教育、社会工作等。Campbell 协作网作为重要的国际协作性研究组织，在世界范围内享有盛誉，在美国、英国、挪威、芬兰等发达国家已建立成熟的循证实践研究中心，为教育部、卫生部和社会福利部门提供了可靠的决策依据，特别是在美国政府社会政策领域的各类课题项目中，由于循证实践方法的科学性与透明性，常常被作为首选的研究方法。Campbell 协作网由社会福利研究组、司法和犯罪研究组、教育研究组、方法学研究组、用户组、发展中国家政策研究组（筹）6 个部门组成，分别负责教育、科学、文化、法律、政策、信息和交流和经济社会及人文科学其他相关领域。

由于与多个国家建立合作伙伴关系，Campbell 开始在 2001 举办每年一度的研讨会。研讨会是 Campbell 协作网吸引研究者和政策制定者的重大事件，旨在促进评价社会干预效果的系统评价以及所涉及方法学的发展。研讨会为政策制定者、从业人员和研究者提供会议场所，并支持会议的组织工作。研讨会展示社会福利、教育、司法犯罪、国际发展领域的大量系统评价，提供参加方法学培训班的机会。截至 2016 年，Campbell 国际组织共举办 15 届年会，协同 DFID、AusAID、3ie 等国际组织共同推动相关政策循证实践研究（见表 1）。

表1 Campbell 研讨会概览

届数	举办地	举办日期	会议主题
第一届（2001 年）	美国费城	2.22—2.23	如何制作 Campbell 系统评价？
第二届（2002 年）	美国费城	2.21—2.22	多学科加入提高公共决策：研究和系统评价的作用
第三届（2003 年）	瑞典斯德哥尔摩	2.27—2.28	跨国开展系统评价
第四届（2004 年）	美国华盛顿	2.18—2.20	证据概览
第五届（2005 年）	葡萄牙里斯本	2.23—2.25	证据的供与需：系统评价及使用
第六届（2006 年）	美国洛杉矶	2.22—2.24	生产证据的系统评价：争鸣、标准和示例
第七届（2007 年）	英国伦敦	不详	质量、可信度、实用性：系统评价的相关性
第八届（2008 年）	加拿大渥太华	5.12—5.14	教育、社会福利和司法犯罪领域决策证据
第九届（2009 年）	挪威奥斯陆	5.18—5.20	更好的证据，更好的世界
第十届（2010 年）	美国科罗拉多州	10.18—10.22	致力于循证决策新高度
第十一届（2011 年）	美国弗吉尼亚	8.15—8.16	研究是否改变世界？什么是证据？
第十二届（2012 年）	丹麦哥本哈根	5.29—5.31	
第十三届（2013 年）	美国芝加哥	不详	
第十四届（2014 年）	北爱尔兰贝尔法斯特	6.16—6.19	更好的证据，更好的世界
第十五届（2016 年）	英国伦敦		

Campbell 协作网的主旨是为社会福利、教育、社会工作等领域提供高质量的系统评价决策报告，即提供科学的证据。Campbell 证据库是 Campbell 协作网建立的以便保存、推广以上各领域的系统评价的数据库，制定和建立的系统评价以网站数据库的形式保存（http://www. campbellcollaboration. org/lib/），用户可以使用简单检索和高级检索检索文献，根据需求下载全文、计划书、摘要等。目前坎贝尔协作网国际组织已经形成了五大部门：第一个部门是负责协作网相关政策制定，宏观操作监督，各组指导方针等多项领导工作的 Campbell 协作网指导委员会。第二个部门是负责各专项协作组的活动，Campbell 协作网年会，指导委员会会议筹办的秘书处。第三个部门是负责系统评价方法的指导和研究工作，帮助协作网保障研究证据的质量的方法指导组，其中又细分为统计学小组、准试验设计小组、进程与执行小组、编辑评价小组。第四个部门是与秘书

处合作，致力于为协作网传播、网站维护、推广 Campbell 协作网成果并提供指导帮助的交流传播组。第五个部门是由教育组、司法犯罪组、社会福利组、国际发展组、知识转化与实践组组成的专项协作组。经过 15 年的发展，Campbell 证据库已收录 200 篇的系统评价，内容涵盖教育、犯罪、社会福利等多个领域，为公共决策提供了大量证据支持。

二 国内循证实践方法在社会科学研究的现状

目前，我国还没有形成基于循证实践理念的社会工作智库，也没有类似 Campbell 协作网的平台。所有循证相关研究主要以科研论文的形式储存在知网、万方和维普等学术网站里。因此，以循证实践研究进行文献检索，可以有效了解循证方法在我国社会科学研究中的现状。

以"循证实践"为检索词，在万方、CNKI 两个数据库进行检索，检索时间为自建库起至 2015 年 3 月。纳入标准：通过阅读文题和摘要，纳入符合循证实践在社会科学领域的文献，包括原始研究、二次研究和综述等；排除标准：排除重复文献、单纯循证医学类文献、会议通知、个人观点、专家意见及评论等，医学教学类文献归为医学类故而排除。

（一）研究类型

在所纳入的 240 篇文献中，循证图书馆学占纳入文献的 31.67%（76/240），循证信息检索学占 17.50%（42/240），循证矫正学占 9.59%（23/240），循证教育学占 7.08%（17/240），循证管理学占 6.25%（15/240），其他各领域共占 35%（84/240）。具体情况见表 2。

表 2　　　　　　　　　**循证实践相关文献的分布表**

研究领域	文献数量（篇）	研究领域	文献数量（篇）
循证图书馆学	76	循证心理学	5
循证信息检索学	42	循证情报学	3
循证社会工作	23	循证药理学	3
非医学类循证教育学	17	循证经济学	2
循证管理学	15	循证文献计量学	2
循证期刊编辑	9	循证营养研究	1

续表

研究领域	文献数量（篇）	研究领域	文献数量（篇）
循证建筑学	6	循证运动训练	1
循证政策研究	6	其他	29

通过对文献的分析，循证实践在我国社会科学领域的文献数量主要集中在循证社会工作、循证管理学、循证图书馆学等方面。其中循证社会工作的相关论文主要集中在循证矫正方面，即实践者在所研究的证据中，遵循最佳证据原则，结合实践者个体矫正经验，在矫正对象的配合下，针对矫正对象犯因性特点，开展高效矫正的一系列矫正活动。习惯于一些传统的矫正手段的民警，通常凭借自己的经验对罪犯进行矫正，主观性很强，效果不佳。循证矫正的实践理念不但可以拓宽民警选择矫正手段的视野，而且可以实现矫正过程经济与社会效益的相对最优化。循证教育学是西方最新兴起的教育学理论，指"在如何进行教学的过程中，专业智慧与最佳可利用的经验证据的融合"，我国目前的教学模式是以教师和教材为中心，忽略了学生自主学习能力的培养，学生是知识的被动接受者而非学习的主动参与者。因此，必须进行教学模式的改革。循证管理是一种新的决策范式，其优点在于通过循证管理，管理者站在专家意见和实践经验的肩膀上，他们做出的组织决策是基于充分的社会科学和组织行为研究成果之上的，使专业决策从基于个人偏好和不系统的经验转变为基于最佳科学证据。同时，循证管理实践评价还是一个不断反馈的过程，实践者依据本次实践的结果，对其进行评价，从而不断丰富和完善已有的"最佳证据"。但是，循证管理范式与现存的管理模式是有冲突的，必定会受到现实的挑战。

（二）研究地域

按地域分析纳入文献，北京地区发表数量最多，为35篇（14.58%），其后依次为广东省28篇（11.67%）、河北省17篇（7.08%）、江苏省15篇（6.25%）等（见图1）。

（三）文献发表时间

按文献发表时间，2000—2004年发表数量较少；之后呈迅速上升趋势，

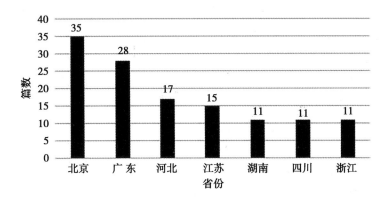

图1 循证实践文献的发表省份示意图

2005—2009年的研究数量为86篇（32.92%）；2010—2014年文献发表数量为115篇（47.92%），其中2013年发表数量最多，为42篇（见图2）。

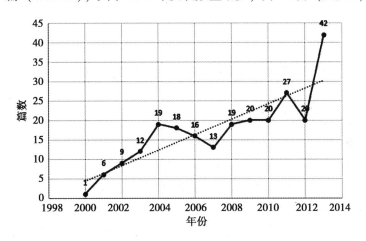

图2 循证实践文献数量的时间分布图

（四）现状与不足

通过对循证实践在我国社会科学领域的研究进展和发展现状的分析，初步得出以下结论：①循证实践在我国社会科学领域的文献数量呈逐年增多趋势，以北京地区研究数量为最多；②研究主题在循证矫正学、循证教育学、循证管理学等领域相对较多，在循证经济学、循证药理学、循证营养学、循证决策等其他领域相对较少；③研究类型中，大多数为传统综述和描述性研究，二次研究较少。如今，循证实践早已超越当年循证医学意义上的医学实践，成为"基于研究证据进行科学实践"的总称，其理念与方法迅速渗透到除医学以外的多个领域，但这些领域在应用循证理念的过程中还遇到很多困难，面临诸多挑战。

循证实践方法在国内外社会科学领域应用与发展的成果是值得肯定的，相关的数据库不断完善，相关的研究与文献也正在酝酿或发表中，无论是从研究时间和研究地域来看，还是从研究的领域来看，循证实践在社会科学领域都得到了长足的发展。但是，我们还应该看到，循证实践方法的应用还存在着许多的不足：首先，研究领域的局限性。循证实践方法与社会科学相结合的领域还比较少。主要集中在信息检索相关学科中，而管理学、心理学和社会工作等领域积累不多；其次，研究文献相对缺乏。有关于循证实践方法在社会科学领域运用的文献资料都比较少，可研究和借鉴的成果不足；最后，从事循证实践的学者队伍还比较少。由于循证实践在中国社会科学领域的应用时间还比较短，所以此领域的学者队伍还处于逐渐发展壮大中。

三　循证实践在中国发展的展望

循证实践在我国处于刚刚起步的阶段，在国内社会科学领域已经取得了一定的发展，循证实践理念逐渐从医学健康领域蔓延到司法、教育以及社会工作等诸多领域。何雪松等学者讨论了以证据为本的实践以及对中国社会工作发展的启示。何雪松认为以证据为本的实践是呈现社会工作科学性与专业性的重要策略，是社会工作实务有效性的重要保障。目前循证实践在我国无论在研究还是实践层面，仍处于理念推广阶段，主要存在以下问题。

首先，与循证实践理念与方法相适应的社会管理体制尚不完备。推行循证实践需要具备一定的政治环境、学术研究环境及专业实践环境，当社会发展到对政府决策的科学性、学术研究的严谨性、专业实践的有效性有所追求时，循证实践理念和方法才有实践应用的社会环境和服务的平台。相信如果很好处理了以下四大难题，应该会有更好的发展：一是利用循证实践理念和方法筛选中国当前亟须解决的社会问题。二是处理好引入证据在中国的可推广性和文化差异问题。三是科学评价中国当前开展的社会学类原始研究和二次研究。四是指导服务提供者和决策者掌握循证实践的能力和方法，为政府资助的相关研究提供参考依据，这些研究证据涉及生育政策、养老服务、健康干预、残疾人口救助、灾害人口救助和反贫困策略等。

其次，循证没有一个较为统一的定义标准，研究人员以及实务工作者对循证实践中关于研究证据的获得与评价、服务提供者的技术和经验以及服务对象的参与等概念存在一些模糊的理解。在研究层面，国内社会科学领域的文献存在研究主题分布不均衡（循证图书馆学、循证信息检索学、循证矫正学、循证教育学、循证管理学等文献数量较多）、地区研究差异化、原始基础研究文献较少、干预性实验研究较少、二次研究文献数量也不多且研究质量不高等问题。在实践层面，临床服务人员缺乏有效研究证据的指导，对于循证实践方法的运用程序不了解，也没有足够的时间去检索文献、寻找证据，导致循证方法尚未被充分深入应用到司法、教育以及社会工作等相关领域的服务实践中。

最后，为了促进循证实践方法在社会科学领域的不断推进与发展，至少需要解决两个方面的问题：一方面是对国外证据的纳入，例如导入 Campbell 合作网，美国 CEBC（The Centre for Evidence-based Conservation）和麦克马斯特大学的 Health-evidence 平台等国际上公认的循证证据。另一方面是对国内证据的纳入。这里分为两个层次：其一，是对现有学术研究平台数据的整合，即对知网，万方等平台中的社会科学研究结论通过系统评价方法进行整合；其二，是对未来的社会科学研究方法提出中国化的标准，建构一种科学化且操作简便的社会科学证据生产和推广方法，以筛选和利用现有证据，并促进更多证据的生产、转化以及推广。

下篇：经济发展与社会性别

长期以来，少数民族地区的经济发展水平，一直是影响包括女性在内的少数民族人口素质、健康和经济社会发展的突出问题。

云南民族大学妇女/性别研究与培训基地主任杨国才教授通过文献查询发现：云南边疆农村少数民族妇女的健康状况与当地男性或与其他地区的少数民族妇女相比，仍旧处于劣势。因为，对少数民族妇女的医疗保障，可以说在1950年之前是空白的。从中华人民共和国成立之初才开始采取相应的行动及措施。随着社会经济水平的发展、医疗水平的提高、人民需求的增加，我国对少数民族妇女的医疗保障越来越完善。妇女与健康议题被提上议事日程，少数民族地区普遍建有妇幼保健站，妇女的生育健康不断得到保障。但是，由于环境污染、社会流动、城乡差异等问题的存在，少数民族妇女的健康与医疗仍然需要改善。必须继续加强民族地区经济的发展，全面贯彻男女平等国策，消除民族、性别的差异；增强少数民族妇女医疗保健意识；弘扬少数民族优秀医药文化；保护生态环境。这样才能共同致力于云南少数民族妇女医疗保障水平的提高，让少数民族妇女也享有健康医药保障，才能促进民族地区经济社会文化的全面发展。

有的学者关注三线建设企业的性质，指出三线建设企业是介于城乡之间的单位社会，具有人口密度较大、生产方式工业化、户籍身份为城镇户口、生活方式为产区生活、社会差异为同质性强及密切的熟人社会等诸多特征。而从地理环境、社会差异、社会关系等方面来看，三线企业又具有乡村社会的部分特点。因此，在中国特殊背景下形成的三线企业，是一种介于城市和乡村之间的特殊社会组织形式。有的则关注农村"外嫁女""离婚女""丧偶女"的财产继承权的问题，认为这是女性因婚姻关系变化而引起的身份认同上的困境。有的通过对外迁移民工程天门安置点的实地研究，则回答了"易地搬迁如何造成移民贫困"的问题，认为其实质原因是生计空间的变动导致移民劳动资源、劳动形式、劳动关系的变化，更代表着其生产生活方式的变化，凸显了移民难以适应市场化社会困境的现状。在精准扶贫政策设计与落实过程中应该具有社会性别需求敏感度。有的则在社会性别需求视角研究农村女性群体参与精准扶贫的角色分工，最后发现女性在参与政策落实过程中的角色分工存在建构性。有的对比传统与现代的摩梭妇女的健康状况后，发现摩梭妇女的地位与其健康不成正比关系，而社会经济的发展也会对摩梭妇女健康带来新的威胁，摩梭妇女的健康需要得到持续关注。

社会性别视角下云南少数民族
妇女的健康与医疗保障

杨国才*

健康，是人类发展的重要基础之一，也是人类发展的重要目标之一。1994 年，国际人口与发展大会《行动纲领》进一步指出："人人有权享受能达到的最高身心健康的标准。各国应采取适当措施，保证在男女平等的基础上普遍获得保健服务"[1]。1995 年，第 4 次世界妇女大会北京《行动纲领》把妇女与保健作为第 3 大重要关切领域，提出"妇女有权享有能达到的最高身心健康的标准。享有这一权利对妇女的生活和福祉及参加公共和私人生活各领域都至关重要"[2]。健康权是人的基本权利的重要组成部分，而且，健康不仅事关自身，也事关后代、家庭，乃至整个社会。由此，妇女的健康也是妇女的一大基本人权，促进妇女健康也是人类社会的一个重要职责。

自 1980 年以来，有关妇女/性别的学术研究在中国有了长足的发展，妇女与健康一直是其中一个重要的议题。尤其是在 1995 年联合国第 4 次世界妇女大会以后，妇女与健康的相关研究日益得到学术界的重视。[3] 据当时有关调查显示，中国近一亿的少数民族中，妇女（15 岁以上女性）占 32%，她们绝大多数都居住在中国边远地区[4]，由于自然地理环境恶

---

* 作者简介：杨国才，云南民族大学社会学院二级教授，博士生导师。

[1] 国家计生委外事司：《94 国际人口与发展大会文件选编》，国家计生委外事局 1995 年版，第 129 页。

[2] 第四次世界妇女大会编：《第四次世界妇女大会重要文献汇编》，中国妇女出版社 1998 年版，第 201 页。

[3] 王金玲、姜佳将、曹好：《妇女与健康：人文社科领域的发展》，载杨国才主编《社会性别视野下少数民族妇女的健康与生态环境保护》，知识产权出版社 2011 年版，第 236 页。

[4] 钱建明：《中国少数民族妇女健康状况分析》，载王福临编《中国少数民族妇女发展论文集》，中国广播电视出版社 1995 年版，第 232 页。

劣、社会经济发展缓慢等条件的制约，与汉族妇女相比，少数民族妇女的健康状况欠佳；同时少数民族地区卫生教育水平低、不平等的性别文化等的影响下，与少数民族男性相比，少数民族妇女的健康状况也普遍令人担忧。

云南是中国世居少数民族最多的省份，其中，有 15 个少数民族为云南所特有。因此，云南少数民族妇女的健康问题值得关注。有鉴于此，本文以云南少数民族妇女为研究对象，对她们的健康状况、医疗保障的变化进行研究，为云南少数民族妇女健康的发展做一个总结和展望。

一　云南少数民族妇女的健康

关于"健康"的定义，学者们一般认同"世界卫生组织"的界定，认为"一个人的健康，包括身体、心理、社会适应能力和道德的良好状况"。然而，随着少数民族地区经济的发展，发展不平衡不充分的现象也越来越突出。坝区少数民族的生活水平很多都与汉族齐平，甚至超过汉族，其健康状况也得到了相应的改善。而云南边疆农村少数民族妇女的健康状态仍处于劣势。

也就是说，中华人民共和国已成立 70 年，从成立前到成立后，从成立之初到现在，云南少数民族妇女的健康状况有了较大的改善，但也存在较大的区域差异、城乡差距或族际差距。要缩小发展差距，改善少数民族妇女的健康状况是至关重要的。少数民族妇女作为民族地区不可缺少的人力资源和反贫困战略中的主力军，她们的健康状况与家庭的兴衰和社区的发展有着密切的关系，[①] 需要党和国家、社会各界的不断努力，提高更多少数民族妇女的健康水平。

（一）云南少数民族妇女的生育健康

关于生育健康的概念，1994 年在开罗召开的国际人口与发展大会上的《行动纲领》中早已明确指出："生育健康是指与生殖系统及其功能和运作所涉及的一切事项有关的身体、精神和社会适应性等方面的正常状

---

① 张桔：《洱海生态环境变迁与白族妇女健康》，载杨国才编《社会性别视野下少数民族妇女的健康与生态环境保护》，知识产权出版社 2011 年版，第 67 页。

态，而不仅仅指没有疾病和不觉虚弱。"并进一步解释生育健康的具体内容包括："人们能够有满意且安全的性生活；有生育的能力；男女均有权获知并能实际获得他（她）们所选定的安全、有效、便宜、适宜和可接受的控制生育的方法；有权获得适当的保健服务；使妇女能够安全地怀孕和生育；向夫妇提供生育健康婴儿的最佳机会。"①

随着计划生育在少数民族地区的实行、妇幼保健工作的完善，少数民族妇女的生育健康已经得到了很大的改善，有些少数民族地区甚至比汉族地区的效果还要好。但是随着少数民族地区社会经济的发展，其生计方式也发生了变化，少数民族妇女需要承担更多的劳动。例如在白族社会，出于生计需要，男性纷纷进城打工，妇女则留在家中照顾老人和小孩，并进行农业生产。因此，白族妇女要承担双重劳动，劳动时间更长，任务更重，很多妇女在患病期间，也很少得到家人的照顾。尤其是很多分娩后的妇女，产后休息不好，几天后就下床干活，易留下眼疾、子宫脱垂的病根。② 当然，随着生活水平的提高，妇女地位的提升，这样的现象在坝区民族已经较少，而在边疆农村少数民族地区仍旧令人担忧。

计划生育对于云南边疆农村的少数民族来说，其约束性是非常小的，出于对一些人口比较少的民族人口增长的考虑，甚至不对其实行计划生育。因此，部分边疆农村地区的少数民族妇女没有太多的节育意识。而在孕期当中，因为交通、经济条件等的限制，她们也不会主动跑到离家很远的卫生所或者医院做产前检查。到了产期，在道路修筑好的地方，政府可以强制她们上县里医院生产，但是在路况依然糟糕的地方，妇女还是会选择传统的接生方法。简陋的生产条件，对她们健康的损害很大，容易留下各种产后后遗症和妇科疾病。

如澜沧拉祜族自治县，进入 21 世纪后，该县的贫困问题依然很严峻，大多数拉祜族村寨人民的生活水平还在温饱线上徘徊，生病对于当地的拉祜族来说就是天灾人祸一般，只能认命。该县拉祜族的生产方式还是以传统的农业生产为主导，而拉祜族妇女是家庭主要劳动力，特别是对于男性外出打工的家庭，妇女在家既要承担家务、照顾子女，还要负责生产劳

---

① 方慧：《云南少数民族传统文化对妇女生育健康的影响》，《思想战线》1995 年第 5 期。
② 张桔：《洱海生态环境变迁与白族妇女健康》，载杨国才编《社会性别视野下少数民族妇女的健康与生态环境保护》，知识产权出版社 2011 年版，第 67 页。

动。在"两种生产"的压力下，妇女很容易出现病痛，但是贫困让她们得不到应有的医疗卫生资源。该县由于经济发展的严重滞后，卫生条件也无法改善：卫生设施、卫生用品极为短缺，必需的卫生用具、脸盆、毛巾等物品也有混用现象；许多不良的卫生习惯也依然存在：不习惯经常洗澡、洗脸、洗手等日常清洁。在这样不卫生的生活条件下，相对于拉祜族男性，拉祜族妇女更容易感染疾病。妇女在经期、孕期、产期、哺乳期都需要卫生保健，否则就容易引起乳腺炎、生殖道感染、尿瘘等各种妇科疾病。[①] 这些对当地妇女的生育健康都产生着较大的不良影响。

（二）环境对云南少数民族妇女健康的影响

如果说对云南少数民族妇女生育健康的威胁，大多存在于边疆农村地区，那么环境的变化，无论是自然生态环境的变化，还是社会环境的变化，都影响着较大范围云南少数民族妇女的健康。在这些影响当中，有积极的影响，也有消极的影响。

随着中华人民共和国的成立和云南的解放，政府进一步确立了男女平等，大力提倡移风易俗，破除各种歧视妇女的陈规陋习，宣传针对妇女的卫生保健知识和新法接生。这些社会环境的变化，使得少数民族妇女的健康有了很大的改善。然而，社会环境的改变还给云南少数民族妇女的健康带来一些新的威胁，主要表现在妇女劳动强度增大、毒品流通引发的艾滋病等疾病，以及环境污染对妇女健康的负面影响这三个方面。

改革开放之后，各项社会主义事业的建设都得到了恢复，少数民族妇女作为少数民族社会经济发展的重要劳动力，很难摆脱劳动带来的损伤。虽然在党和政府的大力倡导下，男女不平等的状况有了很大的改善，但是传统的生产生活方式和性别文化难以彻底改变，少数民族妇女的劳动范围依然广泛，劳动任务依然繁重，还是让她们落下了不少的病根。如在20世纪80年代初，随着家庭联产承包责任制的落实，白族家庭拥有了对自然资源的自由支配权，在政策和经济的双重刺激下，许多白族村落的传统生计方式也发生了改变，除了传统的农业生产之外，还开始在洱海里开放渔业资源。渔业竞争逐渐加剧，妇女也开始加入捕鱼行业，长期居住在渔

---

① 杨璐：《云南澜沧拉祜族传统文化与妇女健康》，载杨国才编《社会性别视野下少数民族妇女的健康与生态环境保护》，知识产权出版社2011年版，第131页。

船上，且家务劳动仍由妇女承担。这一时期，白族妇女的工作强度加强，加上渔船上不良的工作条件和卫生状况，相对于白族男性来说，白族妇女更易出现颈椎病、骨质增生、营养不良和妇科疾病等病症。加上劳动时所处的环境卫生较差，更易感染疾病。①

　　除了劳动强度的增加外，边境开放引起的毒品流通，也使得边境少数民族妇女受到吸毒引起的疾病威胁，最常见的便是艾滋病。需要注意的是，由于吸毒导致的健康问题，从总体上来说，少数民族妇女比少数民族男性要少，但是比汉族妇女多，所以还是需要引起重视。如居住在澜沧江下游的拉祜族人民，深受毒品和艾滋病的毒害。澜沧、孟连与缅甸接壤，是毒品流入的通道。毒品的不断流入使得许多拉祜族人民染上了毒瘾，其中不乏妇女。1994 年，澜沧全县共有 298 名妇女吸毒，其中，少数民族妇女有 283 名，占到了吸毒妇女总人口的 94.97%。而吸毒女农民 273 人，无业妇女 17 人。她们受教育水平很低，文盲、半文盲 258 人。小学文化程度 10 人，初中文化程度 27 人，高中、中专文化程度者 3 人。②

　　还有云南边境上有一个少数民族自治州，是傣族、景颇族、德昂族和阿昌族的主要聚居地。自改革开放以来，该州凭借地理区位优势，成为面向东南亚南亚的主要陆路口岸的同时，也以其复杂的周边环境，成了境外"金三角"地区毒品向国内渗透的主要通道。由此，毒品的就地消费市场在该地区慢慢形成，该地区也成为毒品的重灾区，因吸毒引发的艾滋病逐渐蔓延。如 20 世纪 90 年代后，由于当地社会经济的发展，毒品开始在景颇山蔓延，不仅有吸食者，还有人"以贩养吸"，成为吸毒者的据点。据当地派出所的统计，在 2000 年的一个人口为 298 人的村寨中，就有 29 人，占全村的 10% 的人有毒瘾。③ 由于毒魔、艾滋病的肆虐，使得受害人丧失人格，导致一些村寨失去了传统美德，当地人民的安居乐业的生活状态受到破坏，甚至威胁到了民族的生死存亡。其中，少数民族妇女、儿童是直接受害者。

---

① 张桔：《洱海生态环境变迁与白族妇女健康》，载杨国才编《社会性别视野下少数民族妇女的健康与生态环境保护》，知识产权出版社 2011 年版，第 67 页。

② 葛公尚等：《澜沧县拉祜族卷》，民族出版社 2002 年版，第 174 页。

③ 李永松：《边疆民族地区社会生态变迁与妇女主体意识的觉醒》，载杨国才编《社会性别视野下少数民族妇女的健康与生态环境保护》，知识产权出版社 2011 年版，第 28 页。

社会环境的变化，还引起了自然生态环境的变化：随着少数民族地区社会经济的发展，如旅游经济的繁荣，少数民族地区的自然生态环境也开始恶化。少数民族妇女对环境恶化是非常敏感的，因为在现代社会中，妇女仍旧承担着生产生活的"双重劳动"，与自然生态环境接触最为密切，因此，自然生态环境的恶化对她们的健康影响最为显著。如在白族社会中，改革开放以来，随着对水资源的过度开发和生活生产带来的沿湖水污染状况的加重，洱海水质开始恶化。由于社会性别角色的分工，使得妇女在家庭中从事家务劳动的时间比男性长。特别是在洱海附近的村落，白族妇女的家庭生活与洱海密切相关，在洱海水质恶化的时候，对白族妇女健康的影响就比男性更为普遍，白族妇女更易患肠胃疾病。[①]

还如，纳西族摩梭人是现存不多的母系制家庭，妇女是母系大家庭的一家之主，是最为辛苦和全能的，不仅要承担家务、管理家庭，还要进行农业劳动，可以说，妇女在家庭中的尊贵地位，是要以不停地劳动为代价的。[②] 由于妇女的劳动强度和广度之大，也使得她们与生态环境之间的接触更频繁，对环境变化的敏感度也更高。随着泸沽湖成为火热的旅游景点之后，当地的社会经济发展水平快速提高，但也伴随着环境污染的加剧。当地妇女赖以生存的水体、大气质量等的逐渐恶化，对她们的健康产生了很大的负面影响，与当地男性相比，妇女更易患上感染疾病。[③] 因此，环境对妇女健康的影响也是多方面的。

（三）云南少数民族妇女的老年健康

随着岁月的流逝，人的机体总会老去，各种疾病也会袭来，这是无法反转的自然规律。但是部分少数民族老年妇女承受着本不用承受的老年健康问题。因为老年健康，是与从出生以来的经历息息相关的。一个人如果年轻的时候保健意识较强，那么老年的身体状况会相应地好一些；如果年轻时落下了病根，那么到了老年这些病症就会得到凸显。上述提到的生育

---

① 张桔：《洱海生态环境变迁与白族妇女健康》，载杨国才编《社会性别视野下少数民族妇女的健康与生态环境保护》，知识产权出版社 2011 年版，第 66 页。

② 陈国俊：《社会性别视野下泸沽湖景区环境变化与摩梭妇女的健康》，载杨国才编《社会性别视野下少数民族妇女的健康与生态环境保护》，知识产权出版社 2011 年版，第 80 页。

③ 同上书，第 81 页。

健康、妇科疾病、疲劳损伤等，如果得不到及时治疗和日常保健，就会积压在老年时期，使得老年生活十分不易。

据有关学者在白族村落中的调查，两性老人患有慢性病的比率为51.5%，与其他地区的调查数据相比，这一白族村落中老年妇女的身体状况比男性差。其中男性老人的患病比率是43.3%，女性老人的患病比率是58.3%。从患慢性病的种类和数量上来看，男性老人主要患有高血压、关节炎、白内障等疾病。平均每名男性老人患有0.467种慢性疾病，患病时间在3—4年；老年妇女主要患有高血压、关节炎、白内障、心脏病等疾病，平均每名老年妇女患有0.722种慢性疾病，患病时间在5—9年。可见，当地白族老年妇女在患病种类和患病时间上都高于男性。① 该白族村落属于少数民族村落中经济较为发达的村落，老年妇女的健康与老年男性相比，还是处于劣势。

除了身体健康外，对于老年人来说，其心理健康和社会适应也引起了学者们的关注。在边疆农村少数民族地区，由于年轻人都外出打工，出现了大量的留守老人。由于少数民族妇女的勤劳，很多老人都可以自食其力，但是她们精神得不到慰藉。近年来，由于少数民族独特的文化所形成的女儿养老，部分地区的老年妇女的健康情况有所保障。

二　云南少数民族妇女的医疗保障

医疗保障，是民生事业不可缺少的设置，关系到每个老百姓的生老病死。通过对云南少数民族妇女健康状况的大致了解，发现云南边疆农村少数民族妇女的健康状况与当地男性或与其他地区的少数民族妇女相比，仍旧处于劣势。因此，她们的医疗保障具有重要价值。

我国对少数民族妇女的医疗保障，从中华人民共和国成立之初就已采取相应行动。随着社会经济水平的发展、医疗水平的提高、人们需求的增加，我国对少数民族妇女的医疗保障越来越完善。

---

① 任重远：《社会性别视角下诺邓少数民族老年人的健康老龄化》，硕士学位论文，云南民族大学，2017年。

（一）1950 年前云南少数民族妇女的医疗

1950 年以前，云南少数民族妇女的医疗保障几乎是空白的，少数民族妇女出现身体不适之后，还是根据各自社会的风俗习惯，求助于各自社会的神灵或者巫医。求助于神灵，一般就是举行一定的宗教仪式，对于疾病的改善，很大程度上依靠心中的信念与巫医来维系着人们的日常健康。

如：以前，拉祜族妇女患有疾病时，会请当地的巫师摩巴或村里的长者为她们举行仪式，驱除邪魔，恳请神灵、祖先予以庇佑，这会对病痛中的妇女产生一定的宽慰作用，缓解她们对疾病的恐慌与紧张情绪，增强战胜病魔的信心。拉祜族的摩巴除掌握着丰富的宗教知识外，有的还具有一定的历法知识、草药常识和医术。所以，有些疾病还可以通过摩巴"巫、医两用"的方式得以缓解或治愈，他们在为病人举行占卜、祭祀、驱魔、招魂、祈求各神灵保佑等仪式的同时，有的还用气功、推拿、开草药方给人治病，具有现代心理疗法和药物疗法相结合的某些特征。通过分类归纳，摩巴的医治内容已经包括咳嗽、感冒、接骨、刀伤、毒蛇咬、停食、解毒、痢疾、打胎、妇科等，[①] 来医治不同的疾病，减少人们的痛苦。

到 19 世纪 40 年代，外国传教士开始进入云南少数民族地区传教[②]，他们在云南少数民族地区兴办了不少的女塾。[③] 当然，基督教传教和兴办学校的目的是将资本主义文化渗透到中国的边疆少数民族地区。但是不得不承认，基督教的传教也结束了中国少数民族地区没有正式教育的状态，改变了少数民族女性的日常生活。这些教会女塾的教学内容包括女性生理卫生知识、识文学字、日常生产方式等，帮助部分云南少数民族妇女改变了生产生活方式，破除少数民族女性思想中的迷信。

（二）1950 年后云南少数民族妇女的医疗

中华人民共和国成立之后，党和国家都非常重视少数民族的工作，其

---

① 思茅行署民族事务委员会编：《思茅拉祜族传统文化调查》，云南人民出版社 1993 年版，第 17 页。

② 马延中：《民国时期云南民族教育史研究》，民族出版社 2007 年版，第 86 页。

③ 中央民族大学中国少数民族妇女研究中心编：《21 世纪妇女发展国际研讨会论文集》，中央民族大学出版社 2001 年版，第 151 页。

中包括民族地区医疗卫生事业的建设。该项内容的建设，不仅成为新中国各项建设的重要内容之一，更是开展民族工作的重要政策。毛泽东同志1993年在《长冈村调查》一文中指出："疾病是苏区中的一大仇敌，因为它减弱我们的革命力量。"① 所以，中华人民共和国一经成立，人民卫生工作就被写入具有临时宪法性质的《中国人民政治协商会议共同纲领》（以下简称《纲领》）之中，而且《纲领》特别强调："推广卫生医药事业，并注意保护母亲、婴儿和儿童的健康"。作为"半边天"的妇女健康得到了一定的关注，当然包括云南少数民族妇女。1951年8月23—30日，中央召开全国民族卫生会议，专门讨论和制定少数民族与民族地区卫生工作方针与措施，② 这对少数民族地区的医疗卫生事业建设和民族事务的处理具有重要的影响和意义。

中华人民共和国成立之后，云南的各个少数民族自治县相继成立，这为开展云南少数民族妇女的医疗保健工作提供了政治保障。根据各县的县志记载，1950年之后，各个少数民族自治县都设立县医院、卫生所、接生站等，宣传妇幼保健知识，为妇女提供必要的医疗保障。如孟连傣族拉祜族佤族自治县，分别从妇女卫生保健宣传、妇女病普查治疗、新法接生这几个方面入手，致力于改善妇女的健康状况。

其一，妇女卫生保健宣传。1954年下半年，孟连自治区卫生所卫生人员下乡巡回医疗，通过召开会议、播放广播、放映幻灯、展览图片等形式，向农村的少数民族妇女宣传卫生保健知识，使他们逐步消除怕羞心理，重视自身卫生保健。1956年，卫生人员以孟连区城子、新城2乡和勐马区的勐马乡为重点，宣传妇女使用卫生带的好处，并积极开展产前检查。1959年，孟连城子片区成年妇女70%、勐马乡成年妇女100%使用卫生带，改变了以往下河冲洗的习惯。1963年，县妇幼保健站成立，在孟连乡、国营孟连农场、托儿所开展妇女卫生、新法接生、避孕宣传及有关技术指导。1964年，卫生医疗人员通过具体事例向城乡妇女宣传妇女"四期"（经期、孕期、产期、哺乳期）卫生及劳动保护。从此，多数妇女主动到县医院、保健站、卫生所接受妇科和产科检查及治疗。1972年，县保健站在农村贯彻妇女"三期三调三不调"（经期调干不调湿、孕期调

① 毛泽东：《长冈村调查》，1933年。

② 方素梅：《新中国初期民族卫生工作的方针与措施》，《青海民族研究》2016年第4期。

轻不调重、哺乳期调近不调远）的劳动保护，在城乡青年妇女中重点宣传早婚早育的危害、晚婚晚育的好处。1975 年，县保健站针对农村妇女卫生保健意识差、劳动过重的现象，宣传贯彻妇女"四期"加更年期的卫生和劳动保护，要求基层合作医疗站有 1 名女赤脚医生抓妇幼保健工作。①

其二，妇女病普查治疗。1961 年，县内卫生人员配合云南省医疗队首次普查全县妇女病，共查 8656 人，其中：子宫脱垂 487 人，治疗 442 人，治愈 370 人；闭经 207 人，治疗 60 人，治愈 29 人。1973—1976 年，在各公社部分生产小队进行妇女病查治，发现不少妇女分别带有外阴炎、阴道炎、阴道壁囊肿、宫颈炎、宫颈息肉、卵巢囊肿、子宫后倒、子宫肌瘤、子宫垂脱、附件炎、盆腔炎、痛经、不孕症、会阴陈旧撕裂等疾患，调查后有的给予及时处理，有的嘱咐前往卫生所或县医院治疗。②

其三，新法接生。民国时期该县的各民族妇女分娩沿用旧法接生，因方法不当和无消毒措施，"月子病"（产褥热）、"脐风"（初生婴儿破伤风）等病症经常出现，不少母婴还因此死亡。1953 年下半年，澜沧县妇幼保健站在孟连区设接生站，有半脱产接生员 1 名，负责宣传推行产前检查、新法接生。1954 年 6 月，孟连傣族拉祜族佤族自治区成立，卫生医疗机构逐年发展，县医院和区卫生所在城乡广泛宣传新接生法，培训接生员，开展产前检查，组织难产抢救，各族妇女逐步认识到新法接生的好处，愿意主动到卫生院进行产前检查，接受新法接生，改善了母婴的健康情况。③

除了孟连傣族拉祜族佤族自治县外，其他少数民族自治县也开展了相应的妇女保健工作。如中华人民共和国成立前，宁蒗彝族自治县广大妇女儿童的健康得不到保障。妇女生育时条件极差，甚至用锈剪刀或碎瓦片断脐带，用脏破布包裹新生婴儿，产妇因难产、产后感染、流血过多而死者较多；婴儿因感染破伤风而死亡者亦不计其数。中华人民共和国成立后，设置妇幼保健机构，配备技术人员，开展保健工作，妇女、儿童的健康得

---

① 孟连傣族拉祜族佤族自治县志编纂委员会编：《孟连傣族拉祜族佤族自治县志》，云南民族出版社 1999 年版，第 390 页。

② 孟连傣族拉祜族佤族自治县志编纂委员会编：《孟连傣族拉祜族佤族自治县志》，云南民族出版社 1999 年版，第 391 页。

③ 孟连傣族拉祜族佤族自治县志编纂委员会编：《孟连傣族拉祜族佤族自治县志》，云南民族出版社 1999 年版，第 391 页。

到了保障。① 景谷傣族彝族自治县也加强妇女保健及婚前检查、产前检查、孕妇防护等工作。1960 年对 46087 名已婚妇女作普查，查出子宫脱垂 2297 人，闭经病 1689 人，治疗 289 人。②

可见，中华人民共和国成立之初，党和国家确实一度致力于改善少数民族妇女的健康，而且在地方政府的大力宣传、积极行动下，少数民族妇女的保健意识、卫生习惯、健康状况等确实有所改善。但是，这一时期妇女医疗保障资源非常不均衡，坝区民族明显享有更加便利的医疗保障，但是边远山区民族还是很难得到日常的医疗保障。而且在社会动荡时期，少数民族地区由于社会生态相对脆弱，对妇女的医疗也难以提供持续性的保障，很多县志都缺少了 10 年左右的妇女医疗保障的记录。

（三） 改革开放 40 年来云南少数民族妇女的医疗卫生

改革开放之后，云南少数民族妇女健康改善的工作得到全面恢复。在改革开放之初，主要延续 1950 年之后的工作。如宁蒗彝族自治县 1954 年开始宣传提倡新法接生，但是当时记录在案的接生案例仅有 32 例。然后记录中断，直至 1984 年，全县新法接生率才提高到 12.7%，比例也不是很高。于是，1986 年 9 月，县妇幼保健站在三棵树县委党校举办了一期围产期保健和新法接生学习班，学员 80 人，为期一个月。当年，县妇幼保建站和各区卫生院都开展围产期保健试点工作，进行产前、产后检查，访视 296 人，新法接生率达到 41.9%。此后，扩大围保范围，新法接生逐步普及。截至 1989 年，计划内生育的新法接生率提高到 65.5%。③ 景谷傣族彝族自治县 1975—1987 年检查成年妇女 82379 人，查出子宫脱垂 2227 人，治疗 1733 人。④ 少数民族妇女医疗保健工作的恢复，为后续医疗保障的升级提供了基础。

---

① 云南省宁蒗彝族自治县志编纂委员会编：《宁蒗彝族自治县志》，云南人民出版社 1993 年版，第 588 页。

② 云南省景谷傣族彝族自治县志编纂委员会编：《景谷傣族彝族自治县志》，四川辞书出版社 1993 年版，第 97 页。

③ 云南省宁蒗彝族自治县志编纂委员会编：《宁蒗彝族自治县志》，云南人民出版社 1993 年版，第 588 页。

④ 云南省景谷傣族彝族自治县志编纂委员会编：《景谷傣族彝族自治县志》，四川辞书出版社 1993 年版，第 97 页。

　　除了恢复 1950 年之后停滞的妇女医疗保障工作外，还开始提倡优生优育。如 1980 年后，景谷傣族彝族自治县开展宣传新婚姻法第六条规定："直系血亲和三代以内的旁系血亲，以及患麻风病未经治愈或其他在医学上认为不应结婚的疾病人，禁止结婚"。开展优生遗传咨询，提高和普及优生优育知识，实行婚前检查，严禁近亲结婚，禁止患严重遗传性疾病者生育；开展产前诊断，加强围产保健，开展科学育儿教育，请医师宣讲科学育儿、幼儿早教等知识，举办展览，普查新法接生。① 优生优育的提倡，不仅对妇女的健康产生积极的影响，还对下一代妇女的健康具有预防的作用。

　　上述医疗保障工作的开展，都是针对提高云南少数民族妇女的身体健康水平而展开的。然而，随着改革开放的继续深入，人民生活水平的日益提高，少数民族妇女对心理健康和社会交往也有了一定的追求。为此，政府对提供的医疗保障技术也有了进一步的提高。如针对撒尼（彝族支系之一）妇女，石林县卫生系统已经意识到撒尼村落卫生医疗条件差、医务人员技术水平低的状况，正在逐步对村级卫生技术水平和服务质量进行提升。妇联和计生部门联合对适龄男女进行婚前培训、计生培训、健康知识培训等，如创办各种形式的"妇女之家""特色家庭""卫生家庭""绿色家庭"等与生态环境有关的活动来强化撒尼妇女的健康、环保意识。妇联入村发放健康、保健宣传材料，使妇女们了解和掌握安全、有效的避孕节育新技术、新方法，优生、优育、优教的新知识，防治艾滋病及其他疾病知识。还有村落成立老年协会、刺绣协会、五个文艺演出队等，组织撒尼妇女唱歌、跳舞来调节生活压力、愉悦身心，丰富了撒尼妇女的精神文化生活，提高了她们的身心健康水平和生活品质。②

　　还如云南省全面实行的《中国妇女发展纲要（2011—2020 年）》中的发展妇女健康拟采取的策略措施中，不仅包括上述所出现过的措施，还强调了预防和控制艾滋病、性病传播；提高妇女营养水平，大力开展健康和营养知识的宣传普及和教育，提倡科学、合理的膳食结构和习惯；保障

---

　　① 云南省景谷傣族彝族自治县志编纂委员会编：《景谷傣族彝族自治县志》，四川辞书出版社 1993 年版，第 97 页。

　　② 韩书平：《云南石林生态环境对撒尼妇女健康的影响》，载杨国才编《社会性别视野下少数民族妇女的健康与生态环境保护》，知识产权出版社 2011 年版，第 139 页。

妇女享有计划生育优质服务，强化男女共同承担避孕节育的责任意识，开发、研制男性避孕节育产品，动员男性采取节育措施，提高男性避孕方法使用比重；提高妇女精神卫生服务水平，建立覆盖城乡、功能完善的精神卫生防治和康复服务网络；加强流动妇女卫生保健服务；引导和鼓励妇女参加经常性体育锻炼。在《母婴安全行动计划（2018—2020年）》中，对妇幼保健的医疗保障进行细化，对各县的执行情况需要及时向国家卫生健康委员会报告。

也就是说，关注到少数民族妇女的心理健康和社会交往，是改革开放以来妇女健康改善工作最大的特点。此外，提高男女平等、保健等意识，也是改革开放以来对少数民族妇女的重点宣传内容。

除了具体的医疗保障行动外，少数民族妇女的医疗保障体系逐渐形成，对其医疗保障的法律法规制定也越来越细致。如1992年4月3日第七届全国人民代表大会第五次会议通过的《中华人民共和国妇女权益保障法》第五十一条规定，妇女有按照国家有关规定生育子女的权利，也有不生育的自由。育龄夫妻双方按照国家有关规定计划生育，有关部门应当提供安全、有效的避孕药具和技术，保障实施节育手术的妇女的健康和安全。国家实行婚前保健、孕产期保健制度，发展母婴保健事业。各级人民政府应当采取措施，保障妇女享有计划生育技术服务，提高妇女的生殖健康水平。这些法律法规，对少数民族妇女权益的保障一样具有效力。

总之，改革开放以来，少数民族妇女医疗保障更加全面、保障技术更加先进、保障体系更加完善。但是，边远山区少数民族妇女的健康仍旧得不到预想的效果，各种由于社会经济条件限制而无法治疗的疾病，仍旧制约着很多云南少数民族妇女健康的改善。为此，中央和各级政府相继完善医疗保障体系，将边远山区的少数民族妇女也纳入到医疗保障体系之中。2017年，国务院印发了《"十三五"深化医药卫生体制改革规划》和《"十三五"卫生与健康规划》，明确提出到2020年实现人人享有基本医疗服务、提高人均预期寿命、建立覆盖城乡居民的基本医疗卫生服务体系。为此，地方政府都纷纷开始实施基本卫生服务均等化。而为了打赢脱贫攻坚战，云南省政府颁布了《云南省健康扶贫30条措施》，其中，提高妇女儿童健康水平是一项重要内容：全面实施农村夫妇免费孕前优生健康检查、农村妇女增补叶酸预防神经管缺陷、农村妇女宫颈癌和乳腺癌检查等项目，对提高少数民族医疗保健水平的提高，起到了切实的作用。希望到 2020 年，能够实现《云南省健康扶贫 30 条措施》想要达到的"人人享有基本医疗卫生服务"的目标。

三　云南少数民族妇女健康的保障路径

在回顾云南少数民族妇女健康状况及医疗保障的历史情况之后，发现云南少数民族妇女健康的情况在区域、城乡、族际差异较大，疾病多种多样，需要克服的困难复杂多样等特点，根据这些特点，本文也给出了可供参考的解决路径。要完善少数民族妇女医疗保障，需要党和国家、社会各界和老百姓的共同努力，这是毋庸置疑的。因此，下列的各种保障妇女健康的路径，不按主体分类，而是按照具体行动分类，各种路径都需要以上三种主体的共同努力：党和国家是主力，社会各界作配合和补充，老百姓增强健康意识、积极配合，共同致力于云南少数民族妇女医疗保障水平的提高。

（一）继续全面贯彻男女平等国策

云南少数民族妇女的健康状况之所以比她们所处社会的男性差，主要还是由于不平等的性别文化造成的，所以男女平等的国策需要贯彻到少数民族社会的方方面面，包括提高少数民族妇女的教育水平、社会参与程度、医疗保障水平等。

对少数民族妇女医疗保障水平的提高、覆盖面的加大，是直接改善其健康状况的措施。而知识文化的欠缺是导致云南少数民族妇女难以学习、理解科学卫生保健知识的重要原因，也是其容易受到毒品等其他不利健康因素诱惑的原因。因此，还需提高少数民族妇女的教育水平。针对妇女健康，从义务教育阶段甚至幼儿园教育开始，就应该教授日常的卫生知识，随着年龄的增长，再相应增加教授其卫生常识。医院和相关公益组织，也应该深入边疆宣传妇女卫生保健知识。

而鼓励妇女参与社会管理，不管是政治、经济还是文化参与，都可以有效地提高少数民族妇女在其社会中的地位，改变其在传统社会中的不利地位。这有利于促进性别分工的合理化，减轻妇女的劳动强度。

（二）增强少数民族妇女医疗保健意识

一般认为，保健不属于疾病治疗的范畴，但对于疾病的预防、体质的增强以及生活质量的提升，起着重要的保障作用。然而，在少数民族社会中，妇女吃苦耐劳、牺牲奉献的传统道德风尚，使得妇女对于保健的需求还处于原始生理需求状态，保健不仅意味着身体不好的自卑，而且是一种娇惯，会上升为一种道德的社会和自我谴责。要消除这样的意识，提高少数民族妇女的保健意识。

2019 年 5 月 23 日，国务院办公厅印发《深化医药卫生体制改革 2019 年重点工作任务》（以下简称《任务》）。《任务》指出，要以习近平新时代中国特色社会主义思想为指导，全面贯彻党的十九大和十九届二中、三中全会精神，认真落实党中央、国务院关于实施健康中国战略和深化医药卫生体制改革的决策部署，坚持以人民健康为中心，坚持保基本、强基层、建机制，紧紧围绕把以治病为中心转变为以人民健康为中心，落实预防为主，加强疾病预防和健康促进，紧紧围绕解决看病难、看病贵问题，深化医疗、医保、医药联动改革，坚定不移推动医改落地见效、惠及人民群众。这之中就强调了疾病预防，很大程度上要靠日常保健来完成。

（三）发扬少数民族传统医药文化的作用

少数民族传统医药文化，已经被作为一种重要的非物质文化遗产，具有很大的保护和发展价值。云南不同的少数民族，创造出了丰富多彩的医药文化。这些传统的医药知识，也包含着日常保健的内容。如拉祜族传统医药中有治疗痢疾、风疹、肝炎、骨折、妇科疾病等的药方。[1] 苗族、傣族、白族等都有自己独特的传统医药文化，提倡和发扬这些优秀的传统医药文化，是在各个民族地区有效控制和预防流行性疾病、保护妇女儿童健康的途径之一。发掘每个民族自己的医药文化，融合现代科学的医疗保健知识来增强各自民族的医疗保健知识，有利于增强其文化自信，更易让不同的少数民族接受医疗保健的知识。

---

[1] 杨璐：《云南澜沧拉祜族传统文化与妇女健康》，载杨国才编《社会性别视野下少数民族妇女的健康与生态环境保护》，知识产权出版社 2011 年版，第 137 页。

（四）保护自然生态环境

云南少数民族在传统上就是依山而建、傍水而居，十分依赖自然生态环境。她们日常生活的吃穿用，都取之自然，自然生态环境就是这样点点滴滴地融入少数民族的生活当中的，可见良好自然生态环境对其生活的重要性。而且，少数民族妇女，不管是在过去还是现在，其生产生活都与自然生态环境息息相关，她们的身体对环境变化的敏感度也很高。因此，社会经济发展带来的自然生态环境的恶化，对云南少数民族妇女产生了严重的负面影响，甚至会影响下一代的健康。所以，保护自然生态环境，不仅改善了少数民族妇女的健康，也保护了我们子孙后代的健康。

介于城乡之间的单位社会：
三线建设企业的性质

张　勇[*]

　　三线建设，是中华人民共和国自 1964 年起，在中西部地区的 13 个省、自治区①进行的一场规模宏大的经济建设。它横贯三个五年计划，投入 2000 多亿元巨资，建起了 1100 多个工矿企业、科研单位和大专院校。近 30 年来，学术界对三线建设及相关问题展开了多方面的研究，取得了较为丰硕的成果。②对于三线建设所形成的这类数量庞大、影响深远的企业，已有一些学者展开了研究。不过，对其发展历程的这些研究或论述，或关注其经济调整，或探讨其社会生活，大多侧重于实际问题的论述，而没有从理论层面深入剖析三线企业的本质。笔者曾在《社会史视野中的三线建设研究》一文中，提出可以引入社会学领域的单位制理论来探讨三线企业，指出它们是一种单位社会，但限于主题和篇幅，未能在该文中展开进一步的论述。③因而，笔者拟续接前文，在探讨三线企业的形成背景、选址环境、社会特征的基础上，结合相关理论，深入剖析其社会本质，以深化三线建设及三线企业的研究。

一　三线企业的形成背景

　　三线建设，是在特殊的历史背景下进行的。20 世纪 60 年代，以毛泽

---

　　* 作者简介：张勇，四川外国语大学社会与法学院教授、三线建设与社会发展研究所所长。本文原载于《江西社会科学》2015 年第 10 期，为国家社科基金项目"西南地区三线建设单位的社会文化变迁研究"（14XZS022）阶段性成果。

　　① 此外，还有小三线建设地区。

　　② 关于三线建设的研究成果，可参见李彩华《三线建设研究述评》，《社会科学战线》2011 年第 10 期；段娟：《近 20 年来三线建设及其相关问题研究述评》，《当代中国史研究》2012 年第 6 期；张勇：《近三十年国内三线建设及相关问题研究概述》，《三峡论坛》2014 年第 2 期。

　　③ 张勇：《社会史视野中的三线建设研究》，《甘肃社会科学》2014 年第 6 期。

东为核心的中共中央针对复杂的国际形势和国内条件做出了这一战略决策。60 年代中期，中国周边的国际关系紧张，面临着来自苏联、美国等多方面的军事压力、战争挑衅和侵略威胁。中共中央出于国家安全的考虑以及对苏联卫国战争经验教训的总结，决定进行大规模的后方工业建设。因此，国防备战是三线建设的主要动因。三线建设的另一个重要原因是基于我国工业布局调整的考虑。新中国成立之初，我国的工业集中分布在东北和东部沿海地区，西部地区工业基础尤其是国防工业薄弱。在均衡发展思想和战备形势的影响下，中共中央等人试图通过一、二线地区支援三线地区，来改变我国不合理的工业布局。除了备战和改变工业布局这两个动因外，还有一些学者提出，"反修防修"的考虑、优先发展重工业指导思想的影响也是国家进行三线建设的原因。①

中共中央做出三线建设的决策后，国务院会同有关部门对建设目标、总体布局和计划实施等做出了一系列的安排和部署，随之在三线地区展开了长达 17 年的大规模建设。三线建设大体可以分为两个阶段：1964—1970 年为第一阶段，投入资金 560 亿元，占同期全国基本建设总投资的 48.5%；1971—1980 年为第二阶段，投入资金 1492 亿元，占同期全国基本建设总投资的 36.4%。② 其中，1965—1966 年、1969—1971 年形成了两次建设高潮。据不完全统计，仅 1964 年下半年到 1965 年，国家便在西南、西北部署了新建、扩建和续建的大中型项目达 300 余项，从一线搬迁到三线的工厂约 400 个。③ 当时的三线建设，是在高度集中的计划经济体制下，由中央政府直接主持，倾全国之力来进行的。因此，在短短的 10 多年内，中西部地区建设了包括交通、国防、原材料、能源、机械、纺织等产业在内的 1100 多个大中型工矿企业、科研单位和大专院校。在所有的三线项目中，建成的工矿企业的数量最多。

根据形成方式，三线企业可以大致划分为三类：新建型、迁建型和改扩建型。新建型是原本没有该企业，在三线建设时期才在三线地区新建的

---

① 王培：《60 年代中期中共转变经济建设方针的原由》，《北京党史研究》1998 年第 3 期；董宝训：《影响三线建设决策相关因素的历史透析》，《山东大学学报》（哲学社会科学版）2001 年第 1 期；黄荣华：《三线建设原因再探》，《河南大学学报》（社会科学版）2002 年第 2 期。

② 何郝炬、何仁仲、向嘉贵：《三线建设与西部大开发》，当代中国出版社 2003 年版，第 8 页。

③ 薄一波：《若干重大决策与事件的回顾》，中共党史出版社 2008 年版，第 845 页。

企业。迁建型是将原一、二线地区的企业搬迁到三线地区所形成的企业。改扩建型是对三线地区原有的企业进行大规模改建或扩建后形成的企业。①三线建设时期的口号是"好人好马上三线"，国家将东部地区最好的设备、技术、人员支援内地，采取老基地带新基地、老厂矿带新厂矿、老工人带新工人的办法，以争取在最短时间内建成一个完善的后方工业基地。当时，东部地区的工厂企业以"一分为二"或者全迁的方式迁入内地，或并入内地既有企业，或另建新厂，因此三线地区以新建型和迁建型的三线企业居多。例如，三线建设时期重庆地区有42家军工企业，其中，新建和迁建的就有31家。②甘肃天水地区有37家三线企业，基本上都是新建型和迁建型企业。③这些新建和迁建的工矿企业在选址时要求严格，需遵循相应的选址原则。当然，不论哪种类型的三线企业，都是当时特殊历史背景下形成的产物。

二　三线企业的选址及环境

出于国防安全的考虑，三线企业在选址时普遍遵循"靠山、分散、隐蔽"的方针。根据毛泽东"大分散、小集中"和"依山傍水扎大营"的指示，周恩来、李富春等人提出了"靠山、分散、隐蔽"的选址原则。1964年7月1日，周恩来在接见越南国家计委副主任阮昆时说："工业布局问题，从战争观点看，要设想一、二、三线，不但要摆在平原，也要摆在丘陵地区、山区和后方。工业太集中了，发生战争就不利，分散就比较好。"④8月19日，李富春、薄一波、罗瑞卿在向中共中央、毛泽东的报告中提出："今后，一切新建项目不论在哪一线建设，都应贯彻执行分散、靠山、隐蔽的方针，不得集中在某几个城市或点。"⑤当月，国家建委召开一、二线搬迁会议，提出要大分散、小集中，少数国防尖端项目要"靠山、分散、隐蔽"，有的还要进洞。⑥其总的精神是想使三线工业特别

① 这三种类型的划分并非绝对，有时新建、迁建、改扩建互有交叉。
② 王毅：《三线建设中的重庆军工企业发展与布局》，《军事历史研究》2014年第4期。
③ 段伟：《甘肃天水三线企业的选址探析》，《开发研究》2014年第6期。
④ 陈东林：《三线建设：离我们最近的工业遗产》，《中国国家地理》2006年第6期。
⑤ 陈夕：《中国共产党与三线建设》，中共党史出版社2014年版，第72页。
⑥ 陈东林：《三线建设：离我们最近的工业遗产》，《中国国家地理》2006年第6期。

是国防科技工业适应现代战争的要求，远离大中城市，分散布点，做到即使在打核战争的情况下，三线企业和科研单位也打不烂、炸不垮，能够坚持生产和科研，支持前线。这个方针原本用以指导部分机密性高的军工企业选址，但后来被当作三线企业普遍的选址要求，在执行过程中还向着极端的方向发展，转变成"靠山、分散、进洞"（简称山、散、洞）的要求。

　　由于受"靠山、分散、隐蔽"选址方针的影响，大部分三线企业都远离城区，分散建在农村，甚至偏远的山区。例如，陕西新建的400多个三线项目，近90%远离城市，分散在关中和陕南山区的48个县、450多个点上，多数是一厂一点，有的甚至是一厂数点，被群众称为"羊拉屎""瓜蔓式""村落式"布局。汉中飞机工业基地，下属28个单位分散在两个地区、7个县的3000多平方公里范围内，其中一个企业被分散在6个自然村落中。① 西南地区多山，三线企业更是分散到了各地的农村、山区。例如，原航空工业部在贵州省的011基地，下属47个企事业单位，分布在毕节、安顺、遵义三个地区和贵阳市的9个县、区内，纵横300多公里。② 重庆市的118个三线单位，也大多分布在周边的山区。③ 据南川县参与选址的人员回忆，国务院相关部门从1965年起，先后到南川的14个乡镇有山、有河、有洞的地方选厂，一个多月就进沟30余条，钻洞40多个。④ 在广泛考察的基础上，南川兴建了宁江机械厂、天星仪表厂、红山铸造厂、红泉仪表厂、庆岩机械厂等5个兵工厂，这些企业全都建在偏僻的山区，甚至山沟里。有学者指出，三线建设并没有带动整个三线地区城镇化步伐的加速前进，原因之一便是受三线企业"靠山、分散、隐蔽"布局的影响。⑤ 总体来看，虽有少数三线企业建在城市，但一般都是在城市的郊区或者城乡结合部，而大部分工矿企业建在了偏僻的农村或山区，

---

① 陈东林：《三线建设——备战时期的西部开发》，中共中央党校出版社2003年版，第361页。

② 李彩华：《三线建设研究》，吉林大学出版社2004年版，第82页。

③ 聂书平：《三线人生：渐行渐远的激情》，《中国国家地理》2014年第2期。

④ 尹顺常：《"三线"企业在南川的发展情况》，载南川市政协文史资料编辑委员会编《南川市文史资料（14辑）》（未刊），2001年，第3—4页。

⑤ 徐有威、陈熙：《三线建设对中国工业经济及城市化的影响》，《当代中国史研究》2015年第4期。

处于一种相对封闭的环境之中，对其社会结构、生活及文化都产生了深远的影响。

三　三线企业的社会特征

从地理位置和环境来看，三线企业大多位于农村地区。那么，作为一种社会组织形式，三线企业具有的是乡村社会的特点，还是城市社会的特征呢？

对于乡村社会和城市社会的区别，人口学家、地理学家较多关注人口规模、人口密度和空间结构等外在形态。例如，国际统计学会以 2000 人为准，在此人口数以上的地方为城市，以下为乡村，这个标准为许多欧洲国家采用。美国人口学家韦尔考克斯主张每平方英里人口密度在千人以上的地方为城市，而美国地理学家耶弗逊主张每平方英里人口密度在一万人以上的地方为城市。[①] 社会学家则更多关注其组织形式、社会结构、功能发挥、社会关系等内部特征，并进行过许多比较研究。德国社会学家滕尼斯在《共同体与社会》一书中，将社会区分为礼俗社会与法理社会，分别对应于乡村和大城市两种人类生活的组织形式，认为后者是个人主义的，受法理和理性支配，而前者是集体主义的，受感情与传统习俗支配。[②] 法国社会学家涂尔干在《社会分工论》中将人们结合在一起的社会纽带分为"机械团结"与"有机团结"两类，以此来区分乡村社会和城市社会，开创了另一种城乡类型学分析模式。[③] 另一位德国社会学家齐美尔则从居民的心理特征来区分城市与传统乡村，认为都市的社会结构和形态导致了都市生活的诸多特征，而乡村迟缓的生活节奏与其居民的心理特征相对应。[④] 以帕克为代表的芝加哥学派不仅关注城市的空间布局，更注重于城市各个结构组织部分相互之间的功能分化与联系。[⑤] 美国城市社会学家路易斯·沃斯关注城市中的人际关系和生活方式，认为城市中人际关系主要为次级关系，社会关系趋于匿名、表面化和短暂化，居民及群体生

---

① 蔡禾：《城市社会学讲义》，人民出版社 2011 年版，第 66 页。

② ［德］费迪南·滕尼斯：《共同体与社会》，商务印书馆 1999 年版。

③ ［法］埃米尔·涂尔干：《社会分工论》，渠东译，生活·读书·新知三联书店 2000 年版。

④ 刘豪兴：《农村社会学》，中国人民大学出版社 2008 年版，第 74 页。

⑤ 蔡禾：《城市社会学讲义》，人民出版社 2011 年版，第 67 页。

活具有异质性。①

　　综合人口学家、地理学家、社会学家关于乡村社会和城市社会的对比研究，并结合中国的实际情况，我们可以从人口密度、生产方式、生活方式、户籍身份、社会差异、社会关系等方面来分析三线企业的社会特征。三线企业通常在一个较小的空间范围内会集了几千人甚至上万人，人口密度较大。这些企业主要从事工业化生产，区别于周边地区的农业生产，往往形成"墙内飞机导弹，墙外刀耕火种"的分隔状况。居住在厂区的人员，除了为数不多的民工和部分家属外，大部分人都具有城镇户籍，显然官方将他们纳入城市人的管理体系中。由于我国在当时业已确立严格的城乡二元分隔体制，户籍制度的藩篱基本上阻断了周围农村人口进入三线企业成为产业工人的可能性，使得三线企业的职工与周边的农村人分属两类户籍世界。② 同时，三线人在吃、穿、住以及文化娱乐、福利保障等方面皆有别于周边的农村人，有着独特的厂区生活方式。另外，三线企业内部的职业分工较为简单，职工们的工作与生活环境基本相同，社会角色也较为相似，因而社会内部的差异性不大，具有很强的同质性。在同一个封闭的环境中，三线人相互之间比较熟悉，关系亦非常密切。有文章指出，"三线职工都生活在亲缘和地缘关系交织而成的这张关系网中"，"每个职工家庭，便是关系网上的纽结，有的父子变成了同事，上下级变成了亲戚，谁和谁都不能不沾亲带故。血缘、姻缘、人缘形成了一个无法解开的关系网"。③ 可见，三线企业属于"熟人社会"的类型，这和乡村社会又有相似之处（见表1）。

表1　　　　　　　　　　　三线企业各方面的社会特征

指标	人口密度	生产方式	户籍身份	生活方式	社会差异	社会关系
特征	较大	工业	城镇户口	厂区生活	同质性强	密切，熟人社会

　　通过前述分析和表1可以看出，在人口密度、生产方式、户籍身份、生活方式等方面，三线企业具有城市社会的诸多特征；而从地理环境、社

---

① With, L. *Urbanism as a Way of Life*, *American Journal of Sociology*, 1938（7）.

② 徐有威、陈熙：《三线建设对中国工业经济及城市化的影响》，《当代中国史研究》2015年第4期。

③ 禾夫：《人情·关系·网——三线企业内人际关系微观》，《中国职工教育》1994年第2期。

会差异、社会关系等方面来看，三线企业又具有乡村社会的部分特点。因此，在中国特殊历史背景下形成的三线企业，应该是一种介于城市和乡村之间的特殊社会组织形式。

四　三线企业：一种特殊的单位社会

对于三线企业这种特殊的社会组织形式，目前学界尚未有研究者专门剖析其社会本质。仅笔者在《社会史视野中的三线建设研究》一文中，简单地指出它们是一种单位社会。下面将做进一步阐述。

单位，是 1949 年以来中国社会最基本的组织形式。一般认为，单位组织是我国在计划经济时期形成的一种特殊的社会组织，它是由国家兴办，相对独立地承担经济生产或社会事业发展职能，并代表政府对其成员实施管理、提供福利服务的组织的总称。[1] 它既是一个"就业场所"[2]，也是一种再分配体制[3]，还是整合社会成员的有效机制，因而拥有政治动员、经济发展、社会控制三位一体的功能[4]，具有功能合一性、生产要素主体之间的非契约关系、资源的不可流动性等特征[5]。单位是一个小型社会，个人不可能脱离它而独立生存，而单位本身也是通过依靠国家来得以生存和发展的。[6] 在单位社会里，人们相互熟悉，没有陌生人，是一个"熟悉的社会"，一个"没有陌生人的社会"。同时，个人与单位的关系由于资源主要由单位垄断分配的机制而变得异常的紧密，人们从摇篮到墓地，生生死死都离不开单位。[7]

单位主要包括我国的党和政府机关（行政单位）、国有管理及服务机

---

① 本书编写组：《社会学概论》，人民出版社、高等教育出版社 2011 年版，第 168 页。

② 路风：《中国单位体制的起源和形成》，《中国社会科学季刊》1993 年第 4 期。

③ 李猛、周飞舟、李康：《单位：制度化组织的内部机制》，《中国社会科学季刊》1996 年第 16 期。

④ 何海兵：《我国城市基层社会管理体制的变迁：从单位制、街居制到社区制》，《管理世界》2003 年第 6 期。

⑤ 路风：《单位：一种特殊的社会组织形式》，《中国社会科学》1989 年第 1 期。

⑥ 于显洋：《组织社会学》，中国人民大学出版社 2009 年版，第 29 页。

⑦ 李汉林、渠敬东：《中国单位组织变迁过程中的失范效应》，上海人民出版社 2005 年版，第 32 页。

构（事业单位）和国有企业（企业单位）三类组织①，国有企业是第三类单位。三线企业是在计划经济时代，国家大力支持下营建起来的国有企业，它和其他单位一样具有经济、政治、社会三位一体的功能。企业的全部经济活动，包括原料供应、生产销售、劳动力使用、报酬支付、利润分配，都由上级行政机构根据计划控制，严重依赖于国家的调控。工厂通过健全的党群组织对工厂的行政管理进行监督，直接行使行政管理权，并通过政治思想工作和党员先锋模范作用来调动全体职工的积极性②，以达到政治动员的作用。在计划经济体制下，企业代表国家对职工负起生老病死的无限义务，向其提供就业、住房、医疗、娱乐等社会保障服务。加之地处偏僻的农村、山区，三线企业为寻求生存，不得不搞"小而全""大而全"，尽可能做到配套成龙，工厂里的各种生活、医疗、教育设施一应俱全，成为一个封闭的小社会。例如，四川彭州的锦江厂、岷江厂、湔江厂"都建了各自的子弟学校（及后来的技校）、托儿所、电影院、篮球场、商店、蔬菜店、煤店等，生产、生活设施，应有尽有。锦江厂还建了一座很有点规格的招待所，让湔、岷两厂望尘莫及。湔、岷两厂也建了一座有一百张病床，占地 25 亩的职工医院"③。这其实就是一个无所不包的单位社会。因此，究其本质，三线企业就是一种介于城市和乡村之间的单位社会。

由于地理环境和形成背景的影响，作为一种特殊的单位社会，三线企业有着不同于普通单位组织（包括其他国有企业）的一些特点。首先，其他类型的单位大多位于城市，而三线企业受选址方针的影响，大部分都建在偏僻的农村、山区，甚至大山的山沟、山洞中，因而极为封闭。例如，贵州一个厂的车间建在远离交通干线的深山溶洞中，一到冬季，大雪封山，与世隔绝。群众感慨道："洞中方数月，世上已千年。"④ 在这样的环境下，三线企业的封闭性和自给自足性就体现得更为明显，在某种程度

---

① 李路路、苗大雷、王修晓：《市场转型与"单位"变迁：再论"单位"研究》，《社会》2009 年第 4 期。

② 路风：《单位：一种特殊的社会组织形式》，《中国社会科学》1989 年第 1 期。

③ 潘祥鹍：《大三线有个"三江厂"的故事》，载倪同正主编《三线风云：中国三线建设文选》，四川人民出版社 2013 年版，第 152 页。

④ 陈东林：《三线建设——备战时期的西部开发》，中共中央党校出版社 2003 年版，第 361 页。

上呈现出文化孤岛的特征。① 其次，三线企业在兴建过程中，大多是新建或迁建，由此产生了一个个分散的"嵌入式"企业。这些企业有不少职工是迁来的外地移民，因而在企业内部的"熟人社会"中形成了颇具特色的移民文化。这与历史上的贵州屯堡人、新中国的建设兵团颇有相似之处。② 最后，除了外来移民外，后来三线企业也从当地大量招工，使得企业人员来源逐渐多元化③，外来文化与本地文化、城市文明与乡村文明在这里产生了碰撞与融合，形成了三线企业独特的"厂文化"。④ 有研究者指出，三线人在数十年磨合中，虽有老乡、校友、知青、农转非等亚群体，但整体意识、价值取向的一致性使整体气质趋于保守、惰性，使得三线人具有内敛、祥和的"单位人""厂矿人"气质。⑤

　　改革开放以后，三线企业的社会状况发生了很大的变化。随着经济体制从计划经济体制向社会主义市场经济体制的转变，国有企业实行政企分开、扩大自主权，具有了相对独立的地位，"国家—单位—个人"之间的强制性依附关系急剧减弱。同时，在政企分开和市场化改革的背景下，国有企业所承担的住房、养老、医疗保险、社会福利等社会保障功能基本市场化，其政治功能和社会功能逐渐弱化。⑥ 此外，三线企业在调整改造时，对地址偏僻的工厂大多进行了搬迁或改造，和周边地区有了更多的交流和互动，不再是一个封闭的小社会。伴随着单位制的逐渐解体，原来"企业办社会"的多元化职能必然回归社区。⑦ 因此，一些三线企业正逐渐从"单位社会"向"社区社会"转变，这是三线企业社会变迁的一种

---

① 丁艳、王辉：《移民外来文化的土著化过程——以西南三线厂的"厂文化"为例》，《人文地理》2003 年第 6 期。

② 关于屯堡人与三线人的相似性，已有学者意识到，具体可参见吴斌、李建军《一个屯堡家族的变迁：在国与家之间》，载《中国人文田野》第五辑，巴蜀书社 2012 年版，第 161—162 页。

③ 三线企业职工的来源，主要有外迁职工、大中专毕业生、招工人员（包括知青）、退伍转业军人等。

④ 丁艳、王辉：《移民外来文化的土著化过程——以西南三线厂的"厂文化"为例》，《人文地理》2003 年第 6 期。

⑤ 付令：《三线企业的社会特征探微》，《重庆城市管理职业学院学报》2006 年第 3 期。

⑥ 李汉林：《"单位制"的变迁与研究》，《吉林大学社会科学学报》2013 年第 1 期。

⑦ 华伟：《单位制向社区制的回归——中国城市基层管理体制 50 年变迁》，《战略与管理》2000 年第 1 期。

主要趋势。当然，目前三线企业的情况十分复杂，或破产倒闭，或继续存在；或留在原址，或搬迁新址；或改制，或合并。不同处境的三线企业，其变迁情况也不一样。当代三线企业的社会变迁，是一个复杂而漫长的过程。

五 结论

综上所述，三线建设企业是特殊历史背景下形成的产物。从地理位置来看，由于受"靠山、分散、隐蔽"选址方针的影响，三线企业大多建在农村、山区，处于一种偏僻而封闭的环境之中。从社会特征来看，三线企业在人口密度、生产方式、生活方式、户籍身份与社会差异、社会关系等方面分别呈现出城市社会和乡村社会的某些特征。究其本质，三线企业是一种介于城市和乡村之间的特殊"单位社会"。同时，三线企业又有着自身的一些特点：和城市中的单位组织相比，三线企业的地理位置偏僻，封闭性和自给自足性更强，在一定程度上呈现出文化孤岛的特征；作为"嵌入式"企业，其内部形成了颇具特色的移民文化；外来文化与本地文化、城市文明与乡村文明在这里进行碰撞与融合，形成了独特的"厂文化"。改革开放以后，三线企业的社会状况发生了极大的变化，其变迁过程复杂而漫长，主要趋势是逐渐从"单位社会"向"社区社会"转变。

在单位研究领域，目前学界一般都是将"单位"作为一种全国性的、普遍的组织和制度纳入研究视野，对不同类别的单位组织研究较少。[①] 作为一种特殊但广泛存在的单位组织，三线企业的研究能丰富"单位社会"的研究类型，进一步发展单位制理论，理应引起更多的重视。

[①] 目前，仅见田毅鹏对东北老工业基地的"典型单位制"、刘平对限制介入性大型国有企业等单位类型进行了探讨。参见田毅鹏、漆思《"单位社会"的终结——东北老工业基地"典型单位制"背景下的社区建设》，社会科学文献出版社 2005 年版；刘平、王汉生、张笑会：《变动的单位制与体制内的分化——以限制介入性大型国有企业为例》，《社会学研究》2008 年第 3 期。

乡村振兴下民族贫困地区女性
经济能人的能力发展
——以云南省玉溪市富良棚乡为例

孔海娥*

习近平主席在党的十九大报告中提出乡村振兴战略，并指明实现乡村振兴的五个具体路径，即产业振兴、人才振兴、文化振兴、生态振兴和组织振兴。少数民族地区地理环境封闭，交通不便，人才发展远远滞后于中东部地区，其贫穷落后的一个重要原因是人才的匮乏，未来贫困地区在乡村振兴战略下要真正实现脱贫致富，必须重视人才的培养。然而，我们也应该意识到，"扶贫不能脱离农村社会的乡土根基，不能超越民众的文化认同和日常生活"，对于少数民族地区而言，本土人才资源是乡村人才振兴的重要支撑。本研究将关注少数民族贫困地区出现的女性经济能人，这些女性在自然与社会环境均不太发达的环境中，如何能够脱颖而出实现自身经济上的发展，她们当前的发展能力如何，未来实现更大发展的途径有哪些，这是本文将要研究的重点。

一 研究背景

国内学术界对能人问题的研究，开始于 20 世纪 90 年代，学者多是从能人治村、能人基本类型等方面展开研究。对经济能人问题的研究主要集中在两个方面，第一，经济能人的作用研究。大多学者强调经济能人的正向作用，卢在权（1996）、符钢战（2007）等认为经济能人在村域经济中起关键作用，许惠芬（2007）认为经济能人是农村现代化的领军人物，是新农村建设中重要的人力资源，王任朋（2010）、邵明伟（2011）认为经济能人成为农村经济发展的先导力量，贺雪峰（2012）认为经济能人

* 作者简介：孔海娥，江汉大学法学院副教授。

是农村社区互惠原则的实施者。近些年的研究（邢成举，2014；李小云，2015；刘升，2015；邢成举、赵晓峰，2016）特别关注了经济能人在扶贫中的"精英俘获"现象，对扶贫起负面作用。第二，经济能人形成原因分析。部分学者从社会资本视角的解析，如杜赞奇（1996）认为农村经济精英主要取决于财富、家族和社会关系，刘德忠（2007）强调农村经济精英凭借个人技术知识、管理能力、财富和社会关系网等社会资本获取了组织的核心地位。黄志坚、贾仁安、曾园根（2007）建立了由动力、能力、市场、风险、环境 5 个制约成长的上限基模，黄志坚、胡建中（2008）将影响农村能人成长的影响因素划分为具有才能潜质的农民本身所付出的努力程度这样的主观因素以及包括地方政府的规章制度和支持、当地社会文化习俗、激励制度的客观因素。朱璇（2012）认为乡村经济精英通过圈子、财富、技能等社会资本途径获得。国内较少有学者关注女性能人的问题，金一虹（2002）对乡村女性管理者的研究发现，政治女能人仍是被边缘化的群体，她们被排除在村庄核心权力之外，这是由特定的社会文化背景、性别分工模式以及男高女低的不平等的分配制度造成的。王伊欢、张亚鹍（2009）认为经济女能人对社区发展的意义涉及社区发展的经济、社会、环境、文化以及政治等多个领域，对社区发展具有多元意义。

国外学者（Lewis，Hossion，2008；Wong S，2010；Shyarnal Chowdhury and Futoshi Yamauchi，2010；Petra P，Ekaterina Z，2010）对能人问题的研究，强调国家层面在资源分配上偏向将其分配给能人群体，而普通人会跟随他们的领导。Habib，Roni，Haque（2005）认为经济、社会、宗教、文化和心理因素会影响着妇女创业者的初期和成功。Afrin，Islam，Ahmed（2008）对农村女性创业者创办企业和开展经济活动原因和动机进行了研究。Hosseini，Mirdamadi，Nejad（2009）认为教育因素会影响农村妇女创业是否成功，亲属和家庭成员对创业者来说是主要的信息来源，农村妇女需要更多的培训和教育来提高创业活动。

综观国内外学者的相关研究，对女性经济能人问题尚未形成系统的深入研究，本研究对贫困地区女性经济能人问题的研究，希望为这一研究提供更多的思考。

二　女性经济能人的形成原因

富良棚乡位于云南省玉溪市峨山县西北部，距县城 54 公里，全乡辖7 个村民委员会、51 个自然村，总人口 2959 户、10554 人，其中彝族人口 10416 人，占总人口的 98.69%，以纳苏支系为主，有少量的山苏支系村民。富良棚乡从新中国成立后各村以烟草种植为主要产业，产业结构较为单一，再加之全乡人口中 2/3 以上居住在山高箐深坡陡地少的绿汁江畔干热峡谷地带，造成当地长期闭塞，部分群众观念落后，等、靠、要思想严重，传统的种植方式贯穿于农业生产的全过程，2014 年云南省政府将富良棚乡确定为省级贫困乡。富良棚乡虽然自然环境恶劣，地理环境封闭，但彝族人天性乐观，妇女们个个能歌善舞，爱酒洒脱。

在对富良棚乡的调查过程中，我们一共访谈了十二名在某些领域发展较好的女性，比如养牛专业户、玫瑰花茶种植专业户、彝绣传承人、蔬菜经纪人、烤烟种植大户等，她们在种植、养殖以及传承传统文化等领域里小有成绩，并有意识地带动周边贫困群众脱贫致富。美籍华裔社会学家林南（Lin. Nan）认为"先赋资源（社会资本）是与生俱来的，如性别和种族，……是被继承限定的，如等级和宗教，还可以包括父母的资源。"先赋性社会资本与父母、家庭密切相关。自致性社会资本指先赋性社会资本以外的其他社会资本，如朋友、同学、邻里、同事等业缘、地缘关系都属于自致性社会资本。通过对这些女性的深入调查，我们发现在富良棚这样交通不便、自然资源较为匮乏的少数民族贫困地区，女性们要从当地的自然环境与社会环境的制约下获得发展，既是先赋的条件所致，也与她们后天的努力密切相关，下面我们将从这两个方面探讨女性经济能人的形成原因。

1. 先赋性社会资本

（1）家族传承

传统社会里一些手艺的传承主要是在家族内部延续，比如我们调查的玉溪市非物质文化遗产传承人李绍萍八岁就跟随姑姑和妈妈学习彝族刺绣，十二岁开始独立刺绣，她已经是家族的第六代彝绣传人，从事刺绣已有三十多年的历史，因为过于痴迷刺绣，小学三年级后便辍学回家刺绣。做菌类收购的李美兰的父亲在她小的时候便开始收购菌子，她从四五岁开始便跟随父亲上山采菌，因此对于菌类的种类、分布、销售等有一定的了解和经验，在婚后种植了几年烟叶后，高投入与低产出的现状使她果断做出了转行从事收购菌类的工作的决定。还有烤烟种植大户贾毅及其老公也是自小跟随父母学生种植烟草，学习和积累了较多的种植技巧，又肯钻研善于学习，于是承包了山上的几十亩土地，再加之开垦了大量的荒山，目前形成了近百亩的种植规模。这种家族的代际传承深深地影响了妇女们的志趣，使她们先天具有了与普通农村妇女相比选择不同行业的潜质。

（2）家庭教育

与普通女性相比，这些女性经济能人在成长的过程父母都非常重视家庭教育，他们以言传身教来影响孩子。比如李翠平告诉笔者，"爸爸妈妈很强调做人，他们认为做人一定要善良，要正直，要勤劳"，这成为影响她一生的人生格言，所以她在种植玫瑰园也是坚持走品质之路。"我是想既然种花的人那么多的话，我要把质量搞好，质量搞不好的话如果随大溜的话，我走不下去，因为我想要品质，这是性格上的一个特点。"另一位妇女周绍莲指出，她的父母非常重视读书，认为即使是女孩子，也要多读书，她们家三个女孩子，都读到了高中以上。父母的这些言传身教自然也影响到女性们自己对教育的态度，比如做菜豌豆收购的杨姐，她本身是高中毕业，她认为当地人的贫穷落后是教育所致，因此个体想要脱贫必须不遗余力地发展教育。比如"农村里面的话，我觉得还是最重要培养文化人，因为这个社会的发展没有文化不行，但是首先他困难是因为他的思想，他没有那种学习的劲，然后他就容易落后了"。先天在家庭中受到父母教育理念的影响，自然也形成了她们好学习、爱钻研的品质。

（3）个性顽强

女性在相对封闭落后的民族地区，想要做出一番事业，需要付出比男性更多的努力与心血，我们在调查中发现，这些成为经济能人的女性大多性格坚毅、顽强。"我觉得自己的这个怎么说这个思想啊觉悟啊，这些都和以前不一样，以前只看到眼前，现在觉得可以往更远的地方看。以前做什么事都觉得前怕狼后怕虎的，现在就觉得既然选择了就勇敢地做，肯定要坚持下去。"这些女性大多都在发展的过程中，经历了许多的挫折，正是顽强不屈的精神支撑着她们一路前行。比如李美兰，自己辛辛苦苦收购的菌子被一个外地收购商卷走，30多万元的款项没有收回，损失惨重。而从事玫瑰园种植的李翠平其发展之路在外人看来就是不断折腾，不断生发出新的力量的过程。"我就想不行也没有放弃过。我不能放弃。放弃的话，我这个家就没了，你看有儿子有女儿，还有老有小，我不能再放弃。"这种顽强、不放弃的精神是女性经济能人发展路上的不竭动力。

（4）文化环境

整体来讲，富良棚乡的彝族妇女地位比较高，在家庭生活中拥有一定的权利，这里没有汉族地区那种强烈的男性生育偏好，没有固定的"男婚女嫁"的婚居模式，只要男方愿意，结婚上门到女方生活的情况极为常见，并不会受到歧视。从改革开放以后，女性们大多拥有与男性同等的受教育权利。彝族妇女能歌善舞，在酒桌上与男性相比也并不逊色，在歌舞的场合更是落落大方，并无羞涩之感。因而女性们在家庭内外事务上能够独当一面的情况也比比皆是，笔者发现无论是村里开会，还是外出参观学习，及至与政府部门争取各种权益，女人们很多时候也充当着主力军的角色。或许正是在这样宽松的文化环境下，女性经济能人在成长中并没有因为自己是一位女性而难以发展自己。

2. 自致性社会资本

（1）教育和培训

在谈到自己当前的取得的一点小小的成功的时候，女性经济能人大多将其归功于自己所受的教育以及各类培训。她们大多接受过高中以上的教育，或者说在后来又经过了更为专业的培训，因此能够在某一领域取得不错的成绩。比如近些年来，富良棚乡政府及文化站在上级政府的安排及推动下，组织了一系列的培训活动，以发展当地的彝绣业。从2015年开始，富良棚乡文化站举办了三届刺绣培训班，分别培训了50人、80人及120人，这些都为发展当地的彝绣事业的发展打下了良好的基础。当地文化站负责人介绍到一位绣娘是如何通过培训提高了自己的彝绣技术，"当时她只会绣，学画画是在我们第一届彝绣培训班的时候才开始和那两个老师学习画画，学了一段时间就开始自己画。自己摸索，自己探索，要有悟性，你说她小学毕业有这样的悟性，还是要有一定的天赋"。另一位彝绣传承人李绍萍介绍，通过经常性地外出学习培训，了解不同的地方的绣法、针法、图案设计，很快就能把外面所见的东西融合进自己的作品里。此外，像养牛专业户、玫瑰种植户、中草药种植户等均是通过各类学习和培训学习新的种植、养殖技术，她们也会利用电脑、手机等现代通信工具寻求网上学习的机会。一定的文化素质，再加之较强的学习意愿，这是女性经济能人获得发展的重要原因。

（2）社会资本

从社会资本来看，女性相较于男性来说，更精通人情世故、善于社交，她们更懂得发挥自己在社会交往中的优势，来与村干部、与客户打交道，从而建构起自己生产经营的关系网络。正如我们在前面介绍的，彝族文化里并不存在严重的重男轻女的观念，也没有严苛的"男外女内"的传统性别分工，因此女性在外面做事，独当一面也是一种常态。在彝族调查期间，我们可能会经常见到一位滔滔不绝的妻子和一位木讷寡言的丈夫，彝族男人生性较为腼腆，言语较少。比如玫瑰花种植主李翠平，非常善于建构各类关系为自己的种植园作宣传，她待人真诚、大方。在她最初尝试酿造酒的时候，为了打开市场，她趁彝族人在春节酒席较多的机会，利用人际关系网络，将酒送到自己熟识的酒店，免费送给饭馆，从而慢慢打开销路。养牛专业户周绍莲，最初是从同学那里学得养牛技术，同时也积极地与当地的扶贫企业红塔集团的代表沟通，从而成功获得大企业扶持创办养牛合作社。

（3）政策机遇

女性经济能人能在烤烟为支柱产业的当地取得烤烟之外的发展，和时代发展的机遇紧密相关。因为国家扶贫政策的实施，作为峨山县唯一的省级贫困乡，政策与资源的支持也给了当地妇女更好的发展机遇。比如我们调查的养牛专业户周绍莲，她就是借助了红塔集团这样的大企业的扶贫资金，于2015年建立了一个合作社。"红塔集团入注的这个资金成立合作社，是以产业扶贫的方式来扶持这些贫困户，如果把钱直接分给那个贫困户的话，可能今年他会很好过，但是明年、后年就不能保证，就很难维持下去。如果把钱投在一个合作社，发展一个产业的话，钱可以永远的在这个产业里面，享受到分红，在这边还有其他打工的收入，只要这个合作社正常运行一天，周边的这些农户都可以受益。另外农作物的秸秆啊，还有一些农业产品，这些都可以卖到我们这里来。它的主要目的就是这个合作社的长期的发展可以带动附近的这一片，不仅仅是那个贫困户。每年所产生的利润，我们就可以拿一部分来给贫困户分红，如果那个利润有更多的话，就可以继续扩大再生产。"这种依靠企业扶贫资金扩大再生产的方法，解决了周绍莲想要扩大再生产却苦于无资金的无奈，而红塔集团也解决了资金直接给农户而无发展的窘境，而周绍莲也借助于企业扶贫的这一利好政策，自身的事业也开始做强做大。另一个种植蘑菇的专业户也是通过类似的企业扶贫的模式获得了自身的发展。因为峨山县是烤烟大县，烟草种植大户贾毅得到了从县到乡资金、技术等各方面的支持。

三　女性经济能人的发展能力

当地的这些女性经济能人利用先天及后天的条件不断发展各方面能力，积累社会资本，创造财富，在这些女性经济能人的身上，我们发现她们具备一些共性的能力，这些为我们普通农村妇女的发展提供可以借鉴的经验，我们具体来看一下。

1. 自我发展意愿

传统彝族妇女普遍文化程度不高，一些妇女汉话或普通话并不流畅，因此她们不太敢与外界交流。近些年来，随着与外界交流的增多，特别是富良棚乡文化站举办的彝绣培训班，通过授课的方式帮助绣娘学习汉语，教绣娘了解图案背后的文化寓意、学习更全面的刺绣技能，同时也给乡上妇女们介绍外面市场的相关信息，这些都极大地提高了彝族妇女的自我意识。妇女们借助彝绣这一媒介，逐渐地认识到自身的价值，她们不再认为自己是家庭和社会的依附角色，她们有了自我发展的勇气和意愿。这是我们在这些女性经济能人的身上发现的一个特别重要的特质，她们都有较强的自我意识，有积极的自我发展意愿，并且愿意为了发展去不断学习，承受风险。

2. 学习能力和学习意识

学习能力和学习意识是一个人能否获得发展的重要推动力，这恰恰是我们在这群女性经济能人身上看到重要的特质。比如尝试过多种种植的李翠平，总是热情饱满地投入新事物的尝试和学习中。当了解到周边有人玫瑰花种得好，她就和爱人开车过去，参观别人的种植园，学习别人的技术，不懂的就去查资料，打电话问。"查资料，什么都到处问，就是上网查，还有这个可以自己上网查怎样管理，我就打电话问他怎么管理。"当看到有些不太新鲜的花扔掉了可惜，于是便拿来酿酒，而另一位养牛专业户发现买粮食喂牛不太划算，于是学习了酿酒技术，先把酒酿出来，再用酒渣去喂牛，据说效果会好一些。这十二位女性基本也都能够开车，一位女性谈到为什么当初要学车的心情："我觉得那个自己会开去哪里都比较方便，为什么要等啊靠啊？这个就太麻烦了！"驾驶技术的获得一下让她们扩大了自己的生活圈和社交圈、事业圈。新知识新技能的不断掌握也使得女性们越来越自信了。

3. 风险和投资意识

相比于普通妇女，女性经济能人表现出了较强的风险和投资意识。她们大多坦言，没有把钱存在银行的习惯，有钱了就想着如何去寻找新的项目，新的投资。周绍莲在最初以烤烟为主要产业的时候，就已经将养牛作为副业，在成立合作社养牛后，为了更好地利用粮食，她开始学习酿酒并生产加工酒，随后养羊、养驴子，开始实行多种化经营。李美兰也在不收菌子的淡季开始尝试种植中草药和收购菜豌豆。一位女性是这样介绍自己的投资理念。"不好意思，我这辈子从来没有存钱的，可是我一旦有了一点点钱，就想建设，就是我想投资什么，打个比方我今年有三千到五千的新钱，我就想做点什么，还是种点什么。"她们也乐于利用各种资金，富良棚乡几乎家家有贷款，主要用于房屋修建和扩大再生产。

4. 经营管理能力

女性经济能人要想在市场中真正获得收益，还必须具有较强的经营意识，只有经营好了，才可能有发展的持续性。笔者访谈的女性大都有较强的经营管理意识，同时能够根据市场不断调整自己的经营策略。比如周绍莲在忙不过来的时候会请劳务工，尽管工价一年年看涨，但她觉得这是一笔合理的支出。"像这个如果是我们自己去做的话，要很长的时间，你根本做不了这么多，然后等你有时间做的时候，可能是已经比如说季节过了，可能会不怎么好，比如说逢雨季天啊你要提前把它收好，这样的话呢我觉得这个喊喊人来帮我做挺合算的。觉得我能做的其他人不一定能做，但他们能做的我都能做，为什么不放给他们做呢？"而在附近乡镇跑街的高艳则独当一面地经营着自己的小摊位，一周要跑两三个街子，她需要到昆明去进原材料，同时自己画图，然后将半成品给绣娘们拿回去绣，然后她再将绣好的绣品收购过来自己拿到街上去卖，她需要根据客户的需要采购原料，同时也依据市场需求来制作绣品，经过这几年的摸爬滚打，高艳的经营管理能力越来越强，目前与她长期有合作关系的绣娘有二三十名，她们彼此形成了一种互利互惠的关系。

5. 沟通交流及人际关系能力

传统彝族社会仍是一个典型的以关系为本的社会，关系网络在农村这种"熟人"社会中尤为重要。在资源有限的农村地区，女性经济能人可以通过自己的关系网络获取资金、信息和情感支持等资源。除了家庭、朋友这些依靠血缘和情感建立起来的关系，她们还要与政府、银行、生意伙伴等建立良好的关系。玫瑰花种植的李翠平在做生意的这些年，总是能够积极地寻找合作伙伴，并与生意伙伴建构良好的关系，从而不断扩大自己的经营。"他们喜欢我，他们愿意跟我合作，我比较好处。"除了建构人际关系的能力外，沟通交流的能力在建构关系上可以说是至关重要的一步，大多彝族妇女由于汉话或普通话表达不太好，因此在与我们交流的时候，有点畏畏缩缩，不太敢表达，而与之形成鲜明对比的是，这些女性经济能人在沟通交流上的能力很强，这也是她们能够与外界建立良好关系的一个重要基础。

6. 市场与创新能力

这十几位女性，有的是在市场大潮中摸爬滚打几十年，有的则是刚刚初步开始创业，但她们都具有敏锐的市场意识，比如做菜豌豆生意的杨姐，她长期活动在峨山的几个批发市场，"我就在这两个市场里面跑，然后就比较好掌握这个行情，然后他们下面收的，基本上有一定的利润，这样才做得下来，农村市场我就基本上都跑了"。在发展到一定程度后，她们并不局限于自己最初的那个行业，而想尽办法来扩大再生产。比如李翠平，"我们两个是听见人家说搞农业的，什么赚钱，哪里做了什么，我们都跑去看"。她们的思路比较开阔，愿意接受新鲜事物，并且不断拓展着自己的经营范围，比如养牛专业户周绍莲，从传统的烤烟行业，发展到养牛、酿酒、养羊、养驴子。收购菌子的李美兰从单一的收购菌类到菜豌豆到辣椒，现在开始尝试利用云南良好的气候及土壤环境种植中医药。

四　拓展少数民族贫困地区女性经济能人发展能力的途径

笔者在富良棚乡调查的这十二名在经济上发展较好的女性，涉及行业较多，她们为当地经济发展作出了贡献，特别是她们的发家致富的经历与精神深深地激励了其他的女性，起到了较好的带头示范作用。比如李翠平的种植园、周绍莲的养牛合作社经常性的聘请周边的农户打工，比如到了收菌子的季节，附近的村民纷纷把拾到的菌子送到李美兰的收购中心，有些家庭，一年菌子的收入可达三四万元，相当可观。绣娘们利用闲暇的时间绣出的绣品经高艳在市场上销售，这些都积极地带动了周边村民的收入，也成为村民纷纷效仿的对象。然而，与近万人的富良棚女性人口相比，这些女性的人口比例非常的低，她们尚处于事业发展的初级阶段，亟须各方面的支持以提高她们的发展能力，她们当前的影响力更多的还是在经济领域，在政治、文化等领域的影响力尚未形成。通过对当地女性经济能人的调查，我们认为她们需要从以下方面来进一步提升自己的发展能力。

1. 开展教育与培训，提升经济能人能力

从布尔迪厄的文化资本来看，女性受教育程度提高，无论是对大众媒体信息的积极获取，还是对闲暇时间的高效利用，都有助于她们形成对生活的新观念，成为新乡村生活方式的倡导者和实践者。在调查中，女性经济能人均表现出强烈的学习愿望，她们想要学习新型的种植技术、电脑、财务等方面的知识。此外，针对这部分能人，也可进行新农村发展项目方面的培训，如何选择项目、如何拓展市场等也是这部分女性亟须提高的。此外，可进一步加强性别平等培训，鼓励非政府组织和妇女团体为农村妇女提供法律援助和制度化支持，使性别平等教育交叉化、多样化、立体化，从而取得更好的效果。一旦这些妇女能够具有较强的性别平等意识，相信她们也能起到辐射带动作用，从而影响到更多的女性群体。

2. 建立更多的社交平台，扩大女性社会网络

从调查的情况来看，当地农村女性经济能人的社交网络仍然较为狭窄，主要是以地域、血缘为主要的交往对象。峨山县妇联曾在 2013 年成立了妇女能人协会，每年会定期地开展相关活动，使峨山县的女性能人们能够有机会相识，但这一平台活动较为单一，女性们活动的范围、密度和网络成员之间的交往频度都偏低。未来需要建立更多的社交平台，使女性能够扩大自己的社会网络，从而能够更好地发展事业。

3. 建立妇女自组织，促进女性能人的发育和培养

2018 年，《民政部关于大力培育发展社区社会组织的意见》中提到力争到 2020 年，实现农村社区平均拥有不少于 5 个社区社会组织，农村社会组织的建设尚处于起步阶段。妇女组织化程度低，分散经营的单打独斗

模式无法应对千变万化的大市场。作为农村社会的半边天，让农村妇女形成自我组织，它应该属于农村妇女自己的民间组织。有学者研究发现，凡是有妇女组织的村落，妇女们在改变农村传统性别关系、性别角色规范方面，均表现出很强的主体性力量。因此，发展农村妇女自组织，势在必行。比如成立"妇女协会"，以妇女为主体，伴随妇女一起成长，是妇女自我发展和社区参与的坚强后盾，让妇女们通过参与社区的文化建设开始逐步地参与到社区的经济、社会、政治建设中，促进农村女性能人的发育和培养，使女性能人的规模逐步扩大，影响社区健康发展。

4. 发挥妇联指导作用，推动女性更大发展

加强少数民族地区妇联的作用势在必行。就我们了解的情况看，当地乡镇的妇联主席大多是兼任，且每三个月就轮换一次，这就导致个人难以在妇女工作上面投入太多的时间与精力，一旦对相关工作有所了解，可能面临马上又要换人的尴尬局面。具体到各村的妇联主席更是如此，兼职且没有额外的报酬，至少在乡镇一级的基层政府中设置专职专岗来承担农村的相关妇女工作就显得尤为必要。

5. 加大政策扶持力度，推动妇女稳定发展

政府部门要充分认识到这些经济能人的带动和示范作用，因此，地方政府要从政策上给予女性经济能人扶持力度，要因地制宜、因时制宜地制定出一些政策来推动这些经济能人的发展。未来还需要有更好的政策倾斜给她们，让她们真正做强做大，要保持对这些经济能人的政策支持的一贯性。富良棚乡的这些女性经济能人大多处于事业发展的初创期，非常脆弱，更需要有一个稳定的政策支持来使之茁壮成长。

正如我们在对峨山县妇联的调查中，一位妇联主席讲到的，"个体的妇女如果发展得好，家庭就会很好，家庭的工作做好了，整个村庄、乡镇也都会焕发出新的生机与活力"。农村妇女在未来的乡村振兴中将发挥越来越重要的作用。中华全国妇女联合会在 2018 年 2 月的《关于开展"乡村振兴巾帼行动"的实施意见》中指出，"妇女是推动农业农村现代化的重要力量，是乡村振兴的享有者、受益者，更是推动者、建设者，乡村振兴将为妇女发展带来更多发展契机，实现'她力量'的崛起"。真正地促进"她力量"的崛起，势必"要培育有文化、懂技术、会经营的新型农民"。我们通过对少数民族贫困地区女性经济能人的形成原因以及当前发展能力的研究，既感到民族地区的振兴指日可待，也感到任重道远。

社会性别视角下农村女性群体
参与精准扶贫的角色

——以重庆市城口县 J 乡为例

蒲红琴　穆莉萍*

一　研究背景及意义

自改革开放以来，我国扶贫工作从体制变革推动扶贫、大规模开发式扶贫到扶贫攻坚，每个阶段都取得了辉煌的成就，《关于打赢脱贫攻坚战三年行动的指导意见》中提到，至 2020 年，通过"五个一批"，因地制宜、综合考量施策，确保到 2020 年贫困地区和贫困群众同全国一道进入全面小康社会。随着城镇化的快速发展，导致农村地区剩余劳力大量转移，青壮年男性劳动力进入城市务工，而"386199"留守现象突出，直接导致妇女成为农村生产和发展的主要承担者。对于贫困家庭来说，妇女在其中更是扮演着非常重要的角色，她们不仅是家庭生活的重要支柱，也是农村经济和农业生产的主力军。据统计，65% 以上农村劳动力是女性，尤其是在精准扶贫政策实施后，农村女性群体日益成为精准扶贫过程中的经济建设参与者、实践者和学习者，涉及具体的扶贫政策践行，女性群体有着不可忽视的作用。

本文基于对女性群体和扶贫政策研究的基础上，将社会性别需求因素纳入扶贫领域并分析女性参与精准扶贫的角色分工，探究通过纳入社会性别需求作为精准扶贫政策设计和实施的可能路径，对整个农村地区发展和加快脱贫进程具有重要意义。笔者在多次参与农村的实地调研和访谈中深刻体会到目前整个精准扶贫过程中农村女性的重要作用，而农村女性尤其是贫困妇女作为相对弱势群体，在社会性别需求视角下分析妇女参与精准

---

* 作者简介：蒲红琴，四川外国语大学社会与法学院本科生。穆莉萍，四川外国语大学社会与法学院讲师。

扶贫的角色分工，进而挖掘激发女性群体参与精准扶贫的性别需求和政策干预路径，对农村地区推进脱贫进程并加快发展，甚至是在减少返贫的风险上，都具有重要的研究价值和意义。

二　关于女性参与精准扶贫的相关研究

关于贫困女性参与精准扶贫的研究，目前主要集中于探讨分析社会性别对女性参与精准扶贫的现状、作用与地位及可行性路径的影响。就女性参与精准扶贫的现状而言，一些学者指出其由于社会性别因素的存在而在获取物质资源和社会资本中处于弱势地位，在参与精准扶贫过程中缺乏获取知识和信息的能力且政治权利匮乏，存在权利性劣势、能力性劣势等状态，妇女自身的主体参与意识不强。就女性参与精准扶贫的作用和地位而言，[①] 徐丽、陆卫群等也分析了农村女性社会角色和功能，强调了女性在精准扶贫过程中的重要性与主体性地位。[②] 王俊文则分析了其政治参与度不高、科学文化素质低、就业结构有待完善等贫困地区妇女普遍面临的现状与困境，对如何有效提高女性参与扶贫工作可行性路径，提出了改善农村女性参政议政条件、建立农村女性劳动力市场等措施。[③] 关于农村女性参与精准扶贫对策等方面，杨顺成则通过对典型案例分析总结了注重妇女反贫困参与的必要性，缓解贫困需要妇女的广泛参与，主张以提供给贫困妇女自我发展、积极创收的机会和渠道来实现脱贫目标。

综上所述，目前学术界关于女性参与精准扶贫的研究中，主要集中探讨女性参与精准扶贫的角色功能与主体性地位；根据不同社会性别需求制定政策对于妇女反贫困的重要性；分析精准扶贫中女性面临的困境、女性贫困现状及对策进行探讨。在关于女性参与精准扶贫的角色分工上，多是从造成角色分工的原因和问题层面上进行探究，[④] 蔡生菊从妇女贫困原因

---

① 徐丽、陆卫群：《农村女性群体在精准扶贫过程中的角色功能》，《改革与开放》2017 年第 15 期。

② 王俊文：《我国贫困地区农村女性人力资源开发问题探讨》，《湖南社会科学》2013 年第 6 期。

③ 杨顺成：《反贫困应注重妇女的广泛参与》，《林业与社会》1999 年第 3 期。

④ 蔡生菊：《脆弱性贫困与农村妇女贫困问题——基于甘肃省的实证调查》，《天水行政学院学报》2017 年第 1 期。

方面剖析了女性相对于男性在能力、文化、权益与地位上不平等与分工领域的差异。但目前关于妇女参与精准扶贫的角色分工的研究大都从宏观角度或者扶贫具体领域层面进行分析，在分析视角上偏向于社会性别的权力分工，涉及纳入社会性别需求视角研究具体政策执行过程中的角色分工几乎没有。这正是笔者所要研究和探讨的问题，进而分析在社会性别需求视角下女性参与具体扶贫政策所体现的角色分工，分析制约妇女参与脱贫攻坚的因素，探索干预路径。

三　社会性别需求理论在精准扶贫政策中的实践

（一）社会性别需求理论

妇女发展专家卡罗琳·摩塞于 1989 年提出关于社会性别需求的权威理论，它包括实用性社会性别需求与战略性社会性别需求两层含义，强调女性与男性在不同的领域中拥有不同的需求。摩塞基于男性与女性在社会中的角色功能及需求、考虑家庭结构及其内部劳动分工将社会性别需求的概念分为"战略性社会性别需求"和"实用性社会性别需求"。[①] 战略性社会性别需求指"通过分析妇女相对于男性的从属地位而确定的需要，包括社会政治参与、取消性别分工、消除制度性歧视、实现政治平等、再生育选择自由、采取充分措施保护妇女免受男性的暴力和控制等"；实用性社会性别需求通常是指"处于特定环境的妇女对直接感受到的问题作出反应时提出的需要"，更多的是指妇女在自身生活状态中的实际需要。

（二）社会性别需求理论在精准扶贫政策中的实践维度

本研究以摩塞社会性别需求理论为出发点，将社会性别需求理论中的实用性性别需求和战略性性别需求作为分析框架，考察在精准扶贫政策具体落实过程中涉及的社会性别分工。摩塞认为男尊女卑、男主外女主内等传统性别观念制约女性参与公共领域的生产活动，在扶贫政策中表现为涉

---

① 蒋爱群、田沐冉：《通过实用性社会性别需要实现战略性社会性别需要——论中国妇女发展实践中的理论与策略》，《中华女子学院学报》2013 年第 6 期。

及生产和生活的政策落实，女性承担更多责任，而涉及政策决策与政治参与等方面，男性的参与度高于女性。鉴于此，本文在对农村妇女参与精准扶贫政策的角色分工的过程中，首先对于扶贫政策的维度进行实用性性别表现和战略性性别表现的划分，紧接着探讨女性在不同政策维度落实层面上的男女分工及性别差异，进一步总结分析女性在扶贫政策中的参与和贡献度，以及角色主体性地位的体现。①

精准扶贫是指针对不同贫困区域环境、不同贫困农户状况，运用科学有效程序对扶贫对象实施精确识别、精确帮扶、精确管理的治贫方式。一般来说，精准扶贫主要是就贫困居民而言的，谁贫困就扶持谁。角色分工更多地关注女性在实践过程中所体现出来的参与度与实际地位现状。本研究主要基于在精准扶贫现行政策的落实过程中对女性参与分工情况进行调查，主要从J乡所有建卡贫困户普遍享受的政策维度来考察男女分工情况，具体而言包括从结对帮扶、产业发展、两不愁三保障中的吃穿落实情况、教育扶贫、精神扶贫、环境卫生整治六个政策实施维度对其进行考察（见表1）。

表1　　　　　　　　　　　**政策维度的操作化**

政策落实维度	操作化
结对帮扶政策	"你是否知道你的帮扶人是谁" "平时主要由谁与帮扶人进行沟通"
产业发展政策	"你是否在政策号召下发展种/养殖业" "种/养殖过程中谁与政府接洽较多" "种/养殖过程中谁花的精力较多"
两不愁三保障中的吃穿政策	"你家中平时吃穿质量主要由谁决定"
教育政策	"在教育后代方面谁投入较多"
精神扶贫政策	"您家中谁对扶贫政策了解多一点" "村里或乡里组织开会谁去得的比较多" "关于家风家训等政府号召主要由谁承接主办"
环境整治政策	"关于政府环境卫生政治等号召主要由谁进行承接主办"

---

① 王国振：《精准扶贫视角下农村低保运行机制创新研究》，硕士学位论文，河南大学，2017年。

　　按照摩塞社会性别需求理论框架，结合精准扶贫政策实施维度将表1中部分操作化问题进行"战略性性别表现"与"实用性性别表现"分类，战略性性别表现为更多的政治参与和与正式支持系统的交往层面，而实用性性别表现为生产生活具体的行动层面，涉及家务、教育、种养殖、环境卫生等层面，具体见表2。

表2　　　　　　　　　社会性别需求视角下政策的表现分类

战略性性别表现	"平时主要由谁与帮扶人进行沟通" "村里或乡里组织开会谁去得比较多" "种/养殖过程中谁与政府接洽较多" "您家中谁对扶贫政策了解多一点"
实用性性别表现	"种/养殖过程中谁花的精力较多" "你家中平时吃穿质量主要由谁决定" "在教育后代方面谁投入较多" "关于家风家训等政府号召主要由谁承接主办" "关于政府环境卫生政治等号召主要由谁进行承接主办"

四　农村女性参与精准扶贫政策的角色分工

（一）样本点及问卷基本情况

　　城口县是重庆市五个国家级贫困县之首，J乡位于城口县南部，是全市18个深度贫困乡之一。鸡鸣乡建档立卡贫困户363户共计1527人，由于经济落后，大部分的中壮年外出务工，妇女成为农村主要劳动力，也是精准扶贫政策的主要践行者。本研究数据来源于研究者对重庆市城口县J乡进行的问卷调查，问卷为自编问卷，使用SPSS21.0软件对回收的问卷进行数据录入和分析，对调查结果进行描述性分析。调查范围为重庆市城口县J乡辖区内的五个村一个社，调查对象为建档立卡贫困户家庭成员，具体操作为在住房门口张贴明白卡的家庭。抽样方式为随机抽样，即在对各村进行走访过程中对粘贴明白卡的家庭中所有在场家庭男女主人进行问卷调查，采取访谈员提问、代填的方式完成问卷。最后共获取贫困家庭成员的问卷113份，其中有效样本100份，回收率88.5%。问卷个人基本情况见表3。

表3　　　　　　　　　　　　　　问卷个人基本情况

变量	百分比（%）
性别	
男	42
女	58
年龄	
20 岁以下	0
20—39 岁	17
40—59 岁	54
60—79 岁	26
80 岁及以上	3
文化程度	
小学及以下	81
初高中、中专	19
大专及以上	0
婚姻状况	
未婚	7
已婚	78
离异	3
丧偶	12
身体状况	
非常好	11
比较好	34
一般	29
比较差	23
很差	3
合计	100.0

在收集到的 100 份问卷中，已婚群体占大多数，然而丧偶人数占比也高达 12%。在调查受访者身体状况时，本文将"非常好"解释为基本不生病，"比较好"定义为偶尔生病，"一般"是指调查对象有三高等慢性疾病的情况，"比较差"则为有哮喘、糖尿病等需长期服药的疾病，"很差"是指调查对象患有心脏类、精神类等重大疾病，以此为衡量标准进行身体状况调查。

对于结对帮扶、产业发展等扶贫政策的了解情况，本研究将选项设置为"完全了解""比较了解""基本了解""了解很少""不了解"五个选项，调查对象根据实际情况进行选择。其中大多数人都对扶贫政策有一定的了解，只有 7% 的人不了解。在实施情况中，超过一半的人在政策的号召下发展了种植业、养殖业，如养蜜蜂、鸡、猪等，种植中药材、兰花等。剩余 29% 的人表示没有发展种、养殖业的原因是家庭居住环境不适合、时间精力不允许等。关于结对帮扶的政策，94% 的人知道自己帮扶人是谁，表现为帮扶人会在过年过节送礼入户，具体调查结果如表 4 所示。

表 4　　　　　　　　　扶贫政策实施情况

变量	百分比（%）
发展种植业或养殖业	
是	71
否	29
是否知道帮扶人是谁	
是	94
否	6
总计	100

（二）实用性性别与战略性性别需求的分工表现情况

为进一步了解女性在扶贫中的分工体现，本文还对扶贫相关具体事项参与度情况进行了调查。数据显示，在发展了种、养殖业的家庭中，与政府等相关人员沟通主要是男性进行，但具体过程中的精力投入女性却多于男性；在日常家务、生活质量、后代教育、环境卫生家风家训这些具体扶贫政策落实的实用性事务上女性参与度高于男性。在政策了解、会议参与、相关沟通等社会性、战略性事务方面男性参与度高于女性。具体情况如表 5、表 6 所示。

表 5　　　　　　　　实用性性别表现参与情况　　　　　　　单位：%

变量	男性	女性	一样多	总计
养/种植过程中谁花时间、精力更多？	23	45	6	74
您家中平时吃穿住行质量主要由谁决定？	22	64	13	99
在教育后代方面谁投入较多？	21	59	20	100

变量	男性	女性	一样多	总计
关于家风家训等政府号召主要由谁进行承接主办？	29	62	9	100
关于政府环境卫生整治等号召主要由谁承接主办？	20	72	8	100

表 6   **战略性性别表现参与情况**   单位：%

变量	男性	女性	一样多	总计
您家中一般谁对于政策了解多一点？	54	35	11	100
村里或乡里组织开会的时候谁去的比较多？	53	42	5	100
平时主要由谁与帮扶人进行沟通？	49	39	12	100
养/种植过程中谁与政府进行接洽较多？	38	31	5	74

关于贫困家庭经济来源，本研究将选项设置除政策收入（各项补贴保险等）外的"务工"（包括酒席帮厨等兼职全职个体经营等）、"土地"（包括日常农作物售卖及种植产业等）、"养殖"（包括日常家禽售卖及养殖产业等）、"无"作为选项，调查对象根据实际情况进行多选。调查对象的收入类型中71%的家庭以在地化务工作为收入来源之一，其他中大多数表现为子女赡养等，3%的人表示除政策收入外无收入。而在这些创收类型中，男女贡献较多的收入类型情况如表7所示。

表 7   **女性中贡献较多的创收类型**   单位：%

创收类型（多选）	男	女
在地化务工	40.5	29.8
土地	28.6	26.3
养殖	35.7	52.6
无	16.7	26.3

在"养殖"这一创收类型中女性参与度最高，其次是"在地化务工"，在调查过程中发现女性的主要务工类型为偶尔酒席帮厨和工地小工，有26.3%的女性无收入，她们表示在照顾孩子和一家人的起居及各类家务、保障家庭生活的农活外已无多余精力创收。收入类型中男性务工占比明显高于女性，而女性参与养殖占比也明显高于男性；传统性别劳动

分工中公私领域的划分，大部分农村女性群体仍然秉承"男主外，女主内"的家庭传统，更多地体现了其实用性性别特点。

（三）女性参与扶贫政策落实的角色定位（见表8）

表8   角色定位与性别交互表

变量	男（%）	女（%）
女性有哪些优势？（多选）		
时间优势	60.9	81.8
性别优势	78.3	33.8
能力优势	13.0	16.9
女性有哪些劣势？（多选）		
时间精力不足	26.1	19.5
性别劣势	34.8	26.0
能力不足	82.6	80.5
扶贫中谁贡献较多？		
男性	56.5	55.8
女性	43.5	44.2

按不同性别在落实贫困政策中的优劣势及角色定位进行交互表描述分析，男性认为女性的时间优势和性别优势比较明显，比如业余时间多、有些细致的事情女性做更好等，而女性中只有33.8%的人认为她们具有性别优势，远低于男性占比。有26%的女性认为女性存在性别劣势的原因是一般家中事务由男性决策较多（"男当家"），所以，在政策实施及决策过程中女性会存在性别劣势。男性和女性都有超过80%的人认为女性的劣势主要体现在能力方面，如身体状况不佳、体力不足、许多技能不会等。关于时间精力不足具体表现为女性花在教育照料后代及其他家庭成员的时间精力太多，无暇顾及其他。传统的家庭角色分工、权利剥夺导致农村传统女性对自身的贡献无法客观地进行衡量，自我认同感较低。

（四）女性参与精准扶贫政策落实中的角色分工期待（见表9）

表9　　　　　　　　　　　角色分工期待与性别交互表

变量	男（%）	女（%）
政策更应该关注谁？		
男性	30.4	46.8
女性	69.6	53.2
女性是否更多参与相关规划与决策？		
是	82.6	77.9
否	17.4	22.1
女性是否更多参与相关培训？		
是	82.6	70.1
否	17.4	29.9
女性可以在哪方面做得更好？（多选）		
产业发展	56.5	57.1
教育支持	78.3	44.2
环保卫生	87.0	23.4
精神扶贫	47.8	50.6

　　男性和女性中都认为男性贡献较多且占比更高，涉及"政策更应该关注谁""女性是否应该更多地参与扶贫相关规划与决策""女性是否应该参加更多的扶贫相关培训"这三个指标中，男性比女性本身更期望政策设计过程中女性受到更多的关注。其中女性对参与更多的脱贫产业培训期望较低原因主要体现在她们认为自己"文化不够、时间精力不足"。从男女性别视角出发，男性中认为女性在扶贫政策实施过程中"还能做得更好"的是环境卫生方面，其次是教育支持和产业发展方面；而在女性中，她们认为自己能胜任的首位是产业发展方面，其次是在精神脱贫方面，具体表现为提高社区组织参与度等。在教育支持方面之所以会出现明显差异是由于男性与女性本身对女性在家庭中角色预期不同，男性认为女性在教育保障、后代培育方面花的时间精力多于男性，自然要做得更好；女性则认为"由于自己文化水平不够无法给予后代学业上的实质帮助，只能提供生活陪伴就足够了，不需要再刻意提高"（见表10）。

表 10   角色分工期待与政策了解程度交互表   单位:%

变量	完全了解	比较了解	基本了解	了解很少	不了解
政策更应该关注谁?					
女性	83.3	80	41	60.7	71.4
男性	16.7	20	59	39.3	28.6
女性是否应该更多参与 相关规划与决策?					
是	100	85	74.4	78.6	71.4
否	0	15	25.6	21.4	28.6
女性是否应该更多 参与相关培训?					
是	100	80	64.1	75	71.4
否	0	20	35.9	25	28.6
合计	100	100	100	100	100

研究对象普遍认可扶贫政策中妇女的重要性,对于女性的角色分工期待很高,主要表现在政策关注、决策权等战略性性别需求上,如她们希望能够加强对女性反贫困的相关培训和能力提升。研究结果进一步表明,女性对政策的了解程度越高,其战略性性别需求就越强烈。

五　研究结论

(一) 女性在参与扶贫政策落实过程中呈现性别化分工特点

在贫困地区,女性在现行精准扶贫政策的落实过程中参与度普遍偏高。女性在产业发展具体实施过程中、两不愁三保障中的吃穿质量决策及教育后代投入过程中、家风家训、环境卫生等政府号召承接过程中的参与度均高于男性,实用性性别分工凸显;而男性则在政策了解、组织参与、社会关系建立方面等战略性性别分工参与度高于女性,这是由于两性社会角色与分工的不同造成的。[1] 两性劳动分工主要以公私领域分化的意识形

---

① 谢雪梅:《入境游客旅游地意向认知的性别差异研究》,硕士学位论文,陕西师范大学,2011 年。

态表现出来，将女性劳动在观念形态上归于家庭等私人领域，而男性劳动是社会性的，取得社会地位和名誉以及其他经济、政治等社会性的活动成为男性的"分内之事"。在资源紧缺的条件下，女性为了维持生存而同时兼顾内外事务是必需的，从事生育、抚育、照顾老人以及其他家务劳动在内的人类再生产相关活动，但女性仍被视为次要的辅助性的社会角色，等级化的劳动分工格局凸显。

（二） 女性在扶贫政策落实过程中的实用性性别角色优势明显

男性基于性别的分工不同普遍认为在扶贫政策落实过程中女性具有性别优势，其次是时间优势，出于客观考虑，女性也认为时间是她们的主要优势，但她们认为在性别上并不具有明显优势，对自身实用性性别优势认同较高，战略性性别优势认同较低。另外，由于贫困地区女性家庭角色的固化，女性同时也表示尽管在家务方面时间是一种优势，但关于个人的兴趣爱好发展或者社区组织参与等方面也往往因为时间精力不足而呈现参与度较低的情况。

（三） 女性参与扶贫政策落实中的角色分工存在社会建构性

精准扶贫政策落实过程中女性的角色分工是被社会建构的，女性主观意识的角色主体性不强。尽管数据显示女性在扶贫政策实施过程中参与度更高，但总体男性和女性都认为男性在扶贫政策实施过程中贡献更多。由于传统两性间支配与从属的权力关系、社会性别文化与习俗、等级化的劳动性别分工通过社会建构将女性劳动视为情感劳动的信仰，它使女性将默默无闻的"相夫教子、从事家务劳动和社会劳动"视为自己的"本职工作"，尽管女性实际参与度高于男性，但她们自己仍然对自己的贡献不认可，主观上认为她们的付出属于"本分"而非"贡献"，从某种程度上掩盖或降低了妇女劳动的价值。

（四） 女性对于扶贫政策满足战略性性别需求存在强烈诉求

男性和女性中大部分都表示希望扶贫政策更多地关注女性，基于女性更多相关技能的培训，大多数女性主观上也表示愿意多参与组织规划与决策。虽然目前女性对于自己的高参与度与贡献认可不够，男性认为从角色分工上女性可以在教育支持和环保卫生方面做得更好，而女性则更多地希望自己在基于产业发展、精神扶贫战略性性别方面的需求得到关注，研究进一步表明，女性对扶贫政策了解度越高，其战略性性别需求体现越明显，这表明她们对增强自己的角色主体性地位，满足战略性性别需求有强烈的诉求。

六　对策建议

在精准扶贫政策的设计和制定过程中，要具有社会性别意识。关注政策在实施过程中的性别差异与性别需要，提升社会性别敏感度，不仅要满足扶贫对象群体的实用性性别需求，也要满足他们的战略性性别需求。制定政策时要兼具实用性与战略性的指导框架，探索具有符合我国国情具有中国特色的妇女反贫困发展路径。发挥妇女主观能动性，不仅要在技能上进行提高，强调更要从思想根源上对贫困女性新时代自主独立意识倡导，提升女性自我的战略性性别需求意识，增强贫困妇女主体性与能动性，实现女性自主脱贫建设。

能动与赋权：基于社会性别视角的金融扶贫创新模式

——以大理太邑乡富滇—格莱珉扶贫贷款项目为例

钱丽梅[*]

少数民族妇女，这个边缘中之边缘群体，正在被一大批致力于社会性别研究的学者所关注，两性平权意识逐步在少数民族妇女群体中萌芽并确立。然而有权威研究指出，几乎所有的公共政策和社会发展战略都存在不同程度的性别盲点，政策的制定者往往忽视征询妇女的意见，倾听妇女的声音，造成妇女在包括就业、教育、参政、健康，甚至生命安全方面都存在严重的不公正。尤其近两年各界广泛关注的贫困以及金融减贫等问题，少数民族妇女，这个贫中之贫群体所面临的状况尤甚。从现有的文献看，对金融包容发展对减贫方面的作用关注较少，尤其是对女性的影响方面更是少之又少。贫困减缓的研究主要集中于金融发展减缓贫困的经济增长效应，即所谓"涓滴"效应，但是结论仍存在争议，相当多的研究坚持金融部门对于贫困减缓的作用依赖于经济发展，缺乏金融发展影响减贫的其他作用机制探讨。小微金融的先驱尤努斯教授曾经指出："与男性相比，女性感受到的饥饿和贫困更为强烈。但只要给女性一点机会来对抗贫困，她们通常会表现得很好。她们有强烈的动机去获得更好的生活，她们工作极其勤劳，她们关注孩子的现在和未来，她们愿意为孩子牺牲一切，她们也会有系统地一步步去实现目标。"本文基于社会性别视角，将少数贫困妇女置于新时代中国社会经济结构转型以及脱贫攻坚的大背景，对大理太邑乡富滇—格莱珉扶贫贷款项目为个案进行研究分析，试图从能动和赋权角度探寻金融扶贫新模式及相关性别制度安排对少数民族贫困妇女从意识层面到能力提升方面的影响、唤醒和促进作用，以期丰富和发展社会性别理论及实践。

---

* 作者简介：钱丽梅，中国人民银行大理白族自治州中心支行办公室主任。

一　研究背景

国内外一些文献论证了女性主义对发展理论和实践的一个很重要的影响，就是研究、发掘、记录并传播了妇女在国际发展项目中的能动性（Agency）；试验、总结并要求国际发展项目，在实施过程中和项目成果上，赋权（Empower）于妇女。在英文文献中，妇女与发展界对"妇女的赋权"（Women's Empowement）有很多种定义。印度的 Gita Sen 和美国福特基金会的 Srilatha Batliwala 把赋权看成一个过程，在这个过程中，原来的弱势者对自己的生活环境（资源和思想意识）获取较大的控制。美国宾夕法尼亚大学的 Paula England 则从实践的结果来看赋权，她认为在发达国家中，妇女赋权的结果是行动者（妇女）运用权力来影响自身的利益。妇女的自身利益包括妇女可能希望的任何东西，从食品、医疗服务、住所、收入、受尊敬、工作、财产、无暴力环境、性愉悦到理想家庭规模，等等。权力有两个部分：客观权力（自己的能力效力和现实授予的权利与资格）。使用这些权力，妇女可以促进社会变化，使变化的成果有利于自己的利益。研究埃及及妇女赋权和婴儿生存与健康问题的 Sunita Kishor 则指出，赋权在不同的社会、文化、宗教背景下的含义和影响是不同的，只注意"终端产品"或实际结果，就会忽略妇女是否能够接近给妇女赋权的情景的问题。她认为赋权有三个因素：妇女的生活环境、妇女拥有赋权的资源和赋权的实际结果。这三个因素都很重要，缺少哪一个都会影响完成妇女赋权的过程和结果。

诚然，在我国进入新时代的今天，赋权同样也是女性反贫困的重要突破点之一，即可通过公共资源的授予、转移或配给增加弱势女性的支配能力、决策能力和社会参与的主动性。诺贝尔和平奖获得者尤努斯教授认为：女性在社会资本、经济参与和资源配置等方面与男性存在显著差异，以其独特的女性关怀人文主义创建了孟加拉国格莱珉银行，力求优先向贫困妇女提供金融服务。至今，格莱珉银行已经是孟加拉国最大的银行之一，在孟加拉国服务 900 万个低收入家庭。同时，格莱珉银行还款率99%，成为金融界的奇迹。我国现代小额信贷的起源可追溯至 1981 年联合国国际农业发展基金在内蒙古八旗开展的北方草原与畜牧业发展项目。1993 年在河北易县组建的"易县信贷扶贫经济合作社"成为我国最早的专业小额信贷机构，也被认为是我国小额信贷发展的开端。经过 10 多年的发展，我国的小额信贷经历了一个由试点到推广、由农村到城市的过程，目前形成了以金融机构为主导、非金融机构积极参与的局面。目前，在我国主流政策框架下，农户小额信贷承贷机构仍以正规金融机构为主，2016 年，云南富滇银行与格莱珉中国合作，在全国首创"富滇—格莱珉扶贫贷款"项目，以大理市太邑乡为试点，立足精准，因地制宜、因人因户、因村施策，向金融难以触及的极贫妇女人群提供信贷支持，创造了扶志扶智金融扶贫新模式，成为正规金融的重要补充，其经验值得参考借鉴。从社会性别视角切入，试图在经济金融与社会学之间探寻一条符合少数民族地区实际的体现扶志扶智的减贫路径。

二　个案分析

（一）项目基本情况

1. 项目合作背景

格莱珉模式作为全球精准扶贫小额信贷的先驱，在世界各地被广为复制。格莱珉中国是在孟加拉国银行家尤努斯教授（2006 年获诺贝尔和平奖）促进下，唯一通过全球格莱珉认定在中国实践和传播格莱珉模式的社会企业，其宗旨是通过小额信贷的力量和格莱珉信贷运作模式帮助底层的贫困人群。富滇银行立足云南省在全国贫困区县数量最多、贫困人口位居全国第二的实际，积极践行金融扶贫和普惠金融社会责任，与格莱珉中国合作，借助格莱珉成熟的商业模式和技术手段，在全国首创，开发了"富滇—格莱珉扶贫贷款"项目（以下简称"富格贷项目"），为建档立卡贫困户及低收入农村居民提供小额贷款和培训支持，帮助贫困人群特别是贫困妇女提高自我发展能力，促进其改变生活习惯、主动接受教育和追求美好生活。

2. 项目合作方式

格莱珉中国负责提供技术支持和日常运营管理，包括格莱珉模式核心技术的复制、孟加拉专家的聘请、工作人员的招聘管理和信贷项目运作技术支持，富滇银行负责提供项目运营所需经费和项目实施所需的信贷资金，同时协助格莱珉有限公司参与项目的管理运营工作。"富格贷项目"

期限为 1 年、年化利率为 10%，按余额递减法计算；基础额度不超过 20000 元，客户贷款 1 年后可以提升额度；还款方式为按周等额还本付息，并强制储蓄，储蓄额约为贷款金额的 1‰（借款人任何时候可支取储蓄额的 50%），还款金额达一半后（贷款发放半年后）即可续贷已还贷款部分。（目前项目运作初期，格莱珉公司收取的利率暂时存入"太邑乡富滇格莱珉扶贫专项基金"专户，部分利息收入将以奖励的形式向贷款户进行利息补贴，具体比例尚未确定）

3. 项目实施情况

经磋商，双方于 2016 年 2 月签订合作协议，确定以云南省大理市太邑乡为试点，创办第一家格莱珉支行项目办公室，结合当地民族文化和生活习惯，基于格莱珉模式的"十六条公约"形成富滇—格莱珉新的"六条公约"。太邑乡是大理市唯一的山区民族贫困乡，全乡国土面积 106.5 平方公里，辖太邑、者么、桃树、乌栖、己早 5 个村委会、42 个自然村、60 个村民小组、2536 户、9199 人。2017 年 2 月，全乡共有贫困户 1980 人，其中，建档立卡 482 户、1963 人。试点项目于 2016 年 5 月 26 日正式启动以来，实施进展顺利并取得一定成效，截至 2019 年 2 月，太邑乡共计发展 24 个中心，68 个小组，发展 400 名会员，其中女性会员 392 名，男性会员 8 名（其中 6 名男性会员是未婚/丧偶的建档立卡户）。累计放款 766 笔，1432.5 万元，其中女性放款 1397 万元，男性放款 35.5 万元，贷款回收率 99.7%。

（二）项目的社会性别分析

1. 聚焦贫困妇女的政策目标

格莱珉中国是在孟加拉国银行家尤努斯教授促进下，唯一通过全球格莱珉认定在中国实践和传播格莱珉的模式的社会企业。其宗旨就是通过小额信贷的力量和格莱珉信贷运作模式帮助底层的贫困人群，从缺乏金融资本的环境中解放出来，通过相应的组织和能力建设，使贫困家庭，特别是乡村的贫困妇女摆脱贫困。截至 2019 年 2 月末，项目共计向女性放款 1397 万元，占比高达 97.5%。

2. 充分考虑性别差异的政策评估导向

之所以将支持目标锁定贫困女性，尤努斯教授作过如下解释：

贫穷的女性比男性更难获得金融及其他服务；

贫困女性的收入对家庭幸福有更大的影响；

通过增加家庭收入，女性在家中可能会有更多的权利。

经验表明，比起贫困男性，贫困女性是更好的贷款客户。

同时也有其他研究表明小微金融选择女性有如下原因：

男性比女性更倾向于投资高风险、季节性的产业，风险更高；

保守的投资策略使得女性的贷款投放于集中的资金周转快的小商业，充裕的现金流保障了每周还款；

女性更容易受到同伴压力的影响，对于中心经理（信贷员）的干扰也越敏感；

女性的时间机会成本低于男性，更希望获得更多的额度的信贷配比；

女性的流动性弱，一般倾向于留在家或者在附近工作，降低了监管成本。

正是基于上述社会性别理念及性别差异的考量，"富格贷项目"通过将金融资源赋权于云南民族地区的贫困妇女，以期通过政策目标，实现增加弱势女性的支配能力、决策能力和社会参与的主动性。

3. 以女性参与为核心的项目运行机制

"富格贷项目"采用格莱珉银行的小组和中心模式：大约 5 个人组成一个小组，一定数量的小组（大约 3—10 个）组成一个中心，所有的交易都在中心进行。借贷人之间必须互助合作和互相支持，以确保贷款资金得到合理利用。项目共发展 24 个中心，68 个小组，发展 400 名会员，其中女性会员 392 名，男性会员 8 名（其中 6 名男性会员是未婚/丧偶的建档立卡户）。

通过制定小组和中心的纪律，帮助会员形成自己良好的信任机制。通过小组会议和中心会议，形成贫困家庭小组合力和社区互助的力量，在交往和互动中形成知识和技术共享；此外，通过定期互动，会员能够获得力量，在姐妹中得到心理和情感的抚慰和支持。通过成立中心，项目顺利举办了各种社区活动，如读书活动、会员日活动，社区凝聚力有所增强，会员之间的互助关系有所增加，有利于促进社区和谐共融。

4. 兼顾女性多元角色需求的制度安排

为了真正实现拥抱金融不可接触者——贫困少数民族妇女，"富格贷项目"采取无须抵押、按周还款、鼓励储蓄、激励奋斗等创新模式，极好地体现了金融扶贫的包容性和普惠性。这样的制度安排，既尊重了民族地区女性"主内"的传统角色要求，更满足了当前大量农村男劳力外出打工背景下，女性作为家庭代表，对家庭经济事务、家庭创收、子女教育发展等新时期角色转变的需要。通过制度对女性的赋权，金融资源的可获得，从而使女性自我发展成为可能。

（1）提供不需要抵押品的贷款，以促进妇女自我雇佣："富格贷项目"模式提供的小额贷款不需要借贷人提供抵押品。贷款主要用于现有的或者新建的创收项目。当格莱珉项目逐渐发展壮大后，她们便开始增加贷款品种，引进房贷、教育贷，等等。

（2）贷款额度小，还款次数频繁：贷款额度小和还款次数频繁（每周一次），使得会员清偿债务的难度大大降低，成功率提高。

（3）融入储蓄要素："富格贷项目"认识到，为了打破贫穷的恶性循环，穷人必须首先建立自己的资产。而最重要的资产之一就是储蓄。最好的储蓄方法必须安全简单，并且有利息支付。虽然很多项目暂时都还不具备储蓄存款的法定资格，但是她们与正规机构合作，将储蓄存款作为项目的一个重要组成部分。

（4）更广泛的发展议程："富格贷项目"模式不仅仅局限于以一种经济上可持续的方式提供贷款、存款和其他相关服务。它们有清晰的组织目标：激励贫困家庭努力奋斗，越过贫困线，关注家庭的教育、卫生、健康等内容。

（5）性别优势与扶志扶智有机融合："富格贷项目"要求会员遵守六条公约：①勤奋工作，团结纪律；②找一个舒适的地方召开中心会议；③赚钱支付孩子的学费，让他们获得良好的教育；④修建并使用卫生厕所；⑤每年参加一次体检，重视家人和自己的健康；⑥节约资源，保护环境。加入富格贷项目的女性必须同意和遵守六条公约，六条公约是项目所有工作的重心，每一次中心会议讨论的内容都和"六条公约"相关，比如组织会员健康体检活动；组织卫生厕所修建活动；组织儿童假期阅读活动，等等。通过访谈，"富格贷项目"工作人员一直坚信，她们做的不仅仅是信贷活动，而是一个社区发展的活动，她们希望通过一点点的改变总有一天会带来质变。即便是项目结束了，会员们还需要继续生活，需要坚信只有通过自己的努力才能获得更好的生活，坚信人要感恩，要处理好人际关系，坚信要关注家庭生活的方方面面，要学会爱自己，更要去重视整个的社会生态环境，这将是她们能留给子孙后代最宝贵的财富。这无疑是为我国扶志扶智留下的最为宝贵的经验了。

（三）项目的社会性别意义

通过金融资源赋权，激发少数民族贫困妇女扶志和扶智的能动。

1. 树立了贫困妇女对自我能力认知认可的信心

调查中，我们问及她（他）们为什么要参加该项目时，她们自豪地说："这是我们妇女第一次当家作主，有机会去实现自己以前想都不敢想的小小事业和梦想。"她们说开始以为这些"山外来客"的项目经理人是骗子，但一次次被她们坚韧执着的精神所打动："这些年轻娃娃（项目经理人）不怕路途遥远，跋山涉水，走村串户，为我们排忧解难启发我们从事小生意，传递金融、经济知识。""不但如此，中心小组会议上，她们还教我们如何与人交流，如何办理具体事务，也会和我们交流一些健康、教育方面的知识。"从前见到生人都会羞怯的太邑乡妇女们正逐渐成长为致富能手、带贫好手。

案例 1：太邑乡杉树林村一位 52 岁李姓会员，由于长期穷困，至今未婚，认为"贷款是从来不敢想的事"，项目为其提供 5000 元贷款用于养殖土鸡，第一批 200 只已于 2017 年 7 月出售，净赚 5000元，她希望进一步提高贷款额度，扩大养殖规模，成为杉树林村增收创富的典型。

案例 2：家住大理市太邑乡己早村委会松林社的张子凤，女，47岁，2016 年 7 月加入"富格贷项目"，张子凤和丈夫一直想养猪，可是没有足够的资金，2016 年 7 月张子凤贷款两万元，买了 12 头猪及苞谷、饲料，春节前张子凤卖猪净赚 6000 元。春节后张子凤用赚来的钱把院子里的地皮硬化，并盖了新厨房，2017 年张子凤又续贷10000 元，买了 5 头猪和苞谷，她说在富格贷的帮助下，只要自己努力勤奋，日子会一天天好起来的。

2. 发掘了贫困妇女创业致富的资源

太邑乡是云南大理市的民族乡，相当大的一部分处于山区，地理位置处于滇南，近似亚热带气候。这个地区能生产核桃、中草药、野生菌。项目推出后，激发了不少家庭致富的激情。她们说"靠山吃山，靠水吃水"。我们过去没有条件，现在机会来了。特别要说明的是激发了当地彝族同胞的传统工艺——刺绣。调查中，彝族妇女说她们三代从事刺绣——纺织各种彝族服饰，完成一件约三个月，但价值不菲，从几百元到上千元不等。她们说，机会来了，项目贷款，让我们的刺绣工艺，发扬光大后继有人。

3. 激发了贫困妇女主动思考决策的能力

一是通过交流，帮助贫困人群树立创富脱贫的信心，激发其主动思考"做什么？怎么做？"，项目推出后，部分贫困农户找到了适合自己的致富门道，包括土鸡蛋、土蜂蜜、彝族刺绣、核桃、中草药、野生菌、猪牛羊的养殖等。二是融入储蓄要素，约定每周按贷款额度的1‰向个人账户进行储蓄，通过分期还款模式培养储蓄习惯，能够帮助会员提升家庭财务管理的能力。三是帮助贫困农户建立信用体系，将农户的信用纳入社会的主体信用体系中。通过"富格贷项目"，使会员能够真正建立信用体系。在国家正在大力发展和健全大众的信用体系下，该活动能够帮助会员及其家庭更好地改变她们的生活方式。让她们明白"借"和"给"的区别，养成契约精神，也让她们在还款的压力下去更加积极地发挥自己的能动性和创造性，去改变生活。

4. 唤醒了贫困妇女的内在能量和向上向善的意识

通过小组和中心会议的形式，重构社群，让这些会员找到自己的组织，并通过参加组织生活获益。养成了守时、相互尊重、互敬互爱、遇到困难相互帮助的好习惯。在每周固定时间的中心会议上，她们永远会衣着干净整洁地提前到场，会自觉遵守卫生打扫制度，现在中心经理几乎都不用强调了，会员会在主任和组长的领导下，自己安排小组轮班值日，每一次到中心会议都能感觉到那种会员自治带来的效果。中心会议提倡互爱，也化解了农户之间的一些矛盾，中心会议也成了这些会员最好的倾诉场所，大家一起分享喜悦，一起承担悲伤，一起学习，一起分享。会员通过中心会议也变得更加自信了。中心会议也给了会员舞台，擅长养殖的可以分享养殖的经验，善于种植的可以分享种植的经验，善于经商的可以分享商机。最后，会员之间也会有一些贸易往来，这也拉动了经济的发展。

扶贫先扶志，从这个角度看，"富格贷项目"能使贫困家庭恢复信心，增强发展的能力。贫困女性通过参与项目，培养了按时还款的契约精神。通过举办各种社区活动，如读书活动、会员日活动，增进会员之间的互助关系。鼓励会员关注家庭环境卫生、健康和教育，促进贫困家庭全面协调可持续发展。调研了解到，会员普遍能够遵守"六条公约"，带小孩参加中心读书活动，拓展了视野，增强了沟通能力；使村容村貌和生活习惯有了较大改善，在抽查的 201 户会员中，有 95 户建了厕所（但不是所有的厕所都是符合国家标准的卫生厕所），有 101 户没有厕所，有 5 户正在修建厕所。有 168 户卫生状况达到好，25 户为一般，8 户卫生状况有待改进。2018 年富滇—格莱珉扶贫贷款项目在中国人民银行大理州中心支行、富滇银行大理分行和太邑乡人民政府的支持下，为 192 名会员进行了一次全面深入的体检，大大强化了会员及其家庭的健康意识。

三　一点启示及建议

令人遗憾的是，2019 年 5 月，由于太邑乡整乡脱贫出列及富滇银行扶贫转场到东川等原因，项目合同到期后合作双方达成共识：大理的实验项目不再继续，双方正积极需求其他的地域的合作空间。对于"富格贷项目"的金融扶贫创新模式取得的成效是有目共睹的，对于金融与社会学开创了一个交融交互的视角也是显然的，对于金融减贫以及社会性别学具有的双重学术价值则是不容小觑的。然而，我们依然不得不面对模式自身的一些弊端以及可持续性等问题。

（一）提出问题

1. 未纳入正规扶贫体系

我国正规金融与国际 NGO 在扶贫开发中的合作仍处于探索阶段，目前尚未纳入总的扶贫体系，因此"富格贷项目"与国家层面出台的政策性激励机制未实现有效对接。

2. 信贷资金来源单一

"富格贷项目"信贷资金完全来源于富滇银行，且为零利率（现行模式下，富滇银行承担社会责任，将利息收入的80%向贷款户反补、20%用于奖励），从长期看与市场规律相悖；同时我国现行法律法规对非银行金融机构禁止任何形式吸储行为的规定导致此类模式筹资问题突出。

3. 项目推广初期成本较高

项目推广初期，由于贫困山区人口分散、语言不通、信息闭塞，对外来人员和新生事物有排斥心理，不容易在短时间内理解接受，宣传动员工作极为艰难，人力资源成本较高。且格莱珉以高息维持运营的原生模式与当前我国脱贫攻坚大背景不相适宜，为使项目顺利推进，由富滇拨补项目部工作经费并支付人工工资，从长远看难以持续。

（二）相关建议

1. 强化顶层设计

将"富格贷项目"创新模式纳入国家精准扶贫体系，辅以财政、税收、金融等政策倾斜，并充分纳入社会性别视角，确保项目的可持续推进。一是与人民银行现有政策对接，利用扶贫再贷款降低银行资金成本、撬动银行资金供给；二是与现有财政政策对接，纳入扶贫贴息贷款、涉农贷款增量奖励、农村金融机构定向费用补贴等政策考核范畴，同时给予税收减免，提高金融机构积极性；三是完善风险补偿机制，为发放到户贷款、项目贷款筹措足额风险补偿金。

2. 遵循市场化原则

既要有政府政策的适当扶持，又不破坏市场运行机制，发挥利率市场定价机制，依据还款意愿和自我发展能力意识，在中央"五个一批"精准划分的基础上精准对接贷款对象。同时，政府在市场导向、技术辅导等层面给予适当扶持，引导贫困户逐渐摆脱政策依赖，适应市场化要求。

3. 建立正向激励机制

探索制定激励政策，形成内外部物质+精神正向激励机制，鼓励探索形式多样的精准扶贫模式。不断拓宽社会捐赠渠道，挖掘团队捐赠的潜力，与个人捐赠形成互补，引导多元化社会资本注入，支持社会各方力量参与少数民族贫困妇女的减贫事业。

4. 发挥"挂包帮"政策优势

借鉴"富滇—格莱珉扶贫贷款"模式的理念和做法，一是依托现有的农村金融资源和挂包帮公共关系网络，利用农村熟人社会治理机制，建立"金融客户经理+党支部+扶贫工作队员+农业技术人员"的工作机制；二是在现有格莱珉中心会议的基础上，贴近农户需求，将会议内容进一步拓展，注入"农业技术培训""农产品营销"等知识，实现精准帮扶；三是发挥妇联干部的行政作用，借鉴模式的理念，因地制宜地具有创造性地在更广泛的贫困妇女群体中探索脱贫帮扶的同时体现扶志扶智的有益模式。

搬迁会导致移民陷入生计困境吗?

——基于外迁移民工程天门安置点的经验

陈文超*

一　问题的提出

受国家水利工程的影响，许多农民离开原有居住地并搬迁到其他地域生活，成为外迁移民，如三峡工程、南水北调工程中的外迁移民等。在已有认识中，水利工程外迁移民在搬迁之前多处于丘陵、山区地带，受到搬迁地域的优势条件吸引，比如生产土地规模、肥沃度等，以及因为国家给予的经济补偿、补助和扶持等选择搬迁。基于经济利益的认知，社会之中形成了"穷搬富"的表达。尤其在对比之前的生活形式和内容时，很多研究强调搬迁导致移民的生活质量有了大大的提高。然而，与"穷搬富"的认知和表达不同，在我们对湖北省大型水库外迁移民需求与发展状况的调查中，很多受访对象表达了"富搬穷"的话语，即使之前不富裕的农户也因为搬迁而陷入了生计困境的苦恼。他们将当前的生计困境表达为"撑不了，饿不死"的状态。所谓"饿不死"主要是指已经超过国家的贫困线。经济实践中每位外迁移民拥有人均 1.5 亩土地，外加以户为单位的 2 分菜地，以及每年人均 600 元的后期扶持款等，总收入合计人均年收入在 3000 元左右。与搬迁地的老户（原有居民）相比，在吃穿住用行，尤其是住房方面都有着较大的差距，即移民生活水准明显不如老户的生活水准与质量。与移民群体中的青年群体相比较，中老年人群体的生活水平更显低下。在"饿不死"的状态下，搬迁后的移民并没有像我们之前想象得那样获得更多的经济资源，相反处于经济资源匮乏状态。面对经济资源匮乏的现状，具有能动性的行动主体，多采用着自身的行动策略改变社会经济结构的限制。其一，有的通过返迁或回到搬出地，经营原有的生产资

* 作者简介：陈文超，华中科技大学社会学院副教授。

料，如门面、店铺等，或是搬迁到其他区域内等。在我们调查的村庄中，每个村庄都存在着一定的返迁现象，最高的移民新村达到30%的返迁率。其二，村庄中的青壮年劳动力（50岁以下）多选择外出打工。在每个移民村之中，几乎青壮年劳动力全部外出打工，移民村成为名副其实的"空巢村"。其三，有的通过温和或极端的利益诉求方式向政府索取更多经济补偿，或集体上访，或非法堵路等。若上述几种方式是有能力的移民积极主动寻求改变现有社会经济状况，那么缺少能力和资源的群体只能以"坐守"等消极的方式进行应对，如村庄中的老年人群体以怨气的方式表达对"撑不了、饿不死"状态的不满。

　　解决外迁移民的生计困境不仅是"搬得出、稳得住"政策的现实需要，更是解决当前移民可持续发展问题的基础。因此，本研究从实践出发，以分析外迁移民"撑不了、饿不死"的生计困境作用机制为主要目标。与已有研究不同，[①] 本研究以天门市大型水库工程外迁移民安置点的外迁移民生计状况为分析蓝本，[②] 立足外迁移民的主体性，从外迁移民抱怨的搬迁角度思考生计问题，通过对比搬迁前后生计状况，以及和搬迁地老户之间的差异，深入讨论当前外迁移民搬迁后处于生计困境的作用机制。在具体实施过程中，借鉴已有研究给予的启示，[③] 本研究将搬迁操作化为生产和生活空间的变动，对应为搬迁前后的生计空间。并且，将生计操作化为由生产与生活相互形构而成的社会经济系统。与之同时，避免从单一的生产逻辑和生活逻辑角度去分析移民的需求和发展困境，我们借助经济—社会互动互补（互构）的视角，并运用萨林斯界定的家户生计分析框架，[④] 深入分析外迁移民"撑不了、饿不死"的作用机制，以期为外

---

① 杨云彦、黄瑞芹、胡静、石智雷：《社会变迁、介入型贫困与能力再造》，中国社会科学出版社 2008 年版。

② 作为大型水利工程外迁移民安置点，天门市共安置了三峡、南水北调等水利工程不同时段内的外迁移民。我们研究小组于 2018 年 7 月利用"集体调查"的形式进行了为期 1 个星期的调查。在实地研究中，我们主要运用观察法、访谈法等重点调查了白龙泉村、石鼓新村、三峡村和饶祖铺新村等，侧重了解移民生产和生活状况，并获得了大量翔实的经验资料，如访谈资料和统计报表资料等。

③ 孙顺良：《水库移民贫困与反贫困策略：基于文献的讨论》，《河海大学学报》（哲学社会科学版）2016 年第 4 期。

④ ［美］萨林斯：《石器时代经济学》，张经纬、郑少雄、张帆译，生活·读书·新知三联书店 2009 年版。

迁移民可持续生计框架建构提供有益的启示。

二　生计系统中生产劳动形式的变动

生计空间的变动意味着生产劳动形式的变动。在经济实践中，对于外迁移民来说，生计空间的变动带来最为明显的变化是生计系统中生产劳动形式的变动，主要体现在劳动资源的变动、劳动手段的变动和劳动关系的变动。

（一）劳动资源的变动

在当前，小农经济的生产劳动形式仍然受限于自然资源，处于"靠山吃山、靠水吃水"的状态。在搬迁前，外迁移民主要居住在山区地带，或是靠近集镇，或是处于山区。我们的受访对象主要来自丹江和重庆巫山等，大致可以划分为两类：一类是居于山区地带，如白龙泉村等，另一类是居住地靠近集镇，如饶祖铺新村之前位于丁家营镇，地处丹江口市、十堰市和陕西交界之地。在日常生活中，他们的生计也与所处空间中的自然资源产生了密切的联系。为了清晰展现受访对象在搬迁前的生计资源状况，我们按照居住区域位置的标准，将受访对象中外迁移民划分为三种类型，如沿江河等而居、沿公路而居、居住于山中，具体情况如表1所示。

表1　　　　　　　外迁移民搬迁之前的经济收入形式

居住类型	代表村	收入形式	主要表现
沿公路而居	饶祖铺新村	农业经济 林木经济 打工经济	种植小麦、玉米 经营景观树 进城镇打工
沿河而居	白龙泉村	农业经济 果木经济 渔业经济 林业经济	种植小麦、玉米 柑橘 捕捞鱼 种植树木
傍山而居	石鼓新村	农业经济 果木经济 林业经济 其他形式	种植小麦、玉米 柑橘 种植树木 放牛、采草药、抓蜈蚣

从表1显示的信息可知，在搬出地，农户依靠居住地丰富的自然资源，形成了多种有经济产出的生产劳动形式，塑造了传统社会中多元化成分的小农经济。并且，通过多条路径积累收入，最终形成可观的收入量。

如在白龙泉村，一位受访对象谈到在搬出地的生活状况时说：

> 在我们以前住的地方，虽然说是山区，但我们还是有门道找钱的，我们那里的土地多，平时可以种地，家家都有一大片橘园，这两年橘子价钱比较好。我们住在河边，不种地的时候可以到河里拉网逮鱼。搬到这儿就不行了，地就那些，又不让逮鱼了。

由此可见，丰富的自然资源为小农经济提供了生计资源。迁入到搬入地之后，外迁移民会获得相应的经济补偿资源来开展生产和恢复生活。但是，搬迁赔偿与补偿多用在购置现有房屋之中，且多为自用，难以成为产生直接经济效益的资源。对于能产生经济效益的资源进行分析，除却搬迁之前的物质资源进行折价赔偿之外，主要是人均1.5亩耕地和以家户为单位的2分菜地。在耕地资源方面，人均1.5亩土地涵盖了不同类型和质量的土地，如有的移民村是0.9亩水田、0.6亩旱地。并且，为了平衡村庄秩序，土地的配置原则是按照土地离居住地的距离进行搭配分配。言下之意，一家户的土地资源被分割成不同的小块。对于土地质量的评价，移民获得的土地多是一些"剩余"的土地，多属于水袋地、锅底地、旱包地等。用一位移民工作人员的话来说，"移民的地本身属于有问题的地，好的地早就让农民开发完了，留下来的本身就是最差的、难以开发的地"。与老户拥有的土地资源相比，移民获得的土地质量相对较差已经成为一种客观事实。在石鼓新村调查的过程中，一位移民用自身的经验证实了分配到手的土地质量是如何的差。

> 刚拿到手的时候，种了油菜，结果收的时候赶上大雨，地势太低，地里灌满了水。我让老头子去看，他回来和我说没事。我听别人说地里积满了水，有的油菜已经被冲走了。我就赶忙去看，地里已经有了一人多深的水，地里的油菜已经不知道被冲到哪里去了。那年也就没收到，干脆第二年就把地给租出去了。

从上述访谈内容可知，移民获得的土地资源相对较差，主要表现在地势低、遇雨水季节容易积水、形成涝灾、难以收获。面对收成不稳定的困境，外迁移民多将土地出租给经营户。由于土地质量问题，当前许多租种户已将土地抛荒，并因租金问题和乡镇政府部门、出租户之间产生纠纷。

此外，移民拥有的耕地资源不仅质量较差，而且与老户所拥有的土地资源数量相比，单位面积的土地数量较小。在调查过程中，许多移民表示他们获得的单位面积内的土地数量主要是按照调整后的单位面积进行核算的，即标准化的 60 平方丈，而老户所拥有的单位面积内的土地数量是老亩，即 90 平方丈或 120 平方丈。因此，虽然都拥有人均 1.5 亩的土地，但是老户的一亩相当于移民的 1.5 亩多。由此可见，在劳动资源方面，处于搬入地的移民不仅拥有着较差质量的土地，而且所拥有的土地数量较为有限。按照市场经济运行机制而言，作为产生经济效益的土地，其质量和数量决定了外迁移民的经济收入不仅难以和以前相提并论，更难以和搬入地的老户进行比较。

（二）劳动形式的变动

在劳动过程中，空间的变换决定了劳动形式也要发生相应的转变。人均 1.5 亩的土地要产出能够维持家庭生活需要的物质内容，必须采取精耕细作的劳动形式。对于外迁移民来说，习惯了粗放型劳动形式的他们要适应精耕细作的劳动形式，具体表现在种植形式方面和种植内容方面。

在种植形式方面，居住于山区的农民有着大面积的土地资源。在这些土地之中，通过他们的行动参与形成了他们在表达中所提到的农业经济、林业经济、果木经济等。在他们看来，农业经济、林业经济和果木经济的效益加总可以满足生活的基本需要，即依赖于大量的资源产出能够满足基本生活的需要。在调查中，负责移民工作的人员曾将这种经济模式形容为"不弯腰的经济"。简单而言，山地经济是一种粗放的农耕生产模式。与山地经济的生产形式不同，平原经济的生产形式较为单一，突出生产效率。在劳作过程中，种植人员不仅要耕作土地，更需要在安排农事的过程中提高土地产出。熟悉山区劳动形式的外迁移民对于平原地区的劳动形式较为不熟悉，甚至处于陌生的状态。在三峡村调查的时候，一位受访对象回顾了刚迁来时的劳动情景。

才开始来的时候，我们种不好这儿的地。这儿是平原，和我们那儿的山地，有点斜坡不一样。来的时候以为这些地不需要挖沟，结果那年下雨水都排不出去，都淹了，这才晓得需要挖沟排水。不光我们这样，我们搬到沙洋的亲戚也不会种，有一回打电话说她不会种，都哭了。她说地里长草，去地里薅草，一亩地没薅完，前脚薅的过不了多久又长出来了，所以坐在地里哭起来了。

事实上，这样的表达在我们的访谈之中较多。他们都会向我们表达之前的生活是如何的美好，尤其强调以前的劳动形式相对简单，如上山去抓蜈蚣、采草药等。相比之下，精耕细作的劳动形式较为复杂，一方面是生产环境的适应，另一方面是生产技术的学习。在生产环境的适应方面，对于已经在搬出地生活较长时间，并形成相应生产习惯的外迁移民来说，他们自然有一个适应新环境的过程。适应也意味着改变以往的生产习惯。在访谈中，一位移民对此总结道。

上面的土地是冲积的地，土地肥沃，每年不需要上化肥。有时候不种，地里的草都能长到两米多高。不像这里的地，不用化肥和尿素长不成。

生产环境的适应意味着生产方式的调整，重点强调移民必须根据搬入地的条件进行耕作，如上述表达中要根据搬入地的生产方式进行施化肥、喷洒农药等。在新的生产技术学习方面，外迁移民不断学习新的种植技术。在三峡村调查的时候我们发现，许多移民已经适应现代市场经济的形式，开始种植市场经济效益较高的辣椒、大棚蔬菜等经济作物。

在种植作物方面，平原经济的劳动形式要求种植市场经济效益较高的经济作物。在移民搬出地，他们种植的作物是小麦和玉米。在搬入地，由于单位范围内的小麦和玉米产量有限，尤其是市场价格较低，难以产出高效的经济粮，老户多选择种植市场经济效益较高的经济作物，比如棉花、辣椒等。许多三峡村移民谈到，当他们还在摸索着种植小麦、玉米时，老户已经开始在种植经济效益较高的经济作物了。

当刚搬来的时候，棉花的市场价格非常得好，每斤在7元左右。一亩地一季可以弄个五六千元。那时候老户种棉花，都差不多发了财。前面老户的房子差不多也就是在那时候建的。我们不会种呀，以前也没种过。这两年学会了，棉花价格又不好了。老户也不种了。

种植作物的选择与劳动过程中的投入密切相关。相对于小麦、玉米的劳动投入，棉花作物在种植过程中投入比较大，种植工序相对烦琐，有移栽、打药、采摘等步骤。如若说种植棉花等经济作物较为费时费力，种植小麦和玉米作物则省时省力。在市场经济中，费时费力作物相对有较高经济收益，省时省力作物的经济效益较低。在经济实践中，老户选择种植棉花，移民选择种植小麦、玉米，致使获得的市场经济效益有显著的差异。在三峡村的调研中，一位受访者表示：

他们那几年种棉花赚了钱，那几年棉花价钱好，产量又多。差不多只要种棉花的都赚了钱。所以，房子都是那几年修起来的。才来的几年，我们前面的房子都是低矮房子，没有几家有楼房。现在几乎都是楼房，比我们的房子好多了。我们才来也不会种植，也不知道。

看似夸张的表达之中，实质讲出了移民与老户之间的差距在于种植作物的选择。当种植的作物适合市场经济时，他们的经济收益也就有了明显的改善。经过了近20年的适应之后，三峡村的移民也开始适应平原经济，在既有的土地之中种植市场经济效益较高的辣椒作物。据他们介绍，一亩地的辣椒可产1万元的经济效益。在我们的受访对象中，即使在第一年受到水灾的情况下，十亩地仍获利5万元。

（三）劳动关系的变化

生计空间的变动意味着劳动关系的变化，一方面改变了劳动过程中的生产关系，另一方面改变了劳动过程中的社会关系，并给劳动过程和效益带来较大影响。

在劳动过程中的生产关系方面，处于现代市场经济之中，有限的耕地资源难以产出足够的物质经济量。在实地研究中，一位农民给我们详细计算了一亩地的投入和产出状况。以当下的种植形式和种植玉米内容进行计算，在成本投入方面，机械化成本（耕种、播种、收割）的成本在230元，农资（农药、化肥、种子）的成本是170元，在各种条件较为满足的状态下收获1200斤玉米，每斤玉米按照0.8元/斤进行计算，大致收入在560元。为了满足日常生活需要，搬入地的居民多依靠"半工半耕"的形式获取更多的收入。所谓"半工半耕"主要强调劳动主体在耕种土地之外，还进入城镇的工业化体系之中寻求劳动机会。在经济实践中，受制于耕地的经济产出量，老户的劳动形式也并不仅仅局限于耕地产出，更多向工业化经济之中寻找更多的挣钱门路，如到附近的城镇之中打短工等。对于移民来说，仅仅依靠有限的耕地产出，或者有限的土地流转金，很难满足生活中的需求。然而，我们通过调研发现移民群体中仅有少数人到邻近的城镇之中寻求工作机会，或者从事其他形式的非农经济活动。相对来说，一旦移民突破原有的生产关系，其经济收入将有明显的改善。在调查之中，我们遇到一位73岁的曹大爷，他和老伴居住，土地已经流转出去，目前主要以收废品为主要的经济活动。在访谈中，其表示：

就那些地，没多少收入。能开荒的地都被别人老户开荒了，有的移民在马路边开荒。这样做不好。年龄大了，现在也不好找事做。自己做不了，别人也不要。收个废品，自己每天弄个抽烟钱，一年可以搞个一两万块钱。

有限的耕地迫使移民在搬迁地改变已有的生产关系，从纯粹农业生产关系转变为半工半农的生产关系，从生活取向的生产关系转向市场经济收益取向的生产关系。事实上，与搬出地的生产关系相比，处于搬入地的移民逐渐在适应新的生产环境，并以生产关系的变动来产出较大的经济效益。

在劳动过程中的社会关系方面，对于外迁移民来说，从以血缘为主的聚居社会搬迁到当前地域性特征较强的社会之中，原有的关系网络已经变得松散①，难以在必要的时候发挥有效作用，尤其在劳动机会介绍的过程中，移民多处于劣势状态。缺少必要的关系链接，他们难以获得额外的劳动机会。一位受访移民对机会少颇有感触。

我现在的工作是我妹夫介绍的，主要是给道路浇沥青。他住的边上有一个老板，和他认识，就介绍我。里面就我和我妹夫移民，其他都是老户。现在做事没有关系，没人介绍，找不到活干。再说了，老户自己的人都用不完，咋会找我们移民。

从上述表达之中可以看出，关系网络与劳动机会相关联。当缺少必要的关系网络时，相应缺少了一定的工作机会。对于处于陌生环境中的移民来说，集中安置的形式使得移民与老户之间的交往相对较少，致使移民在工作机会获得方面处于不平等的状态。在劳动过程中，对于由于年龄难以在城镇之中找到工作的劳动力来说，他们多在乡村社会之中打短工，如为种植大户打短工等。可对于移民来说，在乡村社会之中打短工的机会也较少。种植大户在雇用劳动力的时候很少雇用移民。之所以如此，在移民工作者看来，移民的劳动习惯和老户的劳动习惯不同，老户能够持续劳动作业，在较短的时间内将雇主所安排的劳动任务有效完成；移民由于原有的劳动习惯原因，比如劳动一个小时需要休息一段时间，或是喝喝茶，或是进行闲聊，劳动效率较低。在强调经济效率的情景下，移民很少能够成为

---

① 卢义桦、陈绍军、李晓明：《关系贫困：移民社会关系网络的断裂与重建——以丹江口水库移民 S 村为例》，《中国农业大学学报》2018 年第 2 期。

种植经营大户的员工。从移民主体的角度而言，除却承认有时难以承担劳动的辛苦度外，移民难以获得相应劳动机会更多在于缺少必要的社会支持网络，甚至在既有的社会关系网络中受到排斥。

三　生计系统中日常消费的市场强化

对于外迁移民群体来说，随着搬出原有的居住地，从山区居住空间进入了平原地区居住空间，日常生活的经济消费量也发生了变化。在搬出地，农民的日常生活消费处于一种自产自销的自给自足模式之中，尽可能较少地与市场发生联系，日常生活经济消费较少。在实地研究中，受访移民对之前的生活描述道：

> 在上面的时候，家家户户养个七八头猪，一年下来，杀一头自己吃，剩下的卖掉。这样肉也吃了，钱也有了。自己菜园里又种菜，吃都吃不完。不像现在，吃什么都需要买。吃水用电都要花钱。

处于搬入地，移民群体的原有生活方式已受到冲击，或者说搬入地的环境改变了他们的生活方式，将他们拉进市场消费之中，日常生活中的需求皆需要通过市场予以完成。离开市场，他们的日常生活将无法进行。比如说，日常生活中的煮饭所需要的燃料，以前可以在山区就地取材，但在搬入地缺少必要的自然资源时，只能通过市场购买电或燃气等。简单而言，进入搬入地的移民的日常生活已经市场化和货币化。尽管这种市场化和货币化并非他们的主观意愿。

在现代市场之中，随着个体逐渐被市场经济所裹挟，他们的生活状态将直接和生产的经济效益相关。劳动生产的经济效益高，生活水平较高。反之，劳动生产的经济效益低，生活水平较低。尤其对于社会底层群体来说，当他们的经济收入来源仅仅依靠劳动生产时，他们的生产方式则直接决定了他们的生活水平。对于移民来说，如若未能改变以往的生产形式，仍然保持着搬迁前的生产劳动方式，他们不仅难以适应平原经济，而且生活水平将越来越显得低下。相应也就出现了结构性矛盾，具体表现在以下两个方面。

其一，紧缺的物质经济与日常生活需求的矛盾。在日常经济实践中，家户单位内的需求并不仅仅指向简单的吃穿住用行等基础性需求，还存在着其他层面的发展需求，比如教育、医疗和养老方面的需求。在三峡村的调研过程中，我们和一农户计算家庭消费状况，仅仅计算家庭的子女教育，她说道：

> 姑娘今年大三。前几天，她爸爸和她算了一笔账，三年学费、生活费，一共给了她11万元。这还不算每年放假花的钱。她也没有说不想上学了。只要她愿意上还是让她上。不上，现在能做个什么呢。现在她妹妹也要上高中了。没办法，只有找亲戚朋友借了。

以家户单位为消费单位，在家庭成员的生命历程之中，每一个家庭成员都面临着教育、医疗和养老的需求。当基本的需求内容被推向市场之中时，每个家户单位若要实现需求的目标，则需要运用相应的物质资源进行交换。否则，当缺少物质资源，或物质资源不足时，交换不能实现。对于移民来说，劳动生产的经济效益低下并不一定代表不能够满足基本生存需求。但是，当基本需求需要通过市场机制予以实现时，低效的劳动经济产出难以有效应对日常生活中的市场化需求。因此，从经济实践而言，移民群体当前仍然面临着物质文化需求与低效的劳动经济产出之间的矛盾。与搬出地的农户进行比较，搬出地的农户所面对的日常生活需求矛盾并未如此凸显，或者说至少拥有着丰富的物质产出，能够有效地解决日常生活中的问题。

其二，移民群体的生活需求不均衡矛盾。在日常生活中，移民群体的日常生活需求具有相对性，尤其和生活地域中的群体有着竞争性，如他们的日常生活中的参照群体多是老户。与老户进行比较，他们所面对的市场环境相同，都需要通过市场满足日常生活中的多种需要。对于市场之中任何个体而言，拥有的物质资源较多，获得的消费品相对较为丰富和多样化。如若缺少必要的消费资源，可能无法实现基本生活需求的满足。当将移民和老户放置在消费场域之中进行比较时，缺少消费基础的移民群体也自然在消费市场之中处于比较劣势的状态。当2000年三峡村的移民搬到搬入地之时，他们拥有的住房条件相对较好，尤其和老户的土坯房、单层瓦房等进行比较时，他们获得的住房资源较为优越。可是随着时间的变化，当老户的住房通过市场获得资源重建之后，移民的住房条件相对处于比较劣势的状态。从整体而言，当前老户的住房条件已经明显超越于移民的住房条件，并且让移民群体越来越觉得处于劣势的状态。相对来说，搬入地的居民群体间呈现着生活需求满足不均衡的状态。此外，移民群体内的需求满足也存在着不均衡的状态。当劳动生产的经济产出量较少，难以应对市场经济中的消费需求，尤其当日常生活中的基础性消费和发展性消费相矛盾时，移民往往采取挤压基础性消费的策略。在调查中，许多移民强调日常生活中用青菜煮面对付。其中，一位年龄较大的移民对此表示。

　　　　割一块肉不要几十块，砍一块排骨不也要几十块。年龄大了吃那么好做什么，也挣不来钱，吃点面条，能吃饱就行了。

从上述表达可知，在消费资源有限的状态下，移民群体往往通过压缩基本的生存性需求来让出有限的物质经济资源。在他们看来，缺少必要的消费资本，只能采取此种自我压榨的消费方式。根据对调查经验材料整理发现，这种自我压榨的消费方式往往在缺少劳动机会的移民群体中较为普遍。老年人群体往往将消费资源转让给下一代，或是子代，或是孙代。通过代际间的资源调节，保障日常生活秩序的正常展开。相对来说，在移民群体的日常生活需求满足之中，缺少劳动机会的老年人群体处于最为严重的需求满足不充分不均衡状态。

简而言之，日常生活的市场化和货币化严重影响了移民生活需求的满足。无论与搬出地的农户相比，还是与搬入地的老户进行比较，移民群体的日常生活需求不仅面临着低效劳动生产困境，还在有限的需求满足之中存在着基本生存需求满足不充分不均衡的困境。相应而言，在劳动生产低效的困境之中，日常生活的市场化和货币化强化了移民群体的累积劣势。或言，在与外迁移民相关的群体比较中，移民群体在日常生活的消费中毫无竞争优势。回到本研究最初的话题，经济—社会分析框架下的市场化生活逻辑进一步做实了搬迁导致生计困境的主观想法。

四　结论与讨论

搬迁意味着空间的变动。在不同的空间之中，社会个体的劳动生产方式和生活方式有着较大的差异。对于外迁移民来说，在搬迁前，受制于山地经济资源的影响，他们的生产劳动形式多呈现出粗放型的特征，但也基本能够满足受市场化影响不深的日常生活需求。但是，搬迁之后，劳动生产依赖的自然资源发生了变化，处于搬迁地的移民也就必须从原有的粗放型耕作模式转变到现代市场导向的精耕细作模式。否则，按照原有的劳动认知和习惯恢复生产时，有限的劳动生产资源不仅难以产出搬出地的累加经济总量，而且低效的产出难以维持现有的日常生活。在日常经济实践中，外迁移民的适应与融入也意味着生产劳动方式的再学习，从原来的山区经济劳作模式转换到现代市场导向的精耕细作模式。可从劳动过程而言，外迁移民的劳动生产方式再学习是一个过程，有着相应的阶段性。在劳动生产的适应和融入阶段，移民的劳动生产处于低效的状态，尤其和搬出地的农民进行比较，以及和搬入地的老户进行比较，移民群体的劳动生产的经济效益相对低下。在经济—社会互构的分析框架之中①，我们可以看到，经济基础决定了日常生活中的消费量。对于缺少必要的物质经济资源的移民而言，他们的日常生活已经因为搬入地而完全被裹挟进入市场经济之中，日常生活中的多数消费品需要通过市场交换予以完成。从生活水平和生活质量层面而言，移民整体的生活水平相对较差。在面对有限资源的物质经济资源困境时，他们的生活策略多采取压缩基础性消费来支撑发展性消费，或者通过挤压上一代消费内容来满足下一代消费需求。与搬出地的农民和搬入地的老户相比，移民群体多处于日常生活的起点不平等状态之中，通过消费所呈现出来的日常生活质量也多处于累积劣势状态。

在日常经济实践之中，生活水平的客观体现和日常生活中的主观比较，使得移民群体缺少了对搬迁行动的认同。在经济行动主体的能动性和主体性作用下，为了提升日常生活的消费水平和生活质量，移民群体开始在劳动生产形式之中做文章。根据个人的能力和所拥有的资源状况，或外出打工，或返迁，或迁移到其他城镇之中等。对于缺少必要的经济行动能力和资源机会的老年群体而言，只能坐守移民新村，维持"撑不了、饿不死"的日常生活状态。在外迁移民户籍政策的安排作用下，当外出的打工者返回移民新村时，在外在条件未发生变动时，他们势必将重复上一代老年移民群体生命历程中的坐守模式，陷入搬迁后的生计困境之中。

与当前社会的主要矛盾相联系，人民日益增长的美好生活需要和不平衡不充分的发展之间的矛盾需要我们重视外迁移民的日常生产和生活，尤其是老年移民群体的经济实践。坚决不能通过时间推移的形式消除经济实践中的搬迁后的生计困境，否则搬迁后的生计困境会以代际传递的方式进一步影响着社会的整体发展秩序。要通过振兴移民新村的产业、发展现代市场导向的生产经济等方式，提高移民群体的劳动生产收益，真正实现移民能够搬进来、住下去的美好蓝图。

---

① 陈文超：《劳动—生活均衡：返乡创业者的选择机制》，社会科学文献出版社 2016 年版。

社会经济发展对摩梭妇女健康的影响

顾一平*

在 1994 年国际人口与发展大会上提出的《行动纲领》，明确了健康作为一项基本人权的重要性，指出各国要在男女平等的基础上普及保健服务。[1] 在我国，有关妇女健康的法律保障自中华人民共和国成立以来就取得了长足的进步；其学术研究也在 1980 年以来已有长足的发展。[2] 关于"健康"的定义，学者们一般认同"世界卫生组织"的界定，认为"一个人的健康，包括身体、心理、社会适应能力和道德的良好状况"。然而，据 20 世纪末的有关调查显示，中国近一亿的少数民族人口中，妇女（15 岁以上女性）占 32%，她们绝大多数都居住在中国边远地区[3]，由于受自然和社会的多重因素影响，与汉族妇女和当地的男性比，她们的健康状况应引起社会各界关注。然而，摩梭妇女却因为其社会中独特的性别文化，与传统社会中的大多数少数民族妇女处境不同。

一 母系制社会对摩梭妇女健康的影响

摩梭人是纳西族的一个支系，主要聚居在滇川交界处的泸沽湖周围地区，学术界多以"永宁纳西族"称之。直到 20 世纪 80 年代，仍有相当一部分摩梭人保留着古代原始社会时期母系婚姻家庭制度和生活方式的特征，[4] 这对摩梭妇女的健康产生了相应的积极或消极的影响。

---

* 作者简介：顾一平，云南民族大学社会学院硕士研究生。

① 国家计生委外事司：《94 国际人口与发展大会文件选编》，国家计生委外事局 1995 年版，第 129 页。

② 王金玲、姜佳将、曹妤：《妇女与健康：人文社科领域的发展》，载杨国才编《社会性别视野下少数民族妇女的健康与生态环境保护》，知识产权出版社 2011 年版，第 236 页。

③ 钱建明：《中国少数民族妇女健康状况分析》，载王福临编《中国少数民族妇女发展论文集》，中国广播电视出版社 1995 年版，第 232 页。

④ 李秉瑜、汪凯：《我国摩梭人社会卫生状况研究》，《现代预防医学》1994 年第 4 期。

（一）良好的心理状态和社会交往

传统母系制社会中，母系大家庭，是摩梭人的生产生活单位。家庭成员普遍过走婚生活；母系血缘是维系家庭的基础；财产按母系继承；家中年长的或最能干的妇女管理着家庭大小事务，这些都体现出摩梭妇女家庭地位的崇高。除此之外，摩梭妇女还凭借农业生产劳动，提高了自己的社会地位，她们有权与他人建立租佃、抵押、借贷等关系；还能主持祭祀活动，几乎没有社会活动的限制。① 就因为摩梭妇女在家庭和农业生产上付出的巨大贡献，因而备受全社会的尊敬，形成了摩梭人独特的"尊女"文化。因此，摩梭妇女的心理健康和社会关系与其他少数民族，甚至与汉族妇女相比，都保持着良好的状态。

抛开社会制度的影响，传统的生活习惯和自然因素对摩梭妇女的健康有一定的积极影响。据调查，由于永宁地区日照强烈、气候干燥及缺乏公共卫生、沐浴设施等因素，摩梭妇女之间很少交叉感染妇科疾病。②

（二）身体的巨大消耗

虽然传统母系制社会有利于摩梭妇女的心理健康和社会关系的扩展，但是这些积极影响是有限制的，且摩梭妇女的繁重劳动和生育任务也对其身体状况造成了一定的伤害。"摩梭妇女的尊贵地位，是要以不停地劳动为代价的。"③ 可见，摩梭人的社会文化在对摩梭妇女勤劳的美德培养的同时，更是一种对其道德的严格约束。在承担繁重劳动的同时，妇女还要承受生育带来的身体的巨大消耗。摩梭人不会"重男轻女"，有的只是"多子女多福""养子女防老"等观念，会超生，从而过度消耗了摩梭妇女的身体，也会引起一些妇科疾病的出现。④

而走婚习俗带来的男女关系的自由对摩梭妇女的心理健康产生益处，但对其身体还是存在不小的伤害。如有学者对摩梭村寨巴奇村的调查发

---

① 李近春、王承权：《纳西族》，民族出版社 1984 年版，第 39 页。

② 李秉瑜、汪凯：《我国摩梭人社会卫生状况研究》，《现代预防医学》1994 年第 4 期。

③ 陈国俊：《社会性别视野下泸沽湖景区环境变化与摩梭妇女的健康》，载杨国才编《社会性别视野下少数民族妇女的健康与生态环境保护》，知识产权出版社 2011 年版，第 80 页。

④ 蔡华：《从摩梭妇女的婚姻家庭状况看其在经济文化中的地位和作用》，《西南民族学院学报》（哲学社会科学版）1999 年第 2 期。

现，该村 1956 年有成年女子 32 人，患轻重不同性病的 10 人，占 32%；成年男子 30 人，患性病者 3 人，占 10%。这个统计反映的是政府大力治疗后的情况，据说，过去更为严重，甚至还有绝嗣的母系家庭。①

身体健康、心理健康和社会交往的健康状态是相互联系的。就像由于卫生习惯差、男女性生活和生孩子等因素，摩梭妇女生殖道感染情况较多。由于她们民族传统中对此事的羞涩，所以，有此症状不会对人倾诉，更不会轻易就医。在对这部分摩梭妇女进行精神因素测评后，发现她们显示出抑郁和焦虑症状。② 在繁重的劳动任务和沉重的心理压力下，摩梭妇女会选择以唱歌、吸烟等活动来缓解。因此，摩梭妇女的吸烟率较高、吸烟开始年龄较低、累计吸烟年限较长，这也对摩梭妇女的身体健康也产生了一定的消极影响。

当然，部分传统风俗习惯也会对摩梭妇女的健康产生影响。摩梭人住房大多为原木构成的"木罗子"房子，这类住房空间狭小，人畜混居；又没有厕所，人畜粪便横溢；还缺乏窗户，室内气候不佳，容易引起身体的不适。而摩梭人信奉藏传佛教，往往生病后先请人念经，易延误病情。③ 摩梭妇女担任主要照顾人的角色，且摩梭男子到了青年之后便多出门在外，因此，恶劣的生活条件，对摩梭妇女的健康威胁更大。

二　社会经济发展后摩梭妇女的健康状况

在中华人民共和国成立之后，随着民族工作的开展，少数民族妇女健康也成为中央政府关心的对象，摩梭妇女也不例外。随着各个少数民族自治县的成立，少数民族妇女健康保障工作得到了较大的进步，主要体现在性病防治、妇科疾病普查治疗、卫生知识宣传等方面，摩梭妇女也从中得到了健康的改善。

---

① 昆明中国社会科学院民族研究所、云南省历史研究所编：《云南省宁蒗彝族自治县永宁纳西族社会及其母权制的调查报告 宁蒗县纳西族调查材料之二》，1977 年版，第 114 页。

② 杨云华、严朝芳、李俊杰、田丽春、高屹琼、张开宁、唐松源：《生殖道感染与非生殖道感染 摩梭妇女焦虑和抑郁症状的比较研究》，《卫生软科学》2003 年第 2 期。

③ 李秉瑜、汪凯：《我国摩梭人社会卫生状况研究》，《现代预防医学》1994 年第 4 期。

（一）1950 年后对摩梭妇女的疾病防治

中华人民共和国成立之后，各项改革开始实施，摩梭人的精神面貌和生产生活出现了较大的变化，对摩梭妇女的健康改善起到了不小的积极作用。

第一，男女关系中物质因素大大减少，有效恢复正常、趋向稳定。[1]历史上马帮兴盛时期，进入摩梭社会的藏、汉、回、白等族商人也逐渐增多。这些远离家乡的单身男子来此后，便凭着自己的商品货币，利用摩梭人男女关系松散的特点，广泛地与摩梭妇女结交，使得摩梭妇女变成了类似于性服务者的存在。1950 年之后，这种现象大大减少，这对摩梭妇女的性病防治有着显著的作用。

第二，统治者利用特权通过松散的男女关系玩弄、奴役妇女的现象已不复存在。[2] 在摩梭社会解放前，摩梭社会还由土司统治，处于统治阶级的男性可以随意与普通人家年轻貌美的妇女发生关系，这对一部分妇女的心理和身体健康造成了困扰。1950 年后，土司制度取缔，遭遇此种情形的摩梭妇女也得到解放，身体和心理状态都有所改善。

第三，妇幼保健工作的开展，对摩梭妇女的生育健康、妇科疾病和性病的防治有着较为显著的积极作用。1954 年后，宁蒗彝族自治县政府就开始宣传提倡新法接生[3]，并且大力宣传妇女保健常识，改善妇女所处的卫生环境。政府所开展的工作和所提供的服务，在一定程度上改变了其对妇科疾病的"害羞"心态，有利于摩梭妇女身体健康和心理健康。

以上，就是 1950 年后，在中华人民共和国社会主义民族事业建设的开展过程中，摩梭妇女健康状况大大改善的情况。但是，随着社会经济的发展，摩梭妇女的健康状况虽然有所改善，但是，在旧疾没有根除的情况下，却又添了新的病症，值得我们反思。

---

①　昆明中国社会科学院民族研究所、云南省历史研究所编：《云南省宁蒗彝族自治县永宁纳西族社会及其母权制的调查报告　宁蒗县纳西族调查材料之二》，1977 年版，第 240 页。

②　昆明中国社会科学院民族研究所、云南省历史研究所编：《云南省宁蒗彝族自治县永宁纳西族社会及其母权制的调查报告　宁蒗县纳西族调查材料之二》，1977 年版，第 240 页。

③　云南省宁蒗彝族自治县志编纂委员会编：《宁蒗彝族自治县志》，云南民族出版社 1993 年版，第 588 页。

（二） 改革开放后摩梭妇女健康的影响

我国实行改革开放以来，一方面是经济的发展、社会的进步，另一方面也面临着社会的动荡、挑战的增加，其中，摩梭妇女新的健康问题也是社会改革的产物。

人口流动带来的疾病。随着沪沽湖的旅游开发，外来因素对摩梭人的冲击越来越强，使得摩梭人在发展社会经济的同时，也面临着巨大的风险。

摩梭人的"走婚"被炒作得举世闻名，使得游客的浪漫性欲得到满足。事实上，在摩梭人走婚群体内部，虽然呈现出一种松散的性关系，但是也有其需要遵循的文化规则。然而，游客开始加入摩梭人的"走婚"圈子，用金钱或者其他手段来破坏当地的走婚文化。[1] 这似乎与1950年前，外地马帮单身男子的进入颇为相似，使得摩梭妇女再次成为类似性服务者的角色。在现代社会中，这种现象出现的后果便是使得摩梭妇女艾滋病的感染率提升。

由于社会文化的原因，摩梭女性13岁便算成年，可以开始走婚。[2]而医学证明青少年是艾滋病病毒的易感人群，他们处于社会、经济和生物学的三重风险之中，很容易成为受艾滋病伤害的人。另外，如果这些受病毒感染的卷入旅游的"旅游者"少女回到本民族中，群体就会面临艾滋病病毒的威胁。[3]

除了外来游客带来的艾滋病威胁外，还有只求经济效益的社会经济发展模式带来的环境污染对摩梭妇女健康的威胁，这也是在改革开放之后加剧的情况。

在传统社会中，摩梭妇女便要承担起家庭和农业生产上的大部分劳动，这一点在现代社会中也是如此。传统具有一定的惯性，不可能在短时间内发生翻天覆地的改变。而摩梭妇女的劳动强度之强和广度之大，使得她们与生

---

[1] 冯忠明：《摩梭人走婚习俗与女性健康的保护》，载杨国才编《社会性别视野下少数民族妇女的健康与生态环境保护》，知识产权出版社2011年版，第95页。

[2] 袁梅：《摩梭人　来自中国最后一个"女儿国"的报告》，中国文联出版公司1997年版，第125页。

[3] 冯忠明：《摩梭人走婚习俗与女性健康的保护》，载杨国才编《社会性别视野下少数民族妇女的健康与生态环境保护》，知识产权出版社2011年版，第95页。

态环境之间的接触极其频繁，对环境变化也极其敏感。随着泸沽湖成为火热的旅游景点之后，在摩梭社会经济发展的同时，也伴随着环境污染的加剧，摩梭妇女赖以生存的水体、大气质量等的逐渐恶化，对她们的健康产生了很大的负面影响，摩梭妇女在其社会中，比任何人都更易患上感染病。[①]

三　加强摩梭妇女健康保障的措施

摩梭妇女由于自然环境变化、生活习惯不合理、卫生设施缺乏等诸多原因，对其健康有一定的影响，需要进一步关注和改善。

第一，推进男女平等的性别文化建设。两性关系的健康是促进两性健康的重要基础，可以使得两性的地位和权力得到均衡、性别分工更加合理。传统社会中摩梭妇女承担的劳动过重，在平衡的性别关系下，男性也可以适当分担，减小对妇女身体的消耗。

第二，政府要加强对摩梭妇女的健康的政策支持。1986 年世界卫生组织在第一届国际健康促进大会上提出"健康促进"这一概念，指运用行政的或组织的手段，广泛协调社会各相关部门以及社区、家庭和个人，使其履行各自对健康的责任，共同维护和促进健康的一种社会行为和社会战略。从政府到个人，健康促进对于摩梭妇女的保健工作更为全面科学，不管是旧疾还是新病的防治，都可以通过这一途径来增强。

第三，保护环境。在社会经济发展的过程中，环境恶化是一个全球性的问题，摩梭社会也没有幸免于难，对摩梭妇女健康的消极影响较大，更威胁到下一代的健康。环境问题出现之后，国家提倡经济发展的同时要注重环境保护，使社会可持续发展。宁蒗彝族自治县人民政府于 2018 年 11月正式开展泸沽湖护湖行动，收到了一定的效果。

总之，摩梭妇女的较高地位不能成为其健康的保护伞，性别平等才是合理和健康的性别关系。在社会经济发展带来利益的同时，摩梭妇女的健康也要不断改善。

[①] 陈国俊：《社会性别视野下泸沽湖景区环境变化与摩梭妇女的健康》，载杨国才编《社会性别视野下少数民族妇女的健康与生态环境保护》，知识产权出版社 2011 年版，第 81 页。

乡村旅游扶贫中中青年
女性的角色变迁

约尔古丽·麦麦提*

旅游扶贫作为我国脱贫攻坚战略的重要举措之一，对乡村地区经济的发展、人们生活水平的提高发挥着非常重要的作用。随着城镇化的推进，大量农村青壮年男性劳动力进城务工，妇女、儿童和老人三大群体便在乡村地区留守，中青年女性成了乡村地区主要劳动力，成为脱贫攻坚的重要支撑力量。在旅游精准扶贫战略以及相关政策的落实过程中，居住地中青年女性的家庭和社会角色发生了一定的改变，并对自身以及当今社会的发展产生了新的作用。

女性在人类社会的发展，尤其在社会主义事业发展进程中，扮演着不可或缺的角色，女性问题及其角色变迁问题也成为了当今社会热切关注的主题。作为"三留群体"，乡村地区中青年女性是当今农村地区社会经济发展的重要支撑力量。基于本文的选题需要，我们参考联合国世界卫生组织提出新的年龄分段，将本文所提到的"中青年女性"从年龄分层上定义为18—59岁的女性群体①。

本文结合相应的研究文献和数据资料，所采取的研究方法以文献分析法和访谈法为主。以重庆 A 村的中青年女性为访谈对象，采用参与观察的方式收集资料，再结合半结构式访谈和非正式交谈方式进行资料的补充和整合。

一　相关研究概述

乡村旅游扶贫、妇女反贫困以及关于女性在旅游业发展、精准脱贫中

---

* 作者简介：约尔古丽·麦麦提，四川外国语大学马克思主义理论专业硕士研究生。

① 康金、黄虹、陈香玉、杜晶晶、王丹：《湘西精准旅游扶贫女性社会权力参与调查研究——以湘西十八洞村为例》，《旅游纵览》（下半月）2018 年第 3 期。

的角色变迁及其影响的相关研究是向来受到学界关注的。国内外多数研究是以基于社会性别视角下的旅游扶贫中的妇女受益机制研究、农村地区女性角色变迁与基层女性参与扶贫治理研究以及旅游学、社会学视角下的精准扶贫战略中的乡村旅游扶贫的相关研究等为主。

(一) 关于乡村旅游扶贫相关研究

国外学者主要从经济学、社会学等角度对旅游扶贫进行研究。他们以政府、社会组织和企业为研究主体，针对旅游扶贫对目的地经济社会发展方面的影响进行了研究。Mitchell J.（2012）从旅游扶贫的经济效益入手，描述了价值链分析获得收益的行动方法；Bob E. L. Wishitemi 等（2015），提出生态旅游从业者要与当地社区建立公平和长期的经济伙伴关系，解决当地贫困问题的观点；M. Saayman（2015）提出，应该指导社区旅游业促进旅游部门更好地分配利益和资源，从而带来更好的经济效益，促进发展[1]。

结合我国学者对旅游扶贫相关研究的文献资料，本文将从旅游扶贫的精准识别、旅游扶贫的效应等方面进行文献梳理和研究概述：研究贫困问题的首要问题是"精准识别"问题。邓小海等（2015）指出要精确区分目的地的贫困户与非贫困户、哪些贫困群体能在旅游扶贫中受益，进而准确识别目的地旅游扶贫中的目标人群[2]。针对怎样精准识别的问题，李鹍和叶兴建（2015）便提出了可以用"参与式"的识别法来替代"层级式"识别法的观点[3]。就旅游扶贫产生的效益而言，李清娥（2012）在旅游扶贫开发的实践效应的研究中提出了"旅游扶贫能够为当地贫困人口增加就业机会、增加收入，加速脱贫步伐"的观点[4]；邓小海（2015）认为旅游扶贫能够改善当地的环境，使当地人们的教育文化水平得到提升、

① 陈丽琴：《国外基于社会性别视角的旅游精准扶贫研究：理论分析与实践案例》，《学习论坛》2017 年第 3 期。

② 邓小海、曾亮、罗明义：《精准扶贫背景下旅游扶贫精准识别研究》，《生态经济》2015 年第 4 期。

③ 李鹍、叶兴建：《农村精准扶贫：理论基础与实践情势探析——兼论复合型扶贫治理体系的建构》，《福建行政学院学报》2015 年第 2 期。

④ 李清娥：《5·12 震后旅游扶贫的实践效应——北川羌族自治县旅游开发模式分析》，《西南民族大学学报》（人文社会科学版）2012 年第 5 期。

当地交通设施得到改善、社会保障设施得到完善等。

（二） 关于我国女性参与旅游扶贫以及角色变迁的相关研究

国外学者基于社会性别的视角开展了相关研究。Lucy Ferguson 等（2015）认为应将性别理论纳入可持续旅游业实践中；PP Wilkinson，WPratiwi（1995）通过分析女性的就业模式、收入及家庭功能等方面的数据指出，旅游业除了提高女性的收入外，对女性角色的转变、地位的提高并没有产生有利的影响；Erika Srensson（2014）以性别和种族两个维度来研究发展中国家被边缘化群体的受益情况，从而帮助妇女在社区为基础的扶贫旅游活动中受益；Lila Kumar Khatiwada，Julie A. Silva（2015）通过研究发现旅游业有助于缓解农村地区女性就业不平等的现象，并能提高女性的收入；Pettersson，K. & HeldtCassel，S.（2014）从女性主义范式的角度，对女性在旅游和接待业角色进行了研究[1]。

妇女反贫困是我国实现可持续发展的重要组成部分。在我国相关研究成果中，有关于产业发展/旅游扶贫和女性角色变迁的探讨，陶成琼（2011）指出，随着民族地区旅游业的发展影响了少数民族女性的角色转变[2]；粮丽萍（2008）以山江苗族女性为例，分析了民族旅游发展中的少数民族女性社会角色改变[3]；项萌（2014）以广西龙脊景区少数民族女性为例，分析了在当地旅游业发展中女性的角色与发展需求，王雪莲（2014）以湖南曾懿约湘两德夯苗寨为例，指出民族地区旅游业的发展成为少数民族女性家庭地位提高的重要力量[4]。

综上所述，在研究内容方面，关于女性与扶贫，女性在旅游扶贫中的角色变迁、性别差异及作用方面的研究备受关注。国内外学者的研究方向由单纯地研究旅游扶贫、研究女性在旅游扶贫中的角色作用开始转变为女

---

① 陈丽琴：《国外基于社会性别视角的旅游精准扶贫研究：理论分析与实践案例》，《学习论坛》2017 年第 3 期。

② 陶成琼：《土族女性在民族旅游业发展过程中的角色转变——以青海省互助县 Z 村为例》，《青海社会科学》2011 年第 4 期。

③ 粮丽萍：《民族旅游时空中的少数民族女性社会角色的嬗变——以山江苗族女性为例》，《贵州民族学院学报》（哲学社会科学版）2008 年第 1 期。

④ 王雪莲：《民族旅游发展对少数民族妇女的影响研究——以湖南通道侗族自治县皇都侗寨为例》，《中国商贸》2014 年第 5 期。

性参与扶贫、参与社会经济建设的机制研究、路径选择研究以及绩效评估等方面。研究方法主要是基于社会性别、社会发展理论的视角，以定型、定量为主。从研究角度来讲，多数研究是以政府、企业以及社会组织，相关政策机制为主的。但是，以中青年女性为对象、研究其参与扶贫、参与旅游扶贫中的角色变迁相关研究较少。

二 乡村旅游扶贫中中青年女性的角色变迁

角色本是戏剧用语，指演员在舞台上所扮演的特定人物。在 20 世纪 20 年代被美国人类学家林顿（R. Linton）和社会学家米德（R. H. Mead）借用到社会心理学的研究。女性社会性别角色的变迁会影响其家庭内部的结构，而家庭则是组成社会的重要因素。基于社会性别和社会角色相关理论，本文将从中青年女性的家庭角色和社会角色进行相应的分析①。

（一）社会角色的变化

中青年女性的社会"职业角色"逐步强化。旅游业作为一个区域性、民族性较强的产业，为乡村地区经济发展添加了新鲜血液。首先，乡村旅游扶贫政策促进了乡村地区产业结构的演变，推动了生产组织形式的转变和劳动分工结构的变化，为中青年女性创造了更为广泛的就业机会。乡村旅游的"乡土性"和农村男性移民打工，使当地的旅游资源具有明显的"本土化、家庭化"，中青年女性便成了旅游生产服务活动的主要"实践者"。其次，随着"扶贫"和"旅游"活动的不断开展，乡村地区的旅游业由"家庭式经营"开始发展成更专业大规模的"企业经营"模式，当地中青年女性也开始扮演"管理者"的重要角色，成为当地旅游收入的主要创造者和决策者。在乡村旅游扶贫进程中，中青年女性通过各种形式的就业以及相应的文化、技能培训等，使自身的身心健康得到了发展，生活观念有所改善。她们在接受相关的专业教育、提升自身素质和技能的同时，促使了整体社会文化素质的提升，促使大量游客"进入"乡村地区，给当地中青年女性提供宣传当地传统文化和习俗的机会，使得乡村地区的

---

① 燕平：《社会转型期中国农村女性角色结构变迁研究——以皖北地区 H 村为例》，博士学位论文，中央民族大学，2014 年。

民俗文化传统有了相应的传播载体。在与"游客"接触、提供相应的旅游服务过程中，中青年女性开始意识到保护和传承传统文化、合理开发旅游资源的重要性，便承担起了"保护传统文化资源、保护美丽乡村生态环境"的角色，成为"美丽"乡村的守护者。

本次研究以重庆 A 村的中青年女性为访谈对象，发现当地在实施旅游扶贫过程中，当地中青年女性是主要的参与者。生活在该村的李女士告知我们，她之前是"家庭主妇"的身份，除运营家庭的日常活动外，几乎没有参与过相应的社会生产活动；该村大多数青年女性是依附于外出务工的男性维持生计，她们没有其他的收入来源；因资源限制，她们接触优质的教育、信息资源较少。随着扶贫政策的不断落实，当地基础设施条件不断改善，她们获取资源的途径多样化，她们获得了更多的教育培训和劳动机会，收入渠道开始变多，社会参与的机会也越来越多了。

（二）家庭角色的变化

随着我国新型城镇化进程的迅速推进，越来越多的男性农民选择去城市发展，这就导致乡村地区中青年女性成了家庭的重要支撑力量。旅游扶贫政策的实施，使中青年女性有机会参与除家庭琐碎事务之外的生产活动，在实现旅游就业的同时兼顾家庭事宜，承担起了挣钱养家的角色。家庭其他成员看到她们从旅游相关生产中获得的经济效益时，开始支持她们参与旅游生产服务活动，中青年女性在家庭中的话语权得到明显提升。随着原有的传统性质的家庭分工模式开始被打破，女性在家庭劳动中开始扮演重要的角色，在旅游扶贫相关工作中获得一定的经济效益作为家庭支撑，中青年女性的家庭经营权也得到了一定程度上的保障，女性对家庭的经济贡献明显上升。女性的家庭地位和角色开始改变，由传统的"男主外、女主内"的模式逐步趋向于"夫妻平等、男女平等"的角色，其家庭地位和影响力得到了明显的提高。

A 村为重庆深度贫困区，"男主外，女主内"是每个家庭的角色定位和角色分工。在和陈女士交流中发现，当地落实旅游扶贫战略前，当地成年男性凭借自身体力的优势和当地男尊女卑的思想，获得了绝对优势。中青年女性作的家庭角色没有得到大家的尊重与认可，对家庭经济的贡献率也不突出。在当地旅游业开发和发展后，当地女性参与旅游相关产业的机会增多，对家庭经济的贡献增大，她们在家庭经营中的话语权得到了一定的保障①。

三　中青年女性角色变迁的影响

女性与精准脱贫是当今马克思主义中国化研究领域的重要组成部分。乡村地区中青年女性作为当地经济发展的"中坚"力量，在旅游扶贫中扮演着非常重要的角色。乡村地区的中青年女性在旅游扶贫中的角色改变，在影响中青年女性自我发展、影响家庭地位和家庭关系以及她们社会地位的同时，会对乡村地区实现"男女平等"、改善当地的社会状况产生重要的作用。

（一）中青年女性角色变迁带动了乡村地区旅游业的发展

旅游扶贫使当地中青年女性的个人意识、生活文化水平以及职业能力得到了明显的提升。中青年女性的角色变迁使得当地相关旅游行业得到更多劳动力，满足了当地旅游扶贫工作的需求。随着旅游服务需求的多样化，中青年女性在角色上的转变便成了对乡村地区旅游业以及当地经济发展需求的一种回应。中青年女性在了解自我、发展自我过程中的理论学习和实践活动便有效地促进了乡村地区旅游业的发展，使之充满新鲜血液，带动了当地旅游产业的发展。

（二）中青年女性角色变迁加快了当地的社会发展

乡村地区的中青年女性是与整个社会的发展紧密相连的，她们在旅游扶贫中角色的变迁提高了她们积极参与社会生产与发展的积极性。角色的变迁使得中青年女性更加清楚地认识自我，更加自信地加入旅游服务以及社会实践活动中，从而对整个社会的发展产生了相应的经济、政治价值。中青年女性在乡村旅游扶贫中的角色变迁、有利于在旅游扶贫中更好地发挥中青年女性的作用、从而实现中青年女性在家庭以及社会地位的改善，

---

① 赵锐：《女性人类学视野下苗族女性社会角色变迁研究——以苗族口传文学为例》，《贵州民族研究》2017 年第 10 期。

从而促进当今社会向"男女平等"的方向发展①。

四　乡村旅游扶贫中中青年女性的角色冲突

（一）家庭角色和社会角色的冲突

家庭和社会角色之间的冲突是影响中青年女性的自身发展以及当地旅游相关产业发展的重要因素。乡村旅游扶贫使当地中青年女性成为旅游业发展的主力军，为中青年女性实现自身价值提供了舞台。首先，旅游扶贫为当地中青年女性参与社会事业、实现社会角色提供了有效的平台。面临"社会角色的强化，家庭角色被逐渐淡化"的情况，当地大多数中青年女性开始选择"以家庭为重"，开始承受心理上的矛盾，部分中青年女性开始为家庭牺牲工作，社会参与的机会减少，旅游扶贫作为她们发展自身的平台作用开始减弱。其次，在访谈的过程中发现，贫困乡村地区的"男主外、女主内"的传统性别观念使当地的中青年女性在从事旅游相关工作的同时，担负沉重的家庭负担，使她们的社会参与面临重大的困境。在旅游扶贫过程中，中青年女性受到了多重角色冲突的影响。她们既是生产者、教育者，又是家庭主要经营者，在参与扶贫生产活动的同时需要承担家务劳动，生活压力巨大。"家庭负担"和"社会参与"之间的角色冲突严重影响了当地中青年女性的生活②。

（二）贫困者角色和扶贫角色的冲突

在乡村旅游扶贫中，当地的中青年女性具有"贫困者"和"扶贫者"两种角色。在开发和发展当地旅游业发展的过程中，"扶贫者"角色和"贫困者"角色之间的冲突开始越来越明显，并对当地的整体发展产生了影响。

在研究过程中发现，贫困地区大多数中青年女性多数是以参与者的身

---

① 陶成琼：《土族女性在民族旅游业发展过程中的角色转变——以青海省互助县 Z 村为例》，《青海社会科学》2011 年第 4 期。

② 康金、黄虹、陈香玉、杜晶晶、王丹：《湘西精准旅游扶贫女性社会权力参与调查研究——以湘西十八洞村为例》，《旅游纵览》（下半月）2018 年第 3 期。

份加入旅游扶贫相关工作。扮演"贫困者"角色的中青年女性在扶贫过程中未能认准自己的"主角"身份，默认扶贫是扶贫者的工作。而扶贫者也未能认准扶贫对象，盲目扶贫，导致"脱贫"工作最终无效。缺少对自己身份和角色的精准识别，导致在旅游扶贫过程中，贫困者角色和扶贫角色之间的冲突越来越明显，成为阻碍当地社会发展的重要困境。

五　乡村旅游扶贫中中青年女性角色冲突解决的路径

（一）加强中青年女性的自我认知和角色意识觉醒

在乡村旅游扶贫中，不同于传统社会，中青年女性扮演的角色由单一的"家庭主妇"开始向多重角色变化。她们从落后的观念中解放出来，不再局限于自己的"家庭角色"，对自身的性别和社会角色产生了新的认知。乡村地区男性劳动力的外出使得她们被推向了脱贫攻坚的最前沿，作为农村社会的生活主体，她们应当树立自主自强意识，积极实现家庭之外的多重角色职能，慢慢走出角色困惑的阴影，努力学习先进文化知识，加强与外界的交流，增强角色转换观念，对新的角色做出相应的回应。

（二）提升中青年女性社会参与能力

导致农村留守妇女角色冲突的主要原因是当地主要劳动力性别上的不平衡。在传统社会，中青年女性是依附男性生活，这种现象和社会意识导致女性在社会及家庭中一般处于弱势地位。通过旅游扶贫、促进相关产业的发展，提高中青年女性的就业能力、增加女性就业机会，对于改善她们的家庭地位及角色调适具有积极的助推作用。相关部门和工作者要精准识别，有针对性地为她们提供就业岗位、进行教育培训，引导她们科学灵活就业，培养她们自力更生的能力，从而增强她们的社会参与能力。

（三）完善相应的政策保障体系，实施精准帮扶政策

中青年女性在担负"家庭经营"和"社会参与"等多重角色的状态下遭受精神与心理的双重压力。因此，在实施旅游扶贫过程中，要结合当地中青年女性角色变迁的具体情况，制定并落实相关的权益保障制度和帮

扶政策。在实施和完善扶贫开发政策的过程中，要重视当地中青年女性的基本需求以及所表现出来的"角色冲突"，在充分了解她们发展权益的基础上，不断形成有利于性别平等的政策环境，制定具有针对性的精准帮扶政策，完善相应的社会保障体系，解决在旅游扶贫过程中所产生的角色冲突，从而实现乡村地区"真脱贫"的目标。

六　问题与展望

　　乡村旅游扶贫为当地的中青年女性的角色变迁提供了重要的平台。角色变迁对当地旅游产业的发展注入了新鲜血液。在乡村地区，中青年女性作为乡村旅游扶贫以及家庭经营活动的重要参与者，她们在角色选择和分配上会出现相应的矛盾，当地特有的民俗习惯、文化传统等在一定程度上造就了当地中青年女性在角色选择上的冲突。因此，在旅游扶贫工作中需要引导当地中青年女性适应角色变迁，利用科学的方法协调解决所出现的矛盾和困难，使乡村地区中青年女性成为当地旅游发展中的重要力量。

　　基于条件限制，本文在研究过程中存在着诸多的不足。样本选择比较单一，访谈和观察过程中收集的资料受主观因素的影响较大，研究方法比较单一。如果能取多个贫困乡村地区的中青年女性作为样本，进行多维度多角度分析研究的话，研究成果可能更有价值。

傈僳族女性婚姻角色变化

——以怒江傈僳族为例

董馨阳*

在历史的发展中，傈僳族女性虽然在婚姻中被视为"家庭财产"，在其他方面傈僳族女性的地位和作用都是不可忽视的，在家庭中，傈僳族女性为家庭提供食物的作用是不可忽视的。这对傈僳族女性地位的发展也有着至关重要的作用。不仅如此，傈僳族女性是可以跟随丈夫上战场的，作为战场上的女战士，傈僳族女性在战场上起着举足轻重的作用，她们可以作为战争双方的调停者。随着社会发展和变革，经济发展推动了傈僳族人民生活生产方式的转变，从而进一步推动了傈僳族婚姻市场的改变。19世纪初，基督教传入傈僳族人民的生活地区，在基督教文化和观念的冲击下，傈僳族人民的思想观念随之发生改变，傈僳族人民的生活习惯潜移默化地受其影响，婚姻习俗也发生一些改变。① 但总的来说，怒江傈僳族生活在高山峡谷地区，受地理环境的影响和限制的同时，也受到了生活在周边地区的其他民族的影响。本文以婚姻观为出发点，分析了在社会转型和市场经济条件下傈僳族女性婚姻角色和观念的变化。②

一 传统的傈僳族女性角色

（一）社会背景

纵观傈僳族发展历史，傈僳族作为我国境内一个古老的民族，在中央

---

* 作者简介：董馨阳，云南民族大学伦理学硕士研究生。

① 徐兴文：《西方基督教女性主义与近代云南少数民族妇女》，《六盘水师范学院学报》2019年。

② 鲁建彪：《傈僳学资料丛刊》（第一辑），云南民族出版社2013年版，第3页。

王朝和其他民族的影响下，傈僳族人民为了维护本民族的生存，也为了摆脱统治阶级的压迫，傈僳族多次西迁，最终进入怒江大峡谷。但怒江地区山高谷深，自然环境恶劣，并不适合大规模地发展传统的农业、种植业，西南地区距离中原较远，在交通极为不便利的年代，信息闭塞，中原汉族文化很难被传入傈僳族人民生活的地区，加上环境限制，傈僳族农业经济发展举步维艰，以至于傈僳族直到明朝都没有进入农业社会，社会经济发展水平一直处于低水平。农业生产方式的刀耕火种由于自然环境的限制直到清代仍然难以获得高产，狩猎和收集仍然是他们生活的重要补充。

（二）社会角色

傈僳族在历史上长期遭受民族压迫，由于民族力量一直处于弱势，人民饱受压迫和战争之苦，《南诏野史》下卷"南诏各种蛮夷"中记载"傈僳岩居穴处，利刀毒矢，刻不离身，尤善弩，每令其妇负小木盾前行，自后射之，中盾而不伤妇，从此制服西番"。由此可见，傈僳族在氏族之间也有争斗，且在氏族之间的械斗中，女性也发挥着重要作用。双方妇女一般情况下在战斗中仅从事烹饪工作，负责事物的补给以及在军营中照顾伤员，也有送信和传递情报的作用，并不参加战场械斗斗争，但傈僳族妇女在氏族械斗中享有调解战斗的权利。例如，战斗开始一段时间，如果双方都有很多伤亡，任何一方的女性都有权利走到战场旁，挥动自己的裙子或头巾高呼要求双方停战，战场上的人看到这一指令时战斗必须停止，否则女性就会羞辱自杀，傈僳族习惯性地规定，在战斗中禁止并且在习惯上规定禁杀害女性。因此，妇女可以自由地出入敌方阵营，即使是去打探消息，敌方也无法阻止她们，有时候敌方还会送东西给她们吃，但往往因为内心会觉得羞耻，拒绝赠予她们食物。如果在双方争斗的过程中，一方妇女因为战斗而被敌方伤害丧生，伤害敌方妇女的一方要加倍赔偿妇女被伤害的一方。从这些方面可以看出，傈僳族女性在本族中的地位是受到大家的认可和尊敬的，尤其是女性的生命安全是受到重视和保护的。①

（三）家庭角色

由于所处的自然环境极其恶劣，食物的补给问题尤为重要，上文中我

---

① 方国瑜：《云南史料丛刊》（第 6 卷），云南大学出版社 2001 年版。

们提到，傈僳族妇女承担着家庭食物补给的重担，所以傈僳族妇女在生产和生活中的作用是不可或缺和替代的，家庭中的妇女角色承担着家庭的重要责任。傈僳族在高寒的山区中生活，远离中原农业文明，文明交流、信息交流基本不可能，农业发展受到极大的限制，傈僳族长期以采集、狩猎的方式获得食物，狩猎是男性的工作，采集（"掘取草木之根以给日食"）就是傈僳族女性的重要任务，无论是狩猎、采集时代还是到农业社会，都不能够低估傈僳族妇女在劳动生产和生活领域的贡献。傈僳族妇女也同样可以下地干活，只是限于力量和体力上的不足，劳动效率不如男人。但是她们除了在田间劳作、在家庭中做家务和抚养孩子之外，她们还必须在不劳作的时间比如冬闲时为家庭织麻布。

综上所述，傈僳族妇女能够上战场帮助丈夫，虽然不参与械斗，但是能够稳固后方，提供战斗所需，作为强有力的后盾使丈夫安心作战。家庭生活中，女性扮演着贤妻，她们以坚韧的品格、勤劳的作风，维持着家庭的稳定，傈僳族女性可以说是整个傈僳民族发展、民族繁衍不可或缺的重要力量。

二 傈僳族女性传统的婚姻角色

（一）包办婚姻

傈僳族的女性未出嫁时，被作为家庭的劳动力和财产留在家中，她们的婚姻并不是她们能够自主的，传统的傈僳族女性，婚姻都是由家中父母安排的，这样的安排一般都是朋友或者宗族之间联姻，这种联姻方式一般是为了两家交好，也为了达到强强联合互相帮扶的目的，因为狩猎、采集生活方式的需要，也为了谋求更好的发展，将女性作为缔结宗族纽带，是很多民族的共同做法。而且一般都为民族内联姻，属于族内通婚，傈僳族并不排斥与其他民族通婚，但这种婚姻极为少见。文章中多次提到傈僳族女性作为"家庭彩产"，傈僳族食物婚姻缔结很讲究彩礼，女性作为"家庭财产"，因为婚姻的缔结从父家人身转移到夫家，由父家的"家庭财产"转移为夫家"家庭财产"。在传统的傈僳族婚姻中，彩礼是被大家公认的，父家嫁女儿时索受夫家的彩礼是理所当然的，父家认为收彩礼就是向夫家要养育费，而夫家认为出彩礼就是向夫家购买劳动力，这在传统婚俗中被傈僳族人民广泛认可，双方和众人都将结婚视为一种合理的交易。在这一过程中，女性是没有自主权的，而女性的自我价值、每一个人的自我价值，不是任何一份彩礼可以衡量的。傈僳族俗话说："姑娘要让给人，土地要卖给人。"在传统傈僳族社会中，虽然农业发展十分落后，但农耕依然为主要的生产方式，在这样的环境下，耕牛对于傈僳族人家是十分重要的，以至于在彩礼中，耕牛就成为评定女子的身价标准，夫家所出的耕牛越多，就说明父家的女子越漂亮越能干，一小部分比较富裕的人家，给出的彩礼甚至多达七八头耕牛，因此，有一部分人家因为结婚需要付彩礼，彩礼不足时甚至开始贩卖土地或者债台高筑，导致一部分傈僳族人民生活更加贫困。[①]

在泸水还有另一种婚姻制度叫作互换婚姻制度，这种婚姻制度可以免除彩礼，如果有双方年龄差不多的男女孩子，在双方都同意互相换婚的情况下，就可以免除彩礼。傈僳族是一个社会经济发展长期滞后的民族，想要壮大民族的力量，需要通过增加民族人口来实现在这种朴素的认知，便衍生出这一互换婚姻制度。因为这种以家庭为单位的"伙有共耕制"经济，在生产生活中，家庭的人口的数量往往可以决定整个家庭的生存和发展。作为一个以族内婚姻为主导的民族，女性婚嫁的过程也与家庭财产的转移息息相关。

（二）家庭地位

在传统社会中，一直以来傈僳族女性的家庭地位都是比较低的，她们未出嫁时，被视为父家的财产，出嫁之后被视为夫家的财产。比如，未婚女性蓄养的猪羊等牲畜，或者其他通过个人劳动积攒的财富，随着与丈夫在婚姻上的结合，她的财产就转移为其丈夫拥有，而不再属于她自己，而女性本身也是被男性视为一种购买的商品。在一段婚姻中，如果女性要求离婚，则离婚的前提是，女方的家庭应该将男方家庭结婚时的彩礼加倍补偿。如果傈僳族女性的丈夫去世，她们也可以再婚，但她们必须获得丈夫家属的许可，且彩礼由丈夫家属和近亲接收。可以看出，傈僳族女性就是一种家庭财产，无论是婚姻关系继续还是终止，夫家始终对其有着掌控权。[②]

---

①　徐海柱：《傈僳族的婚俗仪式及功能分析》，《南都学坛》2017 年第 2 期。
②　王金梅：《论民族地区妇女的家庭地位》，《农村经济与科技》2018 年第 12 期。

在民族习惯法中，与已婚妇女通奸的人除了会受到道德的谴责外，还要采取经济赔偿的方式来惩罚奸夫，比如说赔偿几桶酒或者银币。如果有拐骗别人妻子或者未婚妻的情况发生，则拐骗者的姊妹就必须要去顶替，还要有一定的经济赔偿。因此，从女性的角度来看，傈僳族女性在婚姻中的种种现象，都说明了女性被视为一种财产进行交换，她们都被打上了家庭财产的印记。男性在婚姻中的强制力量是女性交换的基础，而像牛羊等的物品是作为女性交换的价码。无论她的身份角色是什么，女儿、妻子或寡妇，都是作为一种家庭财产相互转移，女性在这样一种社会环境的压迫下，也就渐渐地埋没了独立人格和个人意志。

三　傈僳族女性婚姻角色的转变

（一）男性婚姻挤压

1. 什么是婚姻挤压

婚姻挤压是指在婚姻市场中，婚姻年龄的男女人数差别较大，比例失调，这可能导致部分男性或女性不能按现行的择偶标准找到配偶的现象。简而言之，正是由于到达婚姻年龄的男女人数不平衡，导致大量一种性别的人找不到配偶。根据数量上的差异，如果男性的数量比女性多，则会造成男性剩余很多，女性呈现出短缺的状况，这就是男性婚姻挤压现象；反之则为女性婚姻挤压。

2. 男性婚姻挤压现状

在中国存在着因大规模的性别失衡导致的婚姻挤压现象，致使像怒江这样的偏远少数民族地区也成为被婚姻挤压现象影响的末端。近些年统计显示，西南少数民族中的佤族、傈僳族、拉祜族等少数民族地区的女性呈现出了越来越多地分布在各省的情况，这种现象也从侧面体现出了西南少数民族地区的男性面临着婚姻挤压的问题，也就是说，大范围人口结构中的剩余男性对少数民族地区的女性婚姻资源有更大的需求。自 20 世纪 80 年代和 90 年代以来，怒江的傈僳族女性从最初的盲目外出打工到现在的自主理性和主动乐意外出打工，渐渐地发展成为从个人到普遍的态势，随之一个年龄不等、人数渐长的"剩男"群体逐渐出现，更为突出的是"一户多剩男"的家庭，除了找不到结婚对象之外，他们的生活境况和生活压力都令人感到担忧。

3. 男性婚姻挤压对女性婚姻角色转变的影响

由于怒江自然环境恶劣、经济条件落后、生活条件差等因素，所以很少会有外地女性嫁来这里的情况，加之当地女性外出打工而外嫁的情况也越来越多，导致怒江形成了女性外流的婚姻市场，婚姻资源配置失衡。因此，从年龄比较和婚姻史的角度来看，一些男性改变了他们的配偶选择标准。与过去相比，男性的择偶观也发生了很大变化，初婚男子和二婚女性、男性上门和女大男小的婚姻有所增加，这就意味着男性配偶选择标准已经下降。由于有越来越多的女性外出打工和外嫁，而当地的男性婚姻圈没有扩大，这就使得怒江傈僳族村的男女比例失衡情况更为明显。

由于上述情况，怒江傈僳族地区"剩男"逐年增多。与此同时，在婚恋市场上，傈僳族女性越来越表现出对婚姻有着较高的自由度和自主性，女性对婚姻选择的宽容性也给当地男性造成了无形的压力，使"剩男"情况愈加严重。由于家乡贫穷和生活条件差，村民们也都渐渐接受和适应了女性外流的现象，对外嫁女充满了理解。相比之下，现代女性比传统婚姻中的女性在恋爱和婚姻中的自主性和自由度都有了很大的提高。随着社会发展，女性的家庭状况和受教育程度有了改善，女性的自我意识也就更加有效。①

（二）社会背景转变

1. 经济发展带来的转变

随着时代的变迁，家庭关系发生了一些变化。女孩子外出打工挣的钱和外嫁得到的彩礼都可以用来补贴父母，减轻家庭的经济压力。还有一些家庭，儿子去女方家上门，舍不得女儿嫁去别人家，就留在家里照顾父母。对于入赘这种婚姻形式，虽然过去很少见，但是受到勒墨人文化思想的影响，傈僳族对男子入赘并不歧视。在过去造成入赘婚姻主要是因为男方家兄弟多地少，而女方家人少地多，男子入赘可以减轻家庭的负担，女方也可以留家方便赡养父母。显然，这种婚姻的缔结具有对现实的考虑，也有男方对妻子家庭迁就和照顾的意愿。当今社会，女性在婚姻中的地位

---

① 李容芳：《变迁与融入：少数民族妇女跨区域婚姻迁移的逻辑——兼评怒江傈僳族妇女跨省婚姻迁移研究》，《山东女子学院学报》2019 年第 3 期。

有所提升，不再是由婚姻缔结而从属于丈夫的财产。傈僳族向来就有着尊重老人和孝顺父母的传统美德，在婚姻中，无论是嫁或者娶，男女双方都会对父母尽心孝顺。

2. 政策制度促进的转变

在傈僳族的传统性别观里，他们是"重男不轻女"的，这在傈僳族的很多歌谣中都有体现，无论生男生女，每个家庭都是欣喜的。然而，从家庭婚姻、财产继承和赡养父母的角度来看，傈僳族往往更看重男性。在很多偏远的少数民族地区，老一辈们还会存在一种养儿防老的思想，所以当国家全面实施农村养老保险和医疗保险等惠农政策时，才减轻了老年人养儿防老的这种心理负担。[①] 由于婚姻市场挤压，傈僳族村寨"剩男"数量的不断增加，使人们对生育观的看法发生了一定的变化。计划生育政策在过去实行起来是比较困难的，而如今一些村干部反映，看到村里"剩男"的生活境况后，村里的超生现象越来越少了，重男不轻女现象也有所转变，计划生育工作比以前容易开展。[②]

傈僳族女性从"家庭财产"向"稀缺资源"的转变，是傈僳族妇女在社会变迁中适应婚姻关系中的权利、地位和自主能力的过程。从传统婚制下妇女反抗包办婚的逃婚行为，到如今婚姻自主环境下女性在婚姻问题上的多样化选择，两者都反映了傈僳族女性婚姻观念的价值原则：追求自我需求的满足为先，个人幸福及自我实现胜过对家庭整体价值的看重。因此，傈僳族妇女的婚姻选择总是不断地调适来适应她们的生活理想。在社会变迁、婚姻挤压之下，傈僳族女性外嫁、回流、离婚、再婚或者招赘的婚姻行为方式都是这种婚姻观念的再现，它是文化基因对现代生活环境的适应性表现。

---

① 桂宇：《怒江傈僳族女性的婚姻家庭角色变迁》，《学术探索》2014年第5期。
② 王承权：《少数民族妇女的婚姻家庭及其地位变化》，《云南民族学院学报》（哲学社会科学版）1995年第4期。

在"二次元"①中复活的非物质文化遗产

王　薨*

一　轰轰烈烈的大融合运动

2019年春节期间，一款古风武侠游戏《逆水寒》推出了线上体验北宋春节的活动，在虚拟世界还原了"打春牛""妇人相扑""关扑"②等已经消失的民俗活动。无独有偶，手游《诛仙》也在春节期间将南京夫子庙历史街区的实景植入到游戏中，让玩家在新年娱乐的同时体验秦淮风俗。而在更早些的1月，另一款古风手游《楚留香》直接在游戏中开辟了非遗手游街区，玩家不仅可以在游戏中欣赏和了解龙泉青瓷、杭罗、金银彩绣、苗族刺绣、西湖绸伞、刻纸等十几项非物质文化遗产，还可以通过线下发售的木板年画手工包，亲自体验木板年画制作过程。

"非遗"与游戏产业牵手由来已久，尤其对于本就建立在历史传说与传统文化基础上的国产古风游戏，以民俗和传统节日吸引玩家已是屡试不爽的招数。许多古风类网络游戏每逢清明、端午、中秋、冬至等农历节日，都会推出特定的节令任务，让玩家在娱乐的同时了解民俗和传统技艺。比如《剑侠情缘三》就让玩家在重阳节重拾登高望远和插茱萸的习俗；《天涯明月刀》则通过七夕活动的任务让玩家了解苏绣、木制版画、古琴和书法四大国风文化；而端午的龙舟、冬至的饺子、中秋的月饼几乎已是所有国产古风网络游戏的标准配置。2018年在业界获得一致好评的《古剑奇谭三》，直接将明代诸多传统手工艺融入游戏中的"家园系统"，让玩家通过在虚拟世界建造房屋、打造武器、裁制衣裙、烹饪菜肴，了解

* 作者简介：王薨，四川外国语大学社会与法学院副教授。

① 来自日语的"二次元（にじげん）"，意思是"二维"。因早期的日本动画、游戏作品都是以二维图像构成的，后泛指动漫、游戏等建构出来的幻想中的唯美世界。

② 两宋时期盛行的一种以商品为诱饵赌掷财物的博戏。

传统建筑技术、冶炼技术、染织工艺及烹饪技巧。

游戏中虚拟的传统文化体验对于博大精深的非物质文化遗产而言仅仅是触及皮毛，但如今网易、腾讯、完美世界等游戏头部公司正将这股"非遗"风从线上吹到线下。网易的两款以《西游记》为背景的游戏都不约而同地选择了以皮影戏作为融合的对象。手游《梦幻西游》的创作团队 2016 年推出了一部将非物质文化遗产与游戏幕后工作结合的纪录片——《指尖上的梦幻》，以皮影戏为切入点，介绍了游戏研发及策划部门的工作。网游《大话西游》则是邀请了皮影戏非遗传承人何银安为游戏新开放的副本做皮影戏宣传片。同样青睐皮影戏的还有网易旗下的另一款网游《剑侠情缘三》，在九周年庆典之际，将油纸伞、皮影、剪纸等一系列源于唐朝的非物质文化遗产搬上了水立方的大舞台，并邀请手工艺人现场制作和销售。而腾讯旗下的《天涯明月刀》、DNF 等游戏，也纷纷与苏州、四川等地的"非遗"大师携手，联袂推出游戏主题的木刻版画、剪纸、锡雕等游戏衍生产品，将游戏与"非遗"的融合进一步往线下延伸。

值得注意的是，推出"非遗共创计划"的 DNF 中文全名《地下城与勇士》，是一款由腾讯代理的韩国游戏，其游戏背景是欧洲中世纪奇幻风格，和中国"非遗"可谓八竿子打不着。但正如肯德基麦当劳等洋快餐推出豆浆油条迎合中国人口味，国外游戏品牌也开始借助中国传统文化以期生根中国市场。

二　游戏的"原罪"与传统的"窘迫"

"玩物丧志"几乎是教育界公认的游戏"原罪"。未成年人由于心智发育不成熟，更易沉溺于游戏的虚拟世界，中小学教育者和家长们一直视游戏为教育的大敌。而随着网络的发展尤其是智能手机的普及，这种矛盾也越发凸显。最新的数据显示：中国游戏玩家人数已经超过了 6 亿，几乎占中国互联网使用人数的 70%。[①] 而青少年首次接触网络游戏的年龄呈日益低龄化趋势：15—18 岁青少年中近 80% 首次触游年龄在 14 岁及以前，

---

① 赵佳：《游戏如何在变动中寻找自身价值》，《中国互联网 20 年暨大国品牌 1000 强活动》，2018 年 6 月。

11—14 岁青少年中 45.0% 首次触游年龄在 10 岁及以前，6—10 岁的青少年中有约 16.6% 首次触游年龄在 5 岁及以前①。自 2013 年手游大面积爆发后，各媒体就不断暴出诸如小学生为买游戏装备偷光父母积蓄、未满14 岁男孩因为玩游戏被父母批评而跳楼等负面新闻。风靡一时的手游《王者荣耀》因其有超过千万名的小学生用户而成为千夫所指，被教育者直指为"精神鸦片"。

网络游戏在中国发展了二十年，从最初的棋牌小游戏发展到一项跻身亚运会的世界性的竞技运动，如今中国游戏市场收入超过 2000 亿元，已占到世界市场的近 1/3。在过去的二十年，游戏市场因其变现能力强而深受资本青睐，对于"只要有 300% 的利润就敢践踏人间一切法律"② 的资本家而言，网络游戏的核心不是做文化而是挣钱。通过免费注册、新手奖励等手段吸引新玩家，再利用玩家的好胜心和虚荣心，一步步推出收费服务项目，这成为早期国内大多数游戏公司的惯用策略。这一类游戏并不需要太高的技巧或智力，玩家只要花钱就能迅速升级，能买到极品装备，从而能拥有压倒绝大多数玩家的实力。许多成年玩家都经不住这样的诱惑和挑拨，在游戏里一掷千金甚至玩到倾家荡产，何况自制力薄弱的中小学生。但这种"疯狂诈骗"的游戏设置，带来的是整个行业用户的疲劳，以及越发严峻的社会舆论和管理政策。

2016 年国家新闻出版广电总局下发《关于移动游戏出版服务管理的通知》，规定手游上线前需要经过前置审批取得版号。2017 年 12 月中宣部等部委印发《关于严格规范网络游戏市场管理的意见》。2018 年 8 月教育部等八大部门印发《综合防控儿童青少年近视实施方案》。同年 12 月，由中宣部指导发起的网络游戏道德委员会成立。这一条一款都直指网络游戏在社会中——尤其在青少年中的负面导向。而刚刚过去的 2018 年，更被喻为中国游戏界的"严冬"，2018 年 3 月至 2019 年初，将近一年的时间内广电总局停发游戏版号。没有版号新游戏便无法上架盈利，一大批中小型游戏企业在这场漫长的等待中黯然退场。而幸存下来的游戏公司在经历了原始资本积累期的野蛮发展后也走到了一个转折点。将"敛财工具"转化成文化产品，让游戏成为当代文化的一部分，已不仅仅是外部环境和

---

① DCCI 互联网数据中心：《中国青少年网络游戏行为与保护研究报告》，2017 年 6 月。

② 马克思：《资本论》第二十四章第七节，人民出版社 1975 年版。

政策的要求，更是游戏行业自身突破瓶颈、获得更多生存发展空间的出路所在。

与游戏产业"叫座不叫好"局面相对比，中国众多的非物质文化遗产却是面临着有口碑无资金的尴尬困境。中国自 2001 年申报世界非物质文化遗产名录以来，已有世界级"非遗"29 项，国家级"非遗"1000 多项。然而在众多的非物质文化遗产中，能完全靠市场自力更生的却是寥寥无几。随着工业化的兴起和现代生活方式的改变，诸如木刻年画、雕版印刷、手工锻造等一大批传统手工艺正在逐渐淡出大众视野。正如北方昆曲剧院院长杨凤一所说，"以往我们是抱着金饭碗到处要饭"①。国家和地方政府每年在非物质文化遗产的保护和发展上都投入了大量资金，但这些"过时"的传统文化和技艺，仅仅靠政府的资金"圈养"，终究难逃退出历史舞台的结局。何况对于中国五千多年的庞大传统文化体系而言，国家和政府的投入只是杯水车薪。

非物质文化遗产和物质文化遗产最大的不同，就在于"非遗"是活态的。"非遗"并不是把一两处文物建筑圈定保护起来，也不是把一两件工艺珍品摆进博物馆，它是产生并存在于社会生活中的传说、节日、民俗、技艺。要让传统"活"在当代，一方面需要社会"倒回去"，恢复传统节日、挖掘民俗、给传统艺术展示的机会，从而带动相关的"非遗"产业。另一方面则是要让传统"跟上来"，将古老技艺融入现代文化，激活这些"非遗"自身的造血功能，让它们重新成为当代文化的一部分，传统才能真正得以保护和延续。

正是"成为当代文化的一部分"这样一个共同的目标，让最传统的"非遗"与最现代的网络游戏走到了一起。也是 2018 年，一大批旨在宣扬传统文化和技艺的功能性游戏纷纷上线：腾讯联手故宫博物院共同推出了包含故宫名画元素的眼球追踪游戏《睛·梦》和使用古代建筑模块亲手建造故宫建筑的《故宫：口袋工匠》；网易与故宫博物院联合打造了中国古代绘画意境游戏《绘真·妙笔千山》；盛大游戏的"互联网+中华文明"项目《文物加》由国家文物局指导，与全国多家博物馆合作，通过短视频、全景图片、虚拟现实等技术展现了我国各时期不同文物工艺、制

---

① 王晓溪：《昆曲申遗成功 10 周年世界级"非遗"头衔空降》，《北京青年报》2011 年 5 月 19 日。

法和背后的历史故事。

三　新流行的诞生

通过游戏重现与还原传统文化，让玩家在潜移默化的浸染中感受并且喜欢传统文化。无论游戏开发还是"非遗"保护都走在世界前列的日本，在这方面有着非常成功的案例。

《刀剑乱舞》是一款由 DMM 与 Nitro+ 两家日本游戏公司联合开发的网络游戏。玩家被称为"审神者"，可以在游戏中集结由日本历史刀剑拟人化而成的"刀剑男士"，进行编队出战和互动养成。自 2015 年初游戏上线以来，"审神者"们不仅带领自己的刀剑编队在游戏中驰骋历史战场，更深刻参与到日本传统文化保护活动中。在游戏推出的短短一年内，在年轻玩家中掀起了一股研究和保护古刀剑的热潮：原本无人问津的古刀剑书籍画册被抢购到再版；昔日冷清的博物馆因为有古刀剑的展出而罕见地排起长队。2015 年 11 月，为复原大太刀"萤丸"而展开的众筹中，"审神者"们仅用 5 小时就完成了目标 550 万日元，最终筹集到的金额更是高达 4500 万日元，除了萤丸本体成功复原之外，连供奉它的熊本阿苏神社也一并得到了修缮。另一个《刀剑乱舞》中的人气角色烛台切光忠，大部分资料记载它的本体已经在 1923 年的关东大地震中烧毁。但在"审神者"们执着的搜寻和查证之下，德川美术馆最终找到了曾消失于历史中的名刀。之后又通过玩家们源源不断的捐款，烛台切光忠连同和它一起保存的 200 多把在大地震中烧损严重的刀剑都得到了修复。如今，这一游戏的玩家群体不仅把对虚拟形象的热爱延伸到了实体文物上，更将关注和支持的对象扩展到整个古刀剑行业乃至相关的古建筑保护和历史研究。古老文化因一款游戏而再次风靡流行。

相比日本高度成熟的游戏产业，中国游戏与传统文化的融合还在起步阶段。但对技术不占优的国产游戏而言，无论是吸引本土用户还是面对国际市场，传统文化依然是最有力的一张底牌。2018 年网易与故宫联合打造的《绘真·妙笔千山》面对全球 200 多个国家发行，获得了多个国家和地区 App Store 游戏首页推荐和 today 长文章推荐。而由腾讯"开普勒计划"孵化出的一款独立音乐游戏《尼山萨满》，因其将剪纸和东北地区萨满文化完美融合进游戏之中而获得了中外文化界的一致赞赏，荣获美国

IndieCade 2018 Innovation in Aesthetics Design Award（创意美学奖）、IMGA 2018 年最佳音效奖和 2018 年金陀螺奖最佳独立游戏等奖项。

国产游戏，在全面挖掘传统文化价值的同时，也面临诸多质疑——尤其是娱乐产品对文化元素的碎片化呈现可能会造成的对传统文化的误解。《王者荣耀》就因其对历史人物颠覆性的塑造而饱受诟病。但与之对应的是，《王者荣耀》每有新角色推出，都会引发该人物百度搜索指数的急速增长，并引发玩家对历史人物和历史故事的热烈讨论。对于大部分接受过正规历史教育的玩家而言，夸张颠覆的历史人物不仅不会歪曲他们的历史观，反而会激发他们深挖历史和传统文化的兴趣。甚至有许多游戏玩家不再满足于被动接受游戏的设定，成为优秀的 UGC[①] 内容提供者。一部分文化研究者已经意识到：通过流行文化产品，在青年群体中传承普及中国优秀传统文化，更能起到事半功倍的作用。汉服的流行正是网络文化推动的结果，而围绕汉服的传统染织工艺及刺绣、点翠、手工团扇等多项"非遗"技艺也正逐渐走进主流文化视野。

对于在动漫和游戏包围中成长起来的 90 后、00 后而言，传统文化不再是故纸堆里艰深晦涩的词句；传统文化是《剑侠情缘》中的剑与琴，是《天涯明月刀》中的落花与松风，是《古剑奇谭》中的魑魅魍魉和五行天地，是《诛仙》中的婀娜胡璇与绮罗粉黛，是天马行空的历史更是五光十色的流行。众多传统的非物质文化遗产正以"二次元"的方式，重新"活"进现代生活中。

---

① 网络术语，User Generated Content 的缩写，用户生成内容，即用户原创内容。用户是网络内容的浏览者，同时也是网络内容的创作者。

云南民族大学妇女/性别
研究与培训基地简介

　　云南民族大学，创建于 1951 年，是中华人民共和国最早成立的民族高等院校之一，在党和国家领导人的高度重视和亲切关怀下，学校现已成为一所学科门类齐全、办学特色鲜明的综合性大学。其中，社会学一直是我校的王牌专业，从本科到博士后流动站，学科体系完整。继北京大学1998 年在社会学硕士点招收女性学方向的研究生后，云南民族大学于1999 年向全国招收女性学、性别社会学硕士研究生，是全国招收女性学、性别社会学硕士研究生较早的学校，还开设了西南边疆妇女问题研究、女性学、性别社会学等课程。并在 1995 年成立的云南民族大学少数民族女性与社会性别研究中心的基础上，于 2006 年成立了云南民族大学妇女/性别研究与培训基地，成为西部地区第一家，也是西南高校的首家妇女研究基地。基地成立 10 多年来，以"促进社会性别意识主流化，推进男女两性平等协调发展"为目标，立足西南边疆少数民族，服务西南边疆及其少数民族发展，坚持平等参与、共同进步。

　　2006 年基地成立后，进一步加强了性别社会学的教学，探索改革人才培养新体制，"坚持实践与科研并重的思路，开展校际间的合作，拉动社科院、省委党校、妇联参与，优势互补、协同培养模式的构建"，推进了高校研究生女性学的教学与研究，使女性学学科向着主流化迈进。从2002 年开始，基地积极参加社会学博士点的申报和建设，2013 年社会学一级博士点申报成功，在全国 20 个社会学博士点中，云南民族大学社会学是首次将性别社会学列为社会学博士招生方向的学校，这对女性学学科建设具有重要的里程碑意义。作为少数民族人才培养的重要平台，基地在现有基础上将继续致力于各领域高层次人才培养和科学研究，同时努力成为社会性别研究重要的知识库、人才库和信息库。

　　基地不仅在学科建设及科研项目上都有创新、有突破，还以实际行动助推少数民族妇女性别研究事业的发展，一是在少数民族大学生中普及了社会性别意识，倡导了男女平等发展的理念；二是丰富了学生的社会实践，提升了师生的性别意识自觉；三是建立健全符合少数民族实际及师生需求的社会性别教育模式，形成有自身特色的高校师生社会性别教育互动方式，体现出鲜明的本土化特色。

云南民族大学妇女/性别研究与培训基地长期以来得到了全国妇联、全国妇联妇女研究所、云南省妇联、云南省民宗委、云南省教育厅等的大力支持和帮助，学校也高度重视妇女/性别研究与培训基地的工作。我们相信通过基地全体成员的共同努力，妇女/性别研究与培训基地一定能够按照既定目标，在服务西南边疆，乃至全国民族地区及各民族妇女的发展中发挥重要的引导作用，为我国少数民族妇女问题研究和性别学科建设做出应有的贡献。

四川外国语大学社会与法学院简介

四川外国语大学社会与法学院是在四川外国语大学社会学系基础上整合法学专业更名而来，正式成立于 2019 年 6 月。学院涵盖社会学、法学两个一级学科，社会学、社会工作、法学 3 个本科专业以及 1 个社会工作硕士专业办学点。法学专业有 20 余年办学历史，社会学、社会工作有近 10 年办学历史。目前全院本科生 780 余人，硕士研究生近 20 人，教职员工 40 余人，博士 25 人，高级职称 22 人。

教学资源和平台丰富。与近 80 家单位签约共建专业实践教学基地。打造城口县"三区"计划社会工作服务站、巫溪县扶贫社会工作服务基地、化龙桥外国人服务站、解放碑外国人服务站、两江新区棕榈泉国际社区外国人社会工作服务站等 10 余个社会实践实训平台。学院累计投入资金近 500 万元，建成 200 多平方米的"基于循证实践模式的社会工作政策与实务智库实验室以及社会治理与服务创新人才实践实训中心"。

人才培养成效突出。充分整合学校外语优势和社会学、社会工作、法学专业优势，坚持"立足本土，扎根地方，融合中外，复合融通"的办学特色，以立德树人为根本任务，培养德、智、体、美全面发展，强外语、厚人文，具有中国情怀、国际视野、能创新的高素质复合应用型国际化人才。累计向社会输送社会学类、法学本科人才上千人，平均就业率保持在 95%以上。

学科专业快速发展。学院在涉外社会工作、国际经济法、学校社会工作、反贫困社会工作、国际社区治理与服务等方面有着突出的研究和实践成果，有国际减贫与社会治理、国际移民与社会发展等多个科研团队，承担国家级、省部级、校级科研及教研项目 100 余项，其中国家社科基金 10 余项，出版专著、编著、译著 20 余部，参编教材 12 部，发表研究成果 500 余篇。2016 年，社会学学科被批准为重庆市第一批应用转型学科试点项目。社会工作专业被批准为重庆第一批应用转型专业试点专业，成为重庆市社会学学会常务理事单位。2017 年，成为重庆市人口学会副会长单位。2018 年，获得社会工作专业硕士（MSW）学位授予资格，入选首批"中国社会工作教育百校对口扶贫计划"，成为中国社会工作教育协会反贫困专委会副会长单位。成为重庆市人文社会科学普及基地。"四方协同、六位一体：服务精准扶贫战略的实践育人路径创新"被评为教育部高校思想政治工作精品项目。2019 年，社会学和法学专业获批重庆市一流本科专业建设项目，成为重庆市首批社会工作创新创业基地。

服务社会深具影响。学院的社会学专业是全国唯一开在外语院校的社会学本科专业，社会工作专业是西部唯一开在外语院校的社会工作专业。学院将涉外社工人才培养作为重要方向，在全国具有示范性。创建重庆首个外籍人士社会工作服务站，为重庆上百名在渝外籍人士提供社区融合和适应方面的社会工作专业服务，在地方具有较高知名度和认可度，得到各界好评。反贫困社会工作专业方向形成明显优势，在全国有一定认可度。作为全国第一批进入贫困县域开展教育扶贫的高校院系，以城口、巫溪、酉阳等贫困县为对口扶贫项目点，3 年多时间先后派出 140 余名师生，开展"三区"社会工作人才支持计划项目和社会工作专业扶贫济困服务项目 6 个。项目示范点覆盖 3 县 1 个街道（7 个村社区）、3 个乡（10 个村）、15000 多名贫困群众。引起人民网、重庆日报、中国新闻网、华龙网、《重庆晨报》《重庆商报》、凤凰财经、城口新闻网等多家主流媒体关注，各大媒体报道次数达 30 余次，转载 100 余次，在社会上引起了广泛关注。

后　记

2019 年是中华人民共和国成立 70 周年，70 年来，党的民族工作和妇女研究取得了长足的发展。由此，借助中国社会学学术年会在昆明召开的契机，云南民族大学妇女/性别研究与培训基地作为主办单位，四川外国语大学社会与法学院作为协办单位，在大理大学共同举办了"回溯与前瞻：民族、性别与社会发展"学术研讨会，研讨会于 2019 年 7 月 15—17 日如期举行。本次研讨会共有北京大学、四川外国语大学、西北大学、华东科技大学、江汉大学、贵州财经大学、贵州省社会科学院、山东女子学院、云南大学、云南民族大学、昆明理工大学、大理大学等 20 余所高校及科研单位参加，60 余人与会，在各位专家学者的共同参与下，研讨会顺利进行，圆满结束。

此次研讨会的学术交流主要分为两大板块：一是主旨发言，二是专题讨论。在主旨发言中，中国社会学学会社会性别专委会主任、北京大学的佟新教授，中国妇女报总编、女性文化研究学者禹燕编审，及中国社会学学会社会性别专委会副主任、云南民族大学妇女/性别研究与培训基地主任杨国才教授为研讨会作了精彩的主旨演讲。

专题交流按时间顺序，分别是"民族文化与社会性别""教育与社会性别""经济发展与社会性别"。与会专家和学生就自己熟悉的民族文化和妇女、儿童、教育、贫困、经济发展等问题与社会性别的关系展开了热烈的讨论，并且就每位发言的内容，专家都做了认真的点评，既肯定了各篇文章的优点特色，也指出每篇文章的不足之处。与会作者都在互相交流与互动过程中学习与提高。研讨会还追加了性别研究领域学术期刊选题及其写作规范介绍。通过这种方式，将少数民族女性发展相关的学术交流延伸出去，促进"民族、性别和社会发展"研究的丰富性和可持续会议结束后，我们又请曾经参加会议的老师和学生深入到民族地区进行实地调查，并让他们在调研的基础上将自己的文章进行修改，最后共收到 30 篇文章。因此，本书是在这次研讨会基础上形成的。

本次学术研讨会的选题是由我和林移纲教授一起制定和主持的，会议论文的收集分别由云南民族大学学报编辑部办公室主任周爱萍博士，和四川外国语大学社会与法学院周爱华老师完成，她们从会议通知的发放、会议指南及会议议程的安排，直到会议结束后论文的修改、论文的结集都做了大量的工作。

在本书出版之际，衷心感谢四川外国语大学社会与法学院与云南民族大学妇女/性别研究与培训基地的精诚合作，通过这次会议交流，对我们双方学科建设都起到了重要的促进作用；感谢所有与会的老师同学的参与；同时，也感谢大理大学民族文化研究院领导对我们会议的支持；感谢大理白族自治州白族学会领导的帮助与支持！

十分感谢林移纲教授为本书的出版争取到出版经费；感谢中国社会科学出版社任明主任，他及时肯定了我们的选题并且列入出版计划，而且在经费没有到位的情况之下，就为该书立项争取书号，让此书能够面世。

也要感谢我们团队的老师和同学们的参与，李云霞老师（博士）在教学科研的百忙工作中，对本书英文目录进行了翻译；同时，还要感谢我的学生们，他们在编辑过程中先后做了一定的编务和校对工作，他们是顾一平、杨文佩等，云南大学政府管理学院伦理学研究生杨欢同学参加了全书的校对工作。

该书由我负责提出选题，而且由我负责对每篇文章的修改、编辑和统稿。

对所有关心支持帮助我们的朋友再一次表示诚挚的感谢！

现本书共收录文章 30 篇，在编写过程中，纰漏偏颇之处在所难免，恳请专家学者不吝赐教。

编者：杨国才

2019 年 10 月 16 日于荷叶山寓所